U0471853

WAYS FOR GOOD

Case Studies of Sustainable
Social Innovation (I)

主编 房莉杰 零慧

房莉杰
高雯雯
等 著

何以为善

可持续社会创新案例集

【第一辑】

社会创新方法与案例论丛

社会科学文献出版社
SOCIAL SCIENCES ACADEMIC PRESS (CHINA)

中国人民大学中国现代化社会研究院
中国人民大学社会政策专业硕士（MSP）教育中心
友成企业家乡村发展基金会
共同支持

序　一

我一口气读完了这本社会创新案例集。

本案例集收集了和社会创新相关的8个案例，涉及的领域包括乡村教育、乡村妇女赋能、弱势群体权利保护、社会应急等。通过阅读这些案例，我们可以清晰地得出如下结论：第一，几乎每个案例都显示了社会议题的公共性、公平性和紧迫性；第二，不同案例所呈现的创新方案十分精彩，表明创新已经成为解决社会沉疴的最有效方式；第三，每个案例都清晰显示了从项目发心、到创新方案设计和迭代、再到行动转化的链条。我相信，对于所有正在尝试用社会创新的方式来改变世界的人，这本案例集提供了一个非常难得的视角。

书中的所有案例都有统一的体例，这为阅读者的阅读和理解提供了方便。这本案例集最大的新意，是将"三A三力"模型作为分析工具，回答了"知其所以然"的问题，这在绝大多数大学编写的以教学为目的的案例分析中是缺失的。我们没有理由不把案例分析中的这一点不同，看作案例写作中的一个难得的创新。通过阅读案例，我们不仅知道了案例发生的背景、发生的过程、发生的结果，我们还知道了案例之所以成功的原因，对于善于学习的人而言，它还告诉了我们分析问题的方法论。所以，我认为，这本书除了是一本具有创新意义的案例集，它还可以被视作一本社会创新方法论的指南。

"三A三力"是友成企业家乡村发展基金会用了近十年的时间开发出来的一个评估和分析框架，我本人是这个框架的提出者。友成基金会之所以开发"三A三力"这个分析和评估框架，就是要解决在单一价值观的影响下，分析问题过程中必然出现的非此即彼的片面性，以尽可能解决社会发展过程中忽左忽右的问题。我们知道，价值观念会影响方法论，同时方法论也会影响价值观念。经过将近十年的探索和实践，我们认为，"三A三力"就是一个新的方法论，它有助于人们建立一种更加整体、平衡和可持续的价值观。"三A三力"是一个自洽的完整的逻辑体系，表现在目标（Aim）上的始终如一（目标导向）、方法（Approach）上的具体问题具体分析（问题导向），以及行动（Action）上用结果来验证目标的一致性和方法的有效性（结果导向）。

"三A三力"看起来是一个新的分析和评估框架，但其中所遵循的原理却是伴随人类进化所形成的独特的心智模式。即，①人是一个有主动意愿改善自己生活状态的动物（Aim），②人相信通过采用最合适的方法可以实现自己的意愿（Approach），基于此，③人采取行动并在行动之后反思行动的有效性以改善方法（Action），此三者因果相续，就是人最基本的心智模式，也是人最基本的行为模式。但现代性所导致的单一性思维，不仅割裂了事物间的因果关系，而且常常发生因果倒置以及目标和方法的异化。因此，基于心智模式开发而来的分析和评估框架，可以帮助组织和个人摆脱目前这种只见树木不见森林的弊端。在不忘最终目标的前提下（Aim-目标导向），具体问题具体分析（Approach-问题导向），最终达成目的（Action-结果导向）。

"三A三力"的原理看起来简单以至于素朴，但是大道至简，返璞归真。"三"这个数字是最令人类感觉奇幻的数字。除前面所说的人的心智模式是由三段因果相续的要素构成之外，人所具有的由生物学所决定的认知能力，三维是个边界。在平面几何中，三点成一面，三是稳定态的最简模型；而在天体力学中，三又是在数学上无法精确求解的"三体难题"，三是不稳定态的最简模型。这大概也是中国古人说"三生万物"和西方人说"三位一体"的原因，即三既是最简的稳定模型，但也是孕育着无限可能的最简模型。虽然我们还不能庸俗地将"Aim"、"Approach"和"Action"与数学原理做比附，但我们一定知道，如果就一个社会系统而言，目标、方法和行为彼此矛盾，这样的社会一定是失序的。所以三A合一是"三A三力"的核心，合一了，就稳定（三点一面），不合一，就失序（三体难题）。

"三A三力"最初是和"社会价值"一起被提出来的。经过这么多年的努力，它已经被成功地运用于中国上市公司的社会价值评估，它还被用于公益组织公益项目的公信力评估，用于社会创新大赛的评估，公益项目资助评估，并成为公益项目评估的团体标准。这次得到中国人民大学研究团队的应用，也是一件特别值得庆贺的事情，这表明"三A三力"这个框架已经从实践领域开始步入了学术领域。

我相信，这些案例所呈现的各种创新的光芒，自然会给社会创新家们带来启迪和鼓舞。但透过案例文字，我还看到了另一种希望和光泽，那就是房莉杰教授指导的这些研究生们对社会创新所表现出来的敏感、热情、才气和深刻理解。我相信，这一切都一定是建立在这些年轻人对社会创新的高度认同和对"三A三力"的完整理解基础之上的。而这一点，也是我从这本案例集中获得的最大快乐之一。

房莉杰教授希望我为本案例集作序，我非常爽快地答应了。一是为案例中的社会创新家鼓掌，二是为房教授及她所指导的这些学生喝彩，还有一个重要的原因，我又可以利用这个难得的机会来宣传"三A三力"了！因为，这是我非做不可和非我莫属的使命。

王平　友成企业家乡村发展基金会创始人、理事长

2023年4月

序 二

中国式现代化的伟大实践带来了大量亟待解决的新问题，迫切需要以中国为观照、以时代为观照，加快建构中国自主的知识体系。尤其是对在我国发展进程中具有里程碑意义的新发展阶段，更加需要从历史和现实、理论和实践的角度全面加以把握。建构自主知识体系对中国社会学提出了新的、更高的要求。社会学自主知识体系的建构有两个方面或向度：一个是学术的，另一个是实践的。从学术方面来说就是要联系中国实际讲社会学，从实践方面来说则是要用社会学的研究服务于中国社会的改革和建设。概言之，中国社会学自主知识体系建构的根本目的有两个方面：一是认识中国社会，二是服务中国社会。

从社会学学科定位的角度讲，根据国务院学位委员会和教育部2011年印发的《学位授予和人才培养学科目录》，社会学一级学科下包含理论社会学、应用社会学、人口学、人类学、民俗学、社会政策与社会管理、社会工作七个学科方向。诚然，对照其他国家的社会学的学科边界，我们有很大的区别；这是因为任何具体学科的发展，尤其是社会科学，都深深植根于一定的社会现实中，因而针对其嵌入的社会现实具有合理性。立足于中国社会现实和社会学的知识体系，上述社会学的分支学科在逻辑关系上可以被看作从"认识社会"到"服务社会"的过程中的一个学科谱系，进一步讲，社会学七个学科方向间的关系就可以被理解为一条"学科链"。其中，理论社会学、应用社会学、人口学、人类学、民俗学是倾向于探索社会运行和发展的一般原理，因而可以被认为是在"认识社会"的一端，所以处于"学科链"的上游；社会工作以及从"社会政策与社会管理"中单独辟出的"社会管理",直接致力于操作和实务,更偏"服务社会"一端,算是"学科链"的下游。而社会政策,是从"认识社会"向"服务社会"转变的中间环节,因此,算"学科链"的中游。可以说社会政策既是打通社会学内部上游和下游也是联系社会学学科建设与社会需求的中间环节。抓住这个中间环节,不仅有利于加强社会学学科建设,尤其是推动社会学的本土化,同时也有利于社会学更好地扎根于中国大地,更好地服务于国家和社会发展。

中国人民大学社会学学科建设,具有深厚的历史底蕴和鲜明的学术风格,一直秉承着社会学本土化和经世致用之责。在发展过程中不断发扬光大陕北公学"始终与党和人民事业同呼吸共命运"和"始终奋进在时代前列"的优良传统,并有机融合了李景汉等民国时期著名社会学家于新中国成立后在中国人民大学的工作。改革开放以后,中国人民大学在全国率先创办或恢复重建人口学、社会学、社会工作、老年学、社会政策等多个学科,完成了从认识社会到服务社会的完整学科链建设。其中,就社会政策学科建设而言,中国人民大学社会政策硕士(MSP)专业学位授权点于2021年底获国务院学位委员会批准,是国内最早获批的两所大学之一。从2023年开始,我院将开设独立的社会政策硕士(MSP)专业学位。此前,我院通过在社会工作硕士(MSW)下开办"社会政策方向"专业硕士,积累了较为丰富的教学经验,建立了较为成熟的培养体系,为社会政策硕士(MSP)培养奠定了良好的基础。

理论和方法创新是建构中国自主知识体系的基石,而理论和方法的创新离不开对鲜活的社会创新经验的总结和提炼。正是建立在这种认识基础上,中国人民大学社会与人口学院的诸位同仁与合作伙伴一起,扎根中国大地,发掘中国特色的社会创新实践,既推动社会政策学科发展,又提高社会政策服务社会的能力。2022年中国人民大学社会与人口学院与友成企业家乡村发展基金会签订了"社会创新案例库"联合开发协议,以凝练各领域社会创新经验、发展社会政策评估方法、传播社会创新知识和理念,促进社会政策学科建设的产学研结合。本案例集就是这一合作的初步成果。

社会创新案例库既服务于产学研的社会政策学科建设,同时也服务于政策实践。从学科建设的角度，首先，案例库是社会政策评估方法的开发，尤其是目前比较欠缺的定性评估方法，这是社会政策学科方法论的重要组成部分；其次，它作为教学案例库，从"实践进课堂"的角度出发，其要应用于对社会政策专业硕士（MSP）的日常培养；再次，在科研上，案例库的建设无疑为社会政策创新提供了大量的研究资源，尤其是其标准化的案例写作和评估方式，为社会政策创新的比较研究提供了充实的实践资料。

本案例集的 8 个案例是我院房莉杰教授带着第一届 MSP 学生的初步尝试，它不仅让我们看到了我国各个领域社会创新的鲜活实践，也表现出 MSP 学生的活力和努力，以及在其中蕴含的社会政策服务社会的独特专业性。我也希望这个案例库建设能够持续下去，持续记录中国社会创新的发展，也记录中国人民大学社会政策学科建设和 MSP 学生的不断成长。

冯仕政 中国人民大学社会与人口学院院长

2023 年 4 月

目 录

总论：2+3＝可持续社会创新 …………………………… 001
友成"青椒计划"：集合影响力助力农村青年教师 ……… 018
友成"香橙妈妈"：让妈妈回家，带孩子绣花 …………… 047
腾讯"耕耘者振兴计划"：数字技术和基层治理实践的双向赋能 …… 074
腾讯"社会应急平台"：从"造产品"到"造生态" ……… 094
"母乳爱"：母乳喂养是养分也是大爱 …………………… 114
"源众"："援众"女性保护之路 …………………………… 137
"圆梦助残"：圆有爱无碍的出行之梦 …………………… 162
县域企业：返乡创业中赋能女性就业 …………………… 184
后记：念念不忘，必有回响 ……………………………… 201

总论：2+3=可持续社会创新

房莉杰　高雯雯*

一　背景：理解可持续社会创新

无论是企业还是社会组织的公益慈善行为都已经有很长的发展历史，纵观古今中外，这部分内容都在满足人类福祉中扮演了重要角色。在时下强调"第三次收入分配"和"共同富裕"的背景下，企业与社会的公益行为得到更多重视。我们观察到，在新时期，这些行为不仅仅是量的增加，而且呈现一些新的特征。这是因为，身处迅速变化的全球化时代，一方面新的社会问题层出不穷，已有的制度安排和解决方案难以为继；另一方面，技术的进步、理念的发展，也给应对社会问题、推动社会发展提供了新的可能。与此同时，企业与社会两个主体也不再是在两个平行的领域中，按照各自不同的行为逻辑做事，而是表现出越来越多的相似性。

我们从2016年前后开始，就观察到企业的一些变化。在后来由吕鹏牵头、笔者参与的一本关于大型企业社会创新的案例集中，吕鹏提到，我们应该用"企业社会创新"（corporate social innovation，CSI）代替"企业社会责任"（CSR）。因为环境已经发生了变化，社会各界对于企业的社会角色提出了新的预期，他们不再满足于企业"做了公益"，而是要求企业的这些公益行为能够"可持续地解决社会问题"。围绕这个预期，我们

---

* 房莉杰，中国人民大学社会与人口学院教授；高雯雯，友成企业家乡村发展基金会战略研发部副主任。

看到了企业诸多的社会创新，如创造出一个新的产品、一种新的服务、一项新的技术、一套新的干预方案……①也就是说，企业不再只是通过捐款捐物表达其公益态度，而是成为解决社会问题的主体。换句话说，我们看到了作为市场主体的企业的"社会性"的增加，或者可以将这一趋势概括为"企业的社会化"。

社会组织领域的情况也在发生变化。在传统的观念中，所谓公益性社会组织就应该是排斥市场的。尤其是自2011年以来，在我国政府购买服务迅速发展的背景下，诸多的社会组织愈发依靠财政资源生存，继而缺乏自我造血能力；与此同时，社会组织的内部竞争也愈发激烈，发展资源和治理结构的可持续，成为社会组织生存和发展的重要议题。在社会组织的可持续性创新方面，除了在内部治理结构上更重视绩效管理，在发展资源上也在向多元筹资转型，从社会组织向社会企业的发展就是其典型例证。即虽不以营利为目的，但是引入了商业经营模式，通过市场解决其自我造血问题。除此之外，我们也看到了越来越多的社会组织利用影响力获取多方筹资。也就是说，社会组织的行为正在一定程度上向企业靠拢，通过借鉴企业的经营模式实现自身的生存和发展，我们或者可以将这一趋势概括为"社会的企业化"。

上述"企业的社会化"和"社会的企业化"即是我们观察到的企业与社会组织在社会创新方面的融合趋势。实际上，它构成了可持续社会创新的一体两面："社会化"是外部的社会可持续，即可持续地解决社会问题、满足社会需要，尤其是利用创新的方式解决传统手段无法解决的痛点问题；"企业化"是内部的组织机构可持续，即该组织机构或项目实施团队能够持续生存和发展，这就要求部分地借鉴企业在经营上的专业性。而之所以会出现企业和社会组织殊途同归的趋势，是因为上述两个可持续性互为条件、不可拆分，即只有可持续实现外部社会价值，组织机构/项目团队的存在才是必要的；而只有组织机构/项目团队自身可持续发展，才能创造社会价值。

---

① 吕鹏、房莉杰等：《寻找"座头鲸"：中国企业是如何进行社会创新的？》，社会科学文献出版社，2020。

这一可持续社会创新的"两面性"是本研究的出发点。所谓"知者行之始，行者知之成"，仅仅认识到这一点，对于如何评价和指导社会创新是远远不够的，还需要将观点具体化为可操作的分析方法。因此我们借鉴了友成企业家乡村发展基金会①（以下简称友成基金会或友成）"三A三力"的社会创新评估模型，并以其为基础，开发出适合定性案例报告撰写的分析框架，尝试在此基础上，开发"社会创新案例库"。站在提炼、传播、学习的角度，如何从可持续性的角度评价社会创新项目，是我们案例库重点关注的内容。通过将评估方法融入创新案例，我们一方面试图做方法论的创新，发展出定性的案例分析和评估的方法体系；另一方面也希望将这一评估体系做成指导手册，可以为各个主体，各个领域的社会创新为什么做、做什么以及怎么做等方面提供借鉴。

因此，我们的研究可以概括为"2+3"，其中2是从内外部可持续的维度理解可持续社会创新的认识论，而3是从"三A三力"的角度分析和评价社会创新可持续性的方法论。接下来就是方法论分析框架的具体阐释。

二 分析框架："三A三力"的案例操作化

正如友成基金会理事长王平女士所言，"社会创新是一个发现和解决社会问题、推动社会进步的过程，是目标、方法和行动的统一"。社会创新的目的就是更公平、更有效率、更可持续。建立在这种理解的基础上，友成基金会开发了"三A三力"模型，即通过 Aim：社会目标驱动力、Approach：解决方案创新力、Action：行动效果转化力，及其三者合一性，去衡量主体所创造的经济、社会和环境综合价值，引导社会创新可持续发展。

"三A三力"模型既可以被理解为认识论，也可以被理解为方法论。在认识论意义上，它打破了经济和社会的传统二元对立，认为公益项目也同样应该重视其效率和可持续性，同样有经济价值；对企业的市场行为也应该倡导其满足社会需求、创造社会价值的一面。因此两者不是对立的，

---

① 2020年10月，经上级主管部门批准，原友成企业家扶贫基金会正式更名为友成企业家乡村发展基金会。为避免读者混淆，本书统一使用友成企业家乡村发展基金会。

而是统一于"社会价值"的概念。友成基金会认为：所谓社会价值是一切物质和精神财富的创造，要为全体社会成员带来共同的利益。社会价值应该是经济效益、社会效益和环境效益的总和。

在方法论的意义上，"三A三力"模型给我们提供了如何理解和评估具体的社会创新行为的一套方法。如该模型的开发者所言，我们如果把社会价值创造比作一个轮子，那么目标或使命就是这个轮子的轴心，创新是轮辐，而行动转化力则是轮子的外圈。无论如何运动，轴心都是不变的，而代表创新的轮辐决定了轮子的大小，即效率的高低，外轮的坚实程度则决定了可以走多远。这套方法论可以根据不同的"场景"操作化为具体的"产品"。比如用于评估A股上市公司可持续发展价值的"义利99"指标体系，目前已成为我国慈善领域首批团标的"公益项目三A三力评估指南"，以及目前正在开发的互联网平台公益项目的公信力评估工具等。

上述"产品"多为定量评估工具。本案例集则是利用"三A三力"模型进行定性案例分析的一个尝试。我们根据研究需要对"三A三力"进行了针对性的操作化，即对于一个社会创新项目来说，我们最为关注的是它的可持续性问题。从这个角度来说，实施主体的内在动力，即"Aim：社会目标驱动力"，是项目的基础，它解决的是项目实施意愿的可持续问题；而项目的可持续能力则分为两部分：一部分是外部的可持续，即通过"Approach：解决方案创新力"可持续地解决所针对性的社会问题；另一部分是内部的可持续，即实施主体本身具有可持续运转的"Action：行动效果转化力"。三者的关系如图1所示。也就是说，一个社会创新项目如果要实现可持续的效果，那么首先内在动力和外在能力缺一不可，其次内

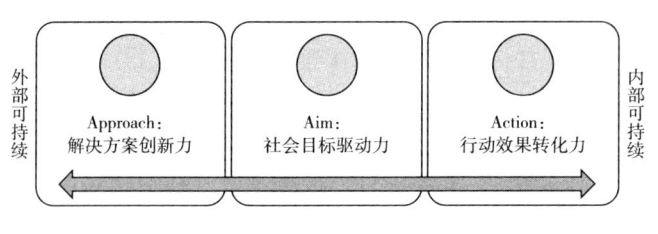

图1　"三A三力"模型

部可持续和外部可持续缺一不可,"三A"构成了一个整体,只有三个维度的可持续性都具备,项目才能实现可持续的社会创新目标。具体的操作化框架如下。

1. Aim：社会目标驱动力

"三A三力"首先是一种问题导向或议题导向的思维。所谓议题导向,就是首先要确认 Aim 所致力于解决的问题是不是一个"真问题"。只有发现了真正的社会问题,或者发现了以前没有被发现的社会问题,才有可能去解决问题。这也说明了,在"三A三力"中,Aim 的基础性作用。Aim 的分解指标解决的是这个项目的发起人或发起机构,"为什么"要做这个项目？或者说是否有足够的动力做这个项目？我们又进一步将它分解为如下三个问题。

(1)社会使命：这一部分回答的是外部环境动力问题。即作为起点的问题意识对不对,所回应的社会议题是不是具有公平性、公共性、紧迫性。它可以是如乡村振兴、科教兴国这些大的国家优先战略所倡导的国家议题；也可以是类似母乳喂养、女童防性侵这样虽然目前小众但具有长远影响,且社会认识非常不足的话题。总之"社会使命"所应对的是能凝结一定程度大众共识、得到社会认可的"真问题"。只有"真问题"才能获得可持续的外部动力和支持。

(2)组织愿景：这一部分解决的是项目开展的内在动力问题。即选择的问题的社会价值是否与机构文化相符,是否是机构一直关注且擅长解决的问题。这在一定程度上能保证项目获得机构的持续重视和支持。比如腾讯以"科技向善"为口号,因此用技术解决社会问题自然会得到更多关注；友成企业家乡村发展基金会一直致力于通过乡村赋能,促进农村脱贫和乡村振兴,因此创新性的赋能项目也更能得到持续性重视；还有诸如记者和律师这样的专业人士发起的公益项目,虽然最初不存在"组织"或"机构",但项目目标与发起人长期从事的工作或其他活动相关,因此也有持续解决该问题的内在动力。

(3)资源禀赋：这一部分是机构从事该项目的客观条件基础分析。机构的"资源禀赋"和"组织愿景"是一体两面。共同决定了机构从事该项目的持续动力。"资源禀赋"意味着机构对于所从事的项目领域是了解的、有基础的，因此其动力也是客观的，更加能够依靠自身的资源和经验实现可持续的项目发展。作为非专业人员，我们可能无法准确判断一个项目方案是否有创新力和持久力，但是通过判断机构的资源禀赋，我们可以在一定程度上判断项目是否"靠谱"。比如旅行社的成功经营者在经营过程中积累的经验会使其很清楚残疾人旅行的标准应该是什么样子的，因此我们可以信任"助残圆梦"的项目创新。再比如，"母乳爱"和"源众"案例分别致力于宣传母乳喂养和反家暴，发起人也都是相关领域的专业人士，在专业性和资源上值得信任。

2. Approach：解决方案创新力

即为实现目标而设计的解决方法的创新性。我们经常会看到，很多的问题已经存在了很长时间，用一般传统的方法，尤其是既有的社会政策，很难解决。因此找准问题的痛点，再配套创新性、专业性的方法很重要。创新不仅是解决问题的一整套方案，而且可以用技术手段提高解决问题的效率，还可以开发新的产品或服务……在"三A三力"模型的框架中，Approach旨在保证外部社会目标的可持续性实现。Approach的分解指标解决的是"怎么做"的问题。也就是说，项目所选择的创新性元素是否有效应对了痛点问题。我们在案例梳理中发现，不同的项目会选择不同的创新元素，这与机构的资源和特点有关，也与应对的痛点问题有关。主要可以归纳为如下几点。

（1）技术创新：采用了新技术，提高了问题解决的效率。比如本案例集中的青椒计划、香橙妈妈、腾讯"为村"等都是将互联网作为远程赋能工具，提高了对政策对象的赋能效率；"腾讯应急系统"则是由腾讯开发了系统平台，依托平台整合资源的优势提高社会化应急效率。

（2）产品和服务创新：递交到目标群体中的最终的产品或服务具有创新性。比如本书中提到，过去解决留守妇女就业主要是靠招商引资，但是"香橙妈妈"则教留守妇女直播带货；过去赋能农村师资主要是靠线下培训，"青椒计划"则开发了线上课程体系和社群建设相结合的长期赋能方式。这些产品和服务的价值不在于"新"和"不一样"，而在于比传统的产品和服务具有更强的针对性和更高的应对效率。

（3）路径创新：是否采用了新路径。尤其是是否采用了新的商业模式或者资源整合模式，使得项目在解决路径上更有效率。比如，本书中助残圆梦、母乳爱、青椒计划、腾讯社会化应急等大部分项目都不约而同地走向了动员多元主体和资源，共同致力于问题的解决。

（4）制度创新：这部分实际上可以分解为两部分内容。一是从内部来看，是否形成了稳定、规范、标准化的项目流程，因为这对于保障项目质量和可持续运作非常重要，也便于项目的更大范围推广。在青椒计划和助残圆梦项目中都可以看到这样的创新。二是从外部来看，是否推动了正式的制度或政策进程。对于社会创新项目来说，它们更像是处在政策议程设置的"试点阶段"，而很多问题的更大范围的整体性解决，最终还是取决于在项目经验成熟的基础上，推动问题进入政策议程，并最终形成正式的政策。在我们研究的案例中，助残圆梦、母乳爱、腾讯社会化应急等都有这方面的创新，甚至已经推动了相关政策出台。

3. Action：行动效果转化力

其强调团队通过高效行动将目标和方案转变为实际的产出和成果，以及对社会和环境带来的持续正向的影响。很显然，只有好的目标和方案，没有执行力是不可能实现项目运转的。因此 Action 是从项目实施机构的内部来看的，强调的是机构和项目内部运行的可持续性。Action 部分的分解指标解决的是"有没有执行力？"的问题。这部分主要是基于工商管理的分析视角，看项目的实施机构是否具备持续运行的能力。我们将其分解为以下几项。

（1）项目团队的行动力。这部分主要强调的是机构的内部治理，即是否有相对合理的内部治理结构或者团队分工合作模式。比如青椒计划项目形成了稳定的项目运行和管理制度，其治理结构层面的设计不仅使自身具备了项目可持续性，且可以复制到更大范围应用；助残圆梦项目也形成了独特而稳定的运作流程，这对项目的执行质量来说是很大的保障。

（2）资金和资源的可持续性。这部分用来分析机构是否有充足稳定的资金来源，以支持项目的可持续运转。这可以是一种稳定的商业模式，比如腾讯社会化应急对未来的商业规划；也可以是稳定的获得捐赠或政府购买服务的方式。本书中的绝大部分案例虽然没有形成商业模式，但是很多案例也都在探索向商业可持续的转型。

（3）项目传播影响力。如上所言，无论在社会创新还是"项目"的阶段，只是一种政策试点。项目传播影响力决定了这一社会创新是否持续获得了利益相关者的关注。在本案例集的案例中，基本上都可以看到专业的媒体传播和影响策略，尤其是大型企业和基金会，比如腾讯的两个社会价值项目都依托于腾讯新成立的可持续社会价值事业部（SSV），该部门有专门从事传播的团队；此外，案例集中还有一些项目的发起人本身就是具有较强影响力的专业人士，比如，母乳爱的发起人既是电视台节目主持人，又是市人大代表；友成"青椒计划"的发起人之一汤敏是颇有影响力的知名经济学家。

三　案例报告摘要分析

本案例集收录了8个案例，分别来自大型基金会、互联网企业、专业公益组织、社会企业以及县域企业。

需要说明的是，本书案例分析的出发点是"可持续"，因此本书选取的案例除了腾讯应急平台案例，都是成立时间接近或超过十年的项目，都经历了多个阶段的项目更迭，且目前仍稳定运行。因此这些案例本身的经历就说明了其"可持续性"。但是受作者的能力和时间限制，案例的资料收集和分析都有不足，我们只是想尝试使用一种标准化理解社会创新项目的可持续性的工具，因此本书的案例选择和分析并不带有主观的强烈的价值判断。

1. 友成基金会案例：友成青椒计划

该项目的内容是赋能乡村青年教师，应对的痛点问题是传统的乡村教师赋能方式的经济和时间成本过高，效率和可持续性受限的问题。

在社会目标驱动力方面：乡村教育是乡村振兴的核心环节，而乡村教育的核心又是乡村青年教师，因此其外部社会价值不言而喻；以赋能人的发展、建设可持续的教育生态为项目愿景，与友成基金会的内在价值相符；就资源禀赋而言，友成基金会过去的社会创新价值理念、乡村发展项目经验，以及青椒计划发起人、基金会常务副理事长汤敏的个人思想和经历等，都是友成基金会实施该项目的资源基础。

在解决方案创新力方面：项目将互联网技术创新贯穿培训过程始终，在产品和服务创新上，采用"互联网+教育"模块最大限度地控制成本，解决了传统乡村教师赋能方式的经济成本高问题；配合"社群化学习"模块来保持继续教育效应的可持续性，解决了传统方式时间成本高的问题；在路径创新上，项目基于发起人提出的"集合影响力"思路，形成了整合各方参与者共同合作的工作模式，整合了技术公司、师范院校、地方政府、捐赠者、志愿者的各方优势；在制度创新方面，项目向标准化、规范化发展，使得项目自身的模式在更大规模上可以被复制。

在行动效果转化力方面：在团队行动力上，由于青椒计划是建立在"集合影响力"的理论指导基础上，其核心是参与部门的通力合作，因此项目团队的内部治理结构也是以此为目标的；在资源可持续方面，项目从原来主要依赖捐赠转向慈善信托，资金可持续性大大增强；"天之椒子"助教团的志愿者培养，也提高了项目的人力资源可持续性；在项目传播影响力方面，项目发起人汤敏的个人影响力和友成基金会的影响力都对青椒计划的传播产生了较大影响。

总体来看，青椒计划在目标、方法、行动上一以贯之"集合影响力"理念，有针对性地缓解了乡村教师系统性的"教不好、留不下"的问题。

2. 友成基金会案例：友成香橙妈妈

该项目致力于立体式地赋能乡村留守女性，应对的痛点问题是乡村留守女性在经济、心理、社会的多维度的边缘化处境，以及可持续发展能力不足的问题。

在社会目标驱动力方面：乡村留守女性存在经济收入、社会地位和心理健康等问题。项目团队以乡村振兴中的女性发展为社会使命，以促进女性全面发展为组织愿景。在资源禀赋上，友成基金会作为一家创立15年的全国性非公募基金会，拥有强大的品牌效应，积累了众多社会资本，成为"跨界合作的社会创新支持平台"。

在解决方案创新力方面：项目团队首先利用友成MOOC平台开发了一系列赋能女性的课程，通过线上学习电商销售，改变了传统培训的方式；在产品和服务方面，通过长期的陪伴式成长，以及涉及经济、心理、女性领导力等立体的赋能课程为乡村留守女性提供长期、立体的服务；在路径创新方面，项目通过打造立体的合作团队提升电商公益项目竞争力优势；在制度创新方面，香橙妈妈H5项目管理路径加速了项目品牌化、增强了可复制性。

在行动效果转化力方面：友成基金会长期接受来自各大企业的捐赠，保证了资金和资源的可持续性；项目通过公众号、纪录片、参与比赛等方式获得了较大的项目传播影响力。

总的来看，"打造立体的人"是香橙妈妈项目行动的落脚点，其创新性手段的运用，以及与之相配套的行动力，都是围绕通过在各个维度上的赋能，促使乡村留守女性全面发展的。

3. 腾讯企业案例：耕耘者乡村振兴计划

该项目通过数字技术和村庄实践的双向赋能致力于村庄治理能力的提高，应对的痛点问题是农村的基层治理缺乏标准化工具，以及好的治理经验无法复制的问题。

在社会目标驱动力方面："耕耘者乡村振兴计划"是从已有的"为村"项目发展而来，在已有项目的多年经验中，识别出乡村治理的痛点在于治理工具低效、可复制模式稀缺、高素质人才短缺，而这一问题可以通过腾讯的"连结"手段进行改善。

在解决方案创新力方面："耕耘者乡村振兴计划"依托腾讯的微信小程序，将线下的乡村治理先进经验制作成微信小程序中的治理工具包，然后通过线上工具和线下培训相结合的方式，赋能乡村治理人才，创造了线上和线下"双向赋能"的创新模式。经过农业农村部的认可与推广，该模式获得了更大的影响力和动员力。

在行动效果转化力方面："耕耘者乡村振兴计划"的实施效果得到了社会的广泛传播和高度认可，因此其外部效果与内部资源形成了良性循环，即一方面获得了腾讯集团的重视与持续的资金支持，另一方面吸引了越来越多的村庄加入进来。

总的来看，"耕耘者乡村振兴计划"的核心是线下实践和线上工具的"双向赋能"，明显与单向的数字赋能模式有所不同，而是驱动了线上和线下的双向持续互动，实现了数字技术和基层实践的深度融合与可持续发展。

4. 腾讯企业案例：社会化应急项目

该项目致力于用连接技术和营造生态解决社会化应急问题的方式，应对目前社会化应急的"系统性"欠缺、各种资源散落、缺乏整合的痛点问题。

在社会目标驱动力方面：社会化应急有很大的社会价值和社会需求，但是供给不足。腾讯以"商业向善"与"连接一切"为社会使命，致力于用技术手段解决社会问题；与此同时，国家近年来对应急领域的重视形成了该项目的政策背景。在"科技向善"这一清晰的企业价值观下，社会应急项目有其非做不可的决心和非我莫属的信心。与此同时，腾讯进行了第四次战略升级，使得这一项目在组织层面可以深度联动各个业务部门。

在解决方案创新力方面：本项目的技术创新就是用专业的互联网平台思维和技术解决问题，因此其技术创新也是产品和服务创新。腾讯提出了"连接"的社会化应急的概念，从应急开放平台和属地应急系统两个方面构建社会应急生态，打造"网约式"的社会应急产品。在路径创新方面，腾讯先提供科技工具解决供给不足的问题，以发挥现有资源最大的价值，并在这一过程中拉动相关组织进入社会化应急领域。继而通过这些体现出来的价值去做政府倡导，推动政府和社会为应急领域投入更多资源。

在行动效果转化力方面：在团队行动力方面，组织架构根据产品需要不断发展，形成了技术、产品运营和合作拓展三个模块，以及适用于团队主导、多方参与的系统性方案。尤其这种组织结构适用于整合各种参与主体、提高项目影响力。在资源的可持续性方面，团队有效进行成本控制，并重视内宣所获得的内部支持，同时探索应急的商业化模式。

总的来看，腾讯社会应急项目形成了一种"专业化系统性方案"的企业社会价值创新模式，不仅实现了应急项目的可持续，同时实现了应急事业的可持续发展。

5. 专业公益组织案例：母乳爱

该项目由媒体人发起，并集合了多个领域的精英，致力于推广母乳喂养和母乳捐赠。

在社会目标驱动力方面：在很长一段时间内，社会上对于母乳喂养和母乳捐赠的认知还相当不足，这意味着有许多重症患儿可能会因为得不到及时且充足的母乳救治而错失生存的机会。为了推广母乳喂养和捐赠，初为人母的徐靓发起了母乳爱志愿服务队。媒体人的身份让她有机会接触各界资源，并能将这些资源整合运用到母乳爱的公益实践中。

在解决方案创新力方面：在路径创新上，"母乳爱"依次通过宣传倡导、设施建设、立法等综合性手段，既提高母乳喂养的意识，又积极创造实施条件；在制度创新上，通过政策倡导推动《广州市母乳喂养促进条例》的颁布，让母乳喂养有了法律制度的保障。

在行动效果转化力方面：母乳爱的核心人员结构秉持着"精简"的原则，以项目官为中流砥柱，以理事会为领航者与坚实后盾，以志愿者为重要依靠，保证了项目的高速运转。通过政府采购服务、基金会捐赠项目、企业捐赠和每年的99公益日的社会筹款保证了组织项目的可持续性。作为资深媒体人的徐靓具有极高的新闻敏感度，她将"出圈"作为母乳爱的重要发展目标，借助发起人的媒体资源和短视频渠道推动了母乳爱的传播。

总的来看，这是一个典型的依靠"精英影响力"实现大众倡导的公益项目，以精英的个人影响力为核心，逐步发展出"认知-设施-制度"的系统解决方案。

6. 专业公益组织案例：源众

该项目由律师发起，致力于解决遭受家暴女性的维权问题。

在社会目标驱动力方面：性别暴力问题由来已久，虽然我国出台了《中华人民共和国反家庭暴力法》，但并没有带来预期的效果。源众以"构建以法律援助为核心的综合性支持服务体系，打造帮扶弱势人群及社区发展资源平台"为社会使命，以"推动妇女、儿童等弱势人群权益保护，建立一个没有歧视和暴力的世界"为组织愿景。在资源禀赋方面，创始人李莹具备开展反家暴公益项目的多方资源，具有专业性和社会影响力。

在解决方案创新力方面：在产品和服务创新方面，源众将"反家暴"看作一项系统性的工程，将倡导和服务相结合，从宏观的政策研究和建议、中观的多部门联动机制的探索和落地、微观的受害者综合支持与社会公众的宣传教育三个维度进行全方位的干预。在机制创新方面，源众通过多机构跨部门联合响应，构筑受暴人保护网。

在行动效果转化力方面：源众在精简的内部核心团队和强大的外围团队的共同努力下，既保持了管理运营的高效率，也充分发挥了项目团队的专业性。机构通过政府购买服务、在网络上进行众筹、接受月捐和企业的支持以保证资金和资源的可持续性；通过充分运用各种社交媒体提升项目传播影响力。

总的来看，源众站在全局的高度，意识到受害者面临的困境来自社会的方方面面，是由多个因素甚至是多个层面的因素共同导致，即家暴问题其实是一个系统性的问题，源众的解决方案也是系统性的，其团队的专业性保障了解决方案的实现。

7. 社会企业案例：助残圆梦

该项目是致力于通过推广残疾人旅游标准，解决无障碍旅游问题的社会企业项目；应对的是残疾人无法利用传统的旅行社产品出游和地位边缘的痛点问题。

在社会目标驱动力方面：我国面临无障碍旅游产品缺乏、无障碍环境建设滞后和无障碍旅游标准缺失等问题。在此背景下，"助残圆梦"以"帮助残疾人走出家门、融入社会、推动无障碍环境建设的发展"为社会使命；以"让每一位残疾人都有出行机会"为组织愿景。在资源禀赋方面，"助残圆梦"的前身为专业从事旅游行业的四川省依然旅行社，具有丰富的旅游业资源，这奠定了其发展的基础。

在解决方案创新力方面："助残圆梦"针对无障碍旅游产品制作一整套课件，在多个城区，为几百家旅行社进行经验分享和培训，之后从地方标准再到行业标准，以有效引领和带动更大范围内无障碍旅游的发展，这是其产品和服务的创新；在路径创新方面，"助残圆梦"在全方位的规划布局中纳入更多主体，形成了"产学研结合"的"政、社、企、校+媒体"布局结构，开拓创新了无障碍旅游推广与发展的路径。在制度创新方面，对内"助残圆梦"团队形成了一整套在内部开展工作的标准化方法，这套方法使得项目具备成效，并可复制；对外"助残圆梦"推动了外部的相关政策的发展，推动了《残障人士旅游服务规范》获得地方标准立项。

在行动效果转化力方面：核心专职团队、专家库和志愿者保证了项目的团队执行力。在资金和资源的可持续性方面,项目起步前期,主要通过提供无障碍旅游服务获取利润;在孵化出较成熟的无障碍旅游产品后,"助残圆梦"通过制作课件、为其他旅行社提供培训获得收入。在项目传播影响力方面,该项目通过向其他旅行社推广无障碍旅游产品、出版并销售《成都无障碍手册》、制定无障碍旅游相关标准等方式扩大了团队的知名度。

总的来看,该项目是"专业化系统性方案"的"社会企业版",企业原有的专业优势、对多种资源的系统性整合、商业+公益的运营模式保证了"助残圆梦"项目的可持续发展。

8. 县域企业案例:留守妇女就业支持

这是一个县域企业的社会价值探索,致力于在企业日常经营中解决乡村留守妇女的就业和发展问题。其创新意义在于,在乡村振兴的大背景下,很多外出的乡村精英应召返乡,其日常经济行为不仅带动了当地经济发展,而且在经营中自发兼顾社会问题的解决。对这些企业的经济和社会行为的双方面解读才是理解其在乡村振兴中的角色的全貌。

在社会目标驱动力方面:农村剩余劳动力中女性占了较大的比重,她们普遍存在就业和发展的问题。贵州鑫湄纳米科技有限公司创始人以回报家乡、带动致富为组织愿景,虽然他并没有明确的社会责任理念,但是在日常经营行为中却内生着兼顾乡村留守妇女就业的想法。在资源禀赋方面,该企业拥有坚实的发展基础,加之湄潭县委和县政府正大力推动"凤还巢"项目,为该企业主回乡创业提供了政策支持。

在解决方案创新力方面:在产品和服务创新方面,该企业降低自动化程度,增加人工生产岗位;关注员工需求,切实解决难题;加强培训支持,赋能乡村留守妇女。在路径创新方面,该企业探索了"能人+乡村+政府"的协作发展模式。

在行动效果转化力方面:在资金和资源的可持续性方面,企业发展符合政策导向,具备资金优势,有效缓解了后顾之忧,与此同时,实现了社会口碑与经济效益双赢,形成了企业反哺社会的良性循环。

总的来看,"能人+乡村+政府"三方协作模式为解决乡村留守妇女就业问题提供了"县域经济模式"的创新方案,提升了乡村留守妇女的自我发展能力，从而有助于形成贫困群体的长效脱贫致富机制，增强乡村发展活力。

四　结论与讨论：重新回到社会创新的可持续

在对上述 8 个案例的分析中，我们发现一些共性的趋势，而不同主体和类型的案例之间，也存在一些差异。我们基于"外部可持续+内部可持续"的视角来看这些案例会发现，这两个目标内化在所有的案例中，且在发展中不断互动。

1. 外部社会目标可持续

从本案例集的案例情况来看，外部社会目标可持续性的起点不是甄别出一般意义的"社会问题"，而是更为具体的"社会痛点问题"。也就是说，我们首先要思考的是这个问题为什么至今一直悬而未决？为什么用传统的方法无法解决？从这儿出发，才有可能对问题，以及自己是否有应对优势做出更清晰的判断。

从应对优势上讲，资源禀赋和专业性对创新能力的影响是非常关键的。本案例集的创新案例有四类主体，我们可以看到每一类主体其特点和优势都不同，因此其擅长的领域和使用的创新手段也不相同。比如，腾讯的两个项目分别关注乡村治理和社会应急，虽然领域不同，但是其共同点都在于可以从技术产品的角度切入，以解决问题，以及这两个项目都需要大量资金投入用于前期的模式开发。在这类项目上，腾讯的技术和资金优势都可以发挥作用。而友成作为著名的公益基金会，其长项在于链接各种资源，且其机构理念中内含着对服务对象"赋能"的观念，所以友成的两个案例都可以理解为"孵化器"。为了孵化效果更好，友成基金会发挥了其擅长的整合资源、线上和线下结合赋能以及规范化制度和流程的优势。在这两个社会精英发起的项目中，我们看到的是其小而精的社会"倡导"，也就是说，公众人物依靠其社会影响力的优势，更擅长社会倡导类的公益目标的实现。而在社会企业和县域企业的案例中，我们看到的是其商业目标和社会目标的更好融合，他们的优势在于，已有的企业经营活动是进一步实现社会目标的基础条件。

除了专业性和自身优势，我们还看到，所谓"痛点问题"一定是复杂的，它们往往没有办法通过单一产品解决，因此仅有专业性产品或服务是不够的。本案例集中的创新项目都不约而同地从单一产品切入，逐步发展为一个系统性方案。在后面的案例报告中，母乳爱、为村耕耘者、青椒计划、香橙妈妈这几个案例都呈现从最初的问题识别、单一产品/服务介入、调整问题识别、调整产品/服务介入方式的不断循环上升直到发展成为目前的系统性方案的态势。也就是说，我们对问题的认识会有一个随着项目的发展而不断深化的过程。系统性方案会是一个必然的发展方向，然而却不是发展之初就一蹴而就的。任何社会创新项目，我们都要从其发展过程的角度进行理解。

一个社会创新项目可以在多大范围内解决社会问题，以及它可以持续多长时间，最终还是要取决于它是否形成了规范性、可复制的模式。尤其是，它最终进入了正式的政策议程，变成了一项稳定的社会政策。我们或许可以把社会创新项目理解为政策试点，那么它的终极目标自然是稳定的制度化。因此，成熟的社会创新实验需要形成可复制的模式，才具备在更大范围推广和持续开展的可能性。这虽然是社会创新项目的最终目标，却不是最后的步骤，而且伴随社会创新项目的发展逐步成熟。在后面的助残圆梦、青椒计划、香橙妈妈项目中，我们都可以看到这部分特点。

综上所述，在本案例集的8个案例中，呈现了"痛点问题识别——专业性产品/服务介入——资源整合和系统性解决方案——规范性和可复制模式"的循环往复的过程，在每一部分又因主体的特点不同而表现出不同的侧重点，以及生动的个性特征。这个过程的四个步骤可以为我们更深入地理解外部可持续性带来启发。

2. 内部组织机构运营可持续

如上所言，内部可持续是组织机构日常运营的可持续。然而非常遗憾地讲，由于作者的知识背景，且本案例集是初次的尝试，对内部可持续的理解和调研并不深入，专业性不足。接下来还是结合我们的调研发现做一些粗浅的总结，希望能得到相关领域的专业学者的斧正。

我们将组织机构的运营可持续从内部治理结构、资源、影响力三个维度进行分析。从案例情况来看，各个案例的内部治理结构或精炼或复杂，不一而足。它在很大程度上也是在不断调整之中的，而调整的背后即是对上述解决问题的系统性方案的调整。也就是说，内部治理结构必须要跟创新项目的系统性解决方案相一致。以腾讯社会化应急项目为例，尽管项目启动只有两年时间，但是项目团队经历了从单一技术团队向技术、产品运营、合作拓展三个部分团队的分工和扩展的过程，其背后就是该项目从最初的单一技术产品向动员多方参与的系统性方案的发展。

再从资源的角度看，在筹资来源上，不同类型的项目主体之间存在明显的区别。社会企业和县域企业自然擅长市场化的筹资，因此，这是一种可持续的市场经营模式，这种模式的优势在于可持续的自我造血功能，但是也存在因市场变化而带来的潜在风险。在腾讯的案例中，我们看到项目团队在筹资来源上的三重考虑：一是吸引内部注意力，获得集团公益资金的支持；二是吸引外部注意力，获得政府购买服务的资金支持；三是开发市场渠道，获得自我造血功能。友成由于自身品牌影响力以及公益基金会的性质，所以其资源主要来自公益捐赠。在社会精英发起的公益项目中，由于项目精炼，机构运营成本不高，主要靠公益捐助，而精英个人的影响力对其作用显著。因此，如果项目向更大规模发展，那么筹资模式必然改变。

在影响力方面，它更是项目获得可持续支持的一个基础条件，我们也看到所有的案例都在努力适应各个领域的话语体系，建构和宣传项目的合法性。

本案例集的分析框架设计、案例报告的撰写指导主要由房莉杰和高雯雯负责，案例的作者大多是中国人民大学社会与人口学院 2021 级社会政策专业硕士（MSP）研究生（作者姓名详见各个案例报告）。案例报告的调研和撰写时间集中在 2022 年 4 月到 2022 年底。本案例集是我们策划的"社会创新案例库"的第一部成果，接下来也希望每年都有一部案例集出版，至少可以对我国社会创新的发展做一个"可持续的"历史记录。

友成"青椒计划":集合影响力助力农村青年教师

江雅丹[*]

一 引言

"教育兴则国家兴,教育强则国家强"是习近平总书记对教育事业高瞻远瞩的论断。发展教育是可持续性最优的扶贫方式,是阻断代际贫困的有效策略。我国教育领域的建设,受乡村教师生活补助、"免费师范生""特岗计划"以及地方教育扶贫措施等政策影响,我国农村的教师队伍不断壮大,乡村学校师生比持续下降,教育状况正在不断改善。[①] 但我国的区域教育水平参差不齐,农村地区依旧呈现"师资投入不足,数量缺额,结构不尽合理,素质有待提升"[②] 的局面,并且现任教师也对农村缺乏归属感,"六成以上的农村教师希望流动到城市任教、到教学质量更好的学校任教"。[③] "农村留不住老师,学生走不出农村"的困境必须打破。

乡村教师的问题随着近年来的社会建设逐渐被看见与关注,为了实现对教师的支持,提升乡村中小学教师的整体素质,2010年教育部、财政部开始全面实施"国培计划";一些社会力量也关注到该议题,并尝试以

---

[*] 江雅丹,中国人民大学社会与人口学院2021级社会政策专业硕士(MSP)研究生。
[①] 邬志辉、秦玉友等著《中国农村教育发展报告2016》,北京师范大学出版社,2017。
[②] 司国杰、王文静、李兴洲主编《中国教育扶贫报告(2016)》,社会科学文献出版社,2016。
[③] 邬志辉、秦玉友等著《中国农村教育发展报告2013—2014》,北京师范大学出版社,2015。

组织或机构为主体举办乡村教师赋能培训，我国乡村中小学教师培训的机会增加了很多，但出于一些限制，乡村教师继续教育培训事业依旧呈现不可持续的复杂局面，具体表现如下。

一是传统培训成本高、组织难度大。我国乡村教师队伍是一个比较庞大的群体，[①] 加上"国培计划"政策构建起来的"国培-省培-市培-县培-校培"的五级继续教育体系，需要实现的继续教育人次以千万计。且每位教师不是只需要接受一次继续教育培训，而是在职业生涯中保持继续教育状态。如果采取传统线下面授课的培训模式，那么需要付出巨大的培训成本。另外，考虑到教师的工作需求，传统培训模式要让大多数名教师顶着工学矛盾腾出时间、跨越地区一起接受培训，虽然可以破除各种压力而实现，但其中的机动性始终受限，组织难度不容小觑。

二是培训项目规模受限与影响力有限。教师们聚在一起接受培训，也必须以培训规模和培训时长为代价，故一般线下举办的继续教育培训规模不大并以短期培训为主。这又进一步带来两个问题：一是由于每次培训规模较小、容纳的人数有限，需要多次开展培训以覆盖全部人员，虽然培训支出可以不计，但这必定影响培训质量和标准化，导致教师们接受的培训内容不够全面；二是由于培训时间较短，根本没能对教师们产生真正的影响。短期学习在根本上是不符合教育教化本质的，所以也没能给教师带去长期的影响力效应。据了解，很多社会组织、基金会、企业也关注到乡村教师这一群体，做过乡村教师培训的项目，虽然能给进入项目的教师带来成长，但其培训规模通常是有限的，基本一场线下培训的参训名额不超过百人，培训时间长的能达到两周、短的只有几天，最重要的是，没有形成参训后的支持系统，培训结束了这场活动带来的效应也就基本上终止了。

至此，我国乡村教师接受继续教育的机制始终面临两大难题，即成本问题与可持续性问题。由友成企业家乡村发展基金会发起的"青椒计划"项目正是针对上述两个问题，采取网络技术手段、动员各方资源、线上培训结合线下社群，打造了以"集合影响力"为特征的、可持续的"陪伴式成长"的农村教师培训模式。

---

① 2019年2月27日教育部新闻发布会上披露，2018年中国乡村教师的数量为290万人。

二 案例描述

（一）友成乡村教育项目的版本更迭

友成基金会的教育扶贫项目设立在常青基金下，希望在实践中特别关注偏远乡村的教育建设，以各种创新的方式解决实际中的问题，通过推动教育公平以助力乡村发展，到2017年青椒计划启动，友成基金会的乡村教师能力建设项目实现了四代更迭。1.0版本是于2010年启动的"常青义教"项目，倡导、牵线城市离退休教师到乡村学校进行教学管理线下支教，这个支教不是给乡村学校的孩子们上课，而是给当地的老师、校长、教育事业的管理者上课，助力他们成为未来乡村发展的储备人才。这场支教活动引发了专家们对于"整合城市退休资源发展乡村"的思考，更重要的是，推动了政府出台"银龄计划"。2018年，政府开始正式拨款牵头做离退休优秀老师的支教动员工作。

既然城市退休资源可以被再利用起来，那么在岗的教育资源也可以被再利用起来，只是需要借助一种工具或形式来把这些资源送到需要的地方。2014年受到慕课革命启发，国务院参事、友成基金会副理事长汤敏老师想到把城市优秀的教育资源通过互联网技术的方式输送到乡村去，"双师教学"应运而生。友成基金会联合中国人民大学附属中学一起动员北京等大城市特优专业教师资源，把初中的数学课程引入了乡村。在双师课堂里，初中数学课程由城市教师线上教学、由乡村地区教师进行线下指导，乡村学生的成绩得到了显著提高。这是友成基金会涉足乡村教育项目的2.0版本，创新使用互联网技术来缩小城乡教育资源差异。

既然可以通过互联网实现数学学科资源的传输，那么其他教学资源也可以通过互联网的形式传递到乡村，加上受到双师教学项目中一些教师自我探索课程视频的启发，2016年友成基金会开始与爱学堂、洋葱数学等一些专业网络教育机构合作，把一些课程知识点用动画的形式呈现，再将之放到网络平台上开放，供乡村地区的教师使用。就这样，这些小视频通过互联网传递到了乡村，也成为乡村老师活跃课题、补充知识点的重要来源，这就是友成基金会助力乡村教育事业的 3.0 版本——"乡村教育创新计划"，也是友成基金会逐步动员集合影响力共办乡村教育事业的一小步实践。

在长期、多次的实验中，友成基金会发现，再多的资源转移可能也只是对乡村资源的临时补充，而聚焦于乡村教师的成长才能实现一劳永逸的乡村教育赋能。2017 年，同为统战部党外知识分子建言献策小组成员的汤敏老师[①]和郑新蓉教授[②]非常关心教育问题，并一起向小组递交了关注中国乡村教师成长的建议。此建议受到小组高度认可，被评为优秀提案，而后得到了中央领导的批示，友成基金会在总结经验后决定开始常青基金教育项目 4.0 版本的尝试。2017 年 9 月，友成企业家乡村发展基金会联合北京师范大学、21 世纪教育研究院、西部阳光基金会、沪江"互+计划"等 30 多家教育类公益组织、教育类企业、高校及学术研究机构，发起乡村青年教师社会支持公益计划（简称"青椒计划"）。该项目通过"互联网+"及低成本的方式将优秀的教育资源传递到偏远山区和乡村的青年教师手中，为他们提供为期一年的线上培训，以社群陪伴的形式助力青年教师的成长、提升乡村教学质量、促进乡村教育的发展。

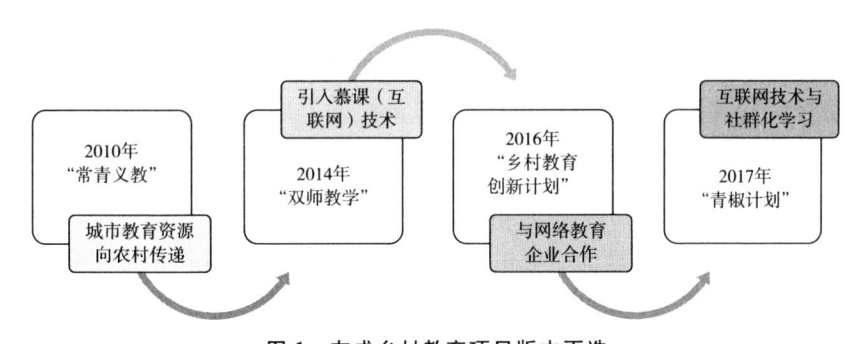

图 1　友成乡村教育项目版本更迭

2017 年 9 月 13 日晚上七点，青椒计划的第一课在北京师范大学教育

---

① 汤敏，国务院参事、国务院扶贫办友成企业家乡村发展基金会常务副理事长、"青椒计划"发起人之一。
② 郑新蓉，北京师范大学教育学部教育基本理论研究院教授，"青椒计划"课程设计组负责人。

学部的一间普通办公室开讲了，第一节课由丁道勇副教授讲授，在网络上进行直播，超过八千名青年乡村教师在线上同时听讲。通过一根普通的网线将这么多人汇聚在一起，看似简单，实际上这堂课完成了一次政府单位、社会组织、公司企业等社会各界的社会资本大动员，也是友成集合影响力跨越教育鸿沟、解决社会问题的一次创新尝试。

第一期活动获得巨大成功并得到指导单位——教育部——的高度认可，项目组得到了极大鼓舞，在积累总结经验、评估完善项目的基础上，青椒计划二、三届活动也成功结项并逐渐展现出影响力。2020年，友成基金会收到教育部教师工作司司长任友群指示，青椒计划进阶为"特岗青椒计划"并将重点关注特岗教师，以农村新入职特岗教师为主要对象，为他们开展为期一年的系统性网络远程培训，以赋能乡村教师、优化乡村教育资源，初步定下服务支持10.5万名特岗教师的计划，目前计划正在稳步推进中。

（二）项目成效

1. 直接服务成果

自2017年以来，青椒计划（包括2020年起更迭为"特岗青椒计划"）已经成功举办五届，截至2022年6月，青椒计划已经服务来自23个省级行政单位（含兵团）的427个区县教育局的近2万所学校的94108名乡村教师，间接受益学生超百万人，累计提供线上课程1113课时。[1] 即使在新冠疫情严重时期，青椒计划也"停教不停学"，在计划内完成了教学培训，还为学员们及时提供《青椒防疫特别课程》（共十节）以适应疫情局势下的教学实践。在实践中，青椒计划的执行越来越成熟，也成功完成了3年培训4.5万名乡村青年教师的初步目标，在短短五年内就实现了版本的更迭，受到国家信任承接下教育部培训10.5万名特岗教师的国家工程；目前项目体系渐趋完善，也形成了专业、师德、分科等三类稳定的基本课程类型并建立了课程库，能够在核心团队仅3名专职工作人员的情况下，

---

[1] 资料来源：《友成2021年度报告暨十五周年专刊（2007—2022）》，http://www.youcheng.org/infomation_detail.php？id=1021，最后访问日期：2023年5月7日。

日常服务 20000 名以上乡村特岗教师的在线学习，这极大地降低了培训的成本，能够持续性地支持乡村青年教师的成长。青椒计划五年的服务成绩见表 1。

表 1 青椒计划服务成果

届次与时间	项目成果①
2017 年 9 月~2018 年 6 月首届青椒计划	覆盖 20 个省、70 个区县、4489 所学校、34071 名学员，共有 9200 名学员顺利结业，约影响 46 万名乡村中小学生
2018 年 9 月~2019 年 6 月第二届青椒计划	覆盖 17 个省、176 个区县、5041 所学校、19297 名学员，共有 11953 名学员顺利结业，约影响 60 万名乡村中小学生
2019 年 9 月~2020 年 6 月第三届青椒计划	覆盖 15 个省级行政单位、45 个区县教育局、2610 所学校、8000 多名学员，约影响 44 万名乡村中小学生
2020~2021 年度特岗青椒计划	覆盖 18 个各省级行政单位、229 个区县教育局，培训 22536 名乡村教师；联合 11 家课程支持单位、136 位专家讲师，累计提供包含了 16 门学科的 330 节、约 2 万分钟的直播课程②
2021~2022 年度特岗青椒计划	覆盖 17 个省级行政单位、149 个区县的 12835 名乡村教师；邀请到 9 位专业课程讲师、75 位分科课程讲师，提供了专业课程 10 讲、分科课程 160 讲③

2. 教师赋能

除了直接培训成果，青椒计划通过培训与陪伴赋能乡村教师，给他们带来了实际改变，这些从教师们的课后感想与反馈中可以了解到。以下是部分青椒学员在简书、美篇或接受采访时表达的想法。

新疆生产建设兵团特岗青椒学员孙震："第一次使用这个平台学习，主要就是学习的便利性。随时观看任意学科的学习视频，不限时间和地域，可以在线互动，学员间互相交流。"

---

① 《"青椒计划"：以集合影响力为目标的教育扶贫专业志愿者项目》，https://mp.weixin.qq.com/s/hgjzcjL2tEgoLaOzH3NOdQ，最后访问日期：2023 年 5 月 7 日。

② 《22536 名乡村特岗教师毕业了！他们身后，是逾百万乡村学童！》，http://www.youcheng.org/news_detail.php?id=925，最后访问日期：2023 年 5 月 7 日。

③ 《青椒总结 | 12835 位乡村教师，他们 3 个月的学习之旅是什么样的?》，https://mp.weixin.qq.com/s/JItJwgbwRGpJlhtlm1oFLA，最后访问日期：2023 年 5 月 7 日。

吉林省吉林市龙潭区青椒学员陈鑫："在青椒计划里学习、分享、交流，仿佛为乡村教师，插上了隐形翅膀，让乡村老师，从大山里飞了出来，甚至飞到祖国的心脏——北京，飞到教师的最高学府——北京师范大学。"

甘肃省华池县特岗青椒学员杨斌："在'青椒'学习后，我在教学中把老师说的那些，都适当地尝试了，主要就是自己的备课方面，再就是洋葱教学和上课的一些方法，这改变了我对于教学的态度和方法。"

云南省文山州富宁县特岗青椒学员张庆平："我领略到'青椒'赋予我们特岗人的不只是教育资源，更是孤单时的道德陪伴和工作上的提升。"

贵州省雷山县特岗青椒学员李亚萍："'青椒'的学习让我浮躁的心沉了下来，学习成绩的提升并不是一朝一夕的事情，重要的是孩子们在和我一起努力、共同进步；他们需要鼓励，而我要做的就是发现他们身上的闪光之处，爱他们，更要教他们学会爱自己。"

贵州省贵阳市息烽县木衫小学的负责人徐萍："有了青椒计划，足不出户，每周培训两次，还能和北师大、华师大的教授面对面交流，为乡村教师打开了获取新的教育信息之门，懂得了什么才是真正的教育。"

甘肃会宁县的特岗教师、第二届青椒计划学员徐瑞丽："青椒计划就像是一个发动机，可以带动更多的人参与其中，借助互联网平台，改变教育的现状。"

青椒计划给教师们带来的改变溢于言表，但更多地隐藏在教师们后续在乡村学校的教学实践里。对于青椒学员来说，结业不等于结束，他们或是受邀参加暑期研训营（仅限"优秀学员"），或是在社群平台继续互动交流教学经验，或是继续保持习惯在简书、美篇更新内容，或是在青椒计划的公众号（公众号名称：乡村青年教师社会支持公益计划）浏览或点播更新的专业课程、师德课程、能力提升课程，或是参加青椒计划推出的进阶课程继续学习。青椒计划提供的不只是短短的一年培训课程，更多的是长期的对教师的陪伴和支持。

另外，青椒计划还以发展的视角组建了"天之椒子"助教团。青椒助教一般是往届青椒计划的学员，他们在培训中表现优异并致力于帮助同为青年教师的其他学员更好地进步，更重要的是他们也被青椒计划感染、想要同青椒计划一起走得更远，志愿为在学学员提供课前暖场、课后主持、讲师技术测试、群管理与答疑、批改打卡作业等服务。助教们在志愿管理工作中也获得成长，增强了自身的领袖力量，有潜力成长为区县教育局的青年教师骨干。

3. 社会认可与政府承认

青椒计划已经开展了五年，完成了对近两万所学校的近十万名乡村青年教师的培训，间接受益学生逾百万人，从数据可以看到青椒计划的规模和影响力之大，引起了各界的热烈反响。

青椒计划获得了媒体的高度关注，自启动以来，青椒计划的项目宣传已覆盖上百家媒体，累计曝光上亿次，包括新华网、中国网、中国社会组织网、中国教师报、中国教育在线、凤凰网、善达网、新浪教育。中国教师报更是用头版整整一版面介绍了青椒计划并评论青椒计划是"一项社会创举，它正改善着乡村教师的生命状态，影响着他们所处的乡村教育生态，也散发出更深远的示范意义"。[①]

青椒计划以其创新性和影响力在社会各界收获了不少的肯定，并获得了以下奖项：2018年澎湃责任践行榜评选"年度扶贫项目"[②]；2018年"I WILL"中国专业志愿最佳实践项目案例[③]；2019年度全国青年社会组织"伙伴计划"五星优秀项目[④]。

学术界也认为青椒计划的模式值得借鉴。2019年4月20日，青椒计划亮相中国教育创新"20+"论坛主办的"聚力乡村教育振兴"年会，给了各界（学术机构、政府部门、企业、社会组织等）思考跨界合作、探索乡村教育振兴路径的启示。2019年8月11日，首届中国西部教育发展论坛在甘肃天水成功举办，其中友成基金会承办"新教改下西部乡村教师培训的挑战与应对"分论坛，这也是第一届青椒计划的高端论坛，总

---

① 白宏太：《"青椒"成长记》，《中国教师报》2018年10月10日，第727期。
② 马作鹏：《益事｜澎湃新闻2018责任践行者年会召开，公益湃栏目亮相》，https://www.thepaper.cn/newsDetail_forward_2872455，最后访问日期：2023年5月7日。
③ 李磊：《2018"专业志愿"最佳实践案例发布，为全球志愿服务贡献中国经验》，http://cn.chinadaily.com.cn/2018-12/05/content_37356875.htm?from=groupmessage，最后访问日期：2023年5月7日。
④ 《2019年度全国青年社会组织"伙伴计划"优秀项目征集活动结果发布》，http://qnzz.youth.cn/gzdt/201911/t20191119_12122210.htm，最后访问日期：2023年5月7日。

结了青椒计划两年来大规模乡村教师在线培训的独特模式，探讨了西部乡村教师培训所面临的挑战以及应对的措施。[1] 2020年12月25日，青椒计划入选国声智库联合中外智库、国际经济文化交流中心等单位发起的"智库观扶贫·优秀脱贫案例征集活动"优秀案例。[2] 青椒计划不骄不躁，脚踏实地耕耘教育，获得了国家层面的肯定。2019年3月31日，国务院扶贫办发布《中国企业精准扶贫50佳案例（2018）》，参与青椒计划课程服务的互加计划，是唯一入选2018年精准扶贫50佳案例的互联网教育扶贫项目。2019年4月9日，青椒计划入选教育部教育管理信息中心主持编写的《2018年中国互联网学习白皮书》优秀案例。

多年来，青椒计划的项目执行也得到政府的支持，大多数县域都会发文到下属单位以配合工作，并选派地方教研员担任青椒计划的联络员，全过程对接以保证青椒计划在本地区的成功开展。最重要的是，青椒计划受到国家信任、以第三方力量嵌入国家教育事业，在教育部教师工作司的指导下更新换代成"特岗青椒计划"（从2020年始），持续为国家"特岗计划"保驾护航。另外，青椒计划通过长期实践推动了政策制定，2022年8月18日教育部教师工作司正式发文号召全国的教育主管部门将青椒计划纳入青年教师继续教育的培训体系，目前已经有59%的区县把参加青椒计划纳入了教师的继续教育学分。能为政策"拾遗补漏"正是一个社会组织、一个社会项目的重要荣誉，青椒计划通过灵活运用集合影响力得到了社会的认可和政府的承认。

三 青椒计划的社会价值分析

青椒计划由第三方力量启动，却改变了我国政策治理的惯习，在我国的教育事业领域形成了不小的影响力。为进一步明确青椒计划的社会价值，下文将结合友成基金会研发的"三A三力"评估指南做进一步的分析。

---

[1] 《重磅｜首届中国西部教育发展论坛暨第一届青椒计划高端论坛成功举办》，http://www.youcheng.org/news_detail.php?id=651，最后访问日期：2023年5月7日。

[2] 《"智库观扶贫·优秀脱贫案例征集活动"优秀案例揭晓》，http://zw.china.com.cn/2020-12/25/content_77050123.html，最后访问日期：2023年5月7日。

（一）社会目标驱动力（Aim）：志在必行促进乡村教育振兴

1. 社会使命：重视乡村教师人才培育促进教育公平

教育可以使民富国强，是"一本万利"的投资，党和国家一向高度重视乡村教育事业，基于公平、发展等出发点，制定出台了一系列关于乡村教育的政策，为乡村教育质量的改善、乡村教师的保障做了很多动员工作，比较具有代表性的政策文件有如下一些。

我国通过《国家中长期教育改革和发展规划纲要（2010—2020年）》把"促进公平"作为国家基本教育政策，[①] 并呼吁要在"以农村教师为重点，提高中小学教师队伍整体素质"的同时，提高教师地位待遇，让教师愿意从教并长期坚持下去。

2015年，国务院办公厅印发《乡村教师支持计划（2015—2020年）》，[②] 指出"发展乡村教育，教师是关键，必须把乡村教师队伍建设摆在优先发展的战略地位"。这是国家首次把"乡村教师"作为主题出台专门政策，也意味着乡村教师队伍建设工作被提升到了国家战略的高度。

2018年1月，中共中央国务院印发《关于实施乡村振兴战略的意见》，[③] 把乡村教育事业统筹进乡村振兴战略，强调要"统筹配置城乡师资，并向乡村倾斜，建好建强乡村教师队伍"。随后《关于全面深化新时代教师队伍建设改革的意见》出台，[④] 中共中央国务院对支持乡村教师提出了一些操作性意见。2018年9月的全国教育大会上李克强总理提出，要实现教育现代化支撑国家现代化，要着力补上乡村教育短板，"着力改善乡村学校办学条件、提高教学质量"，"注重运用信息化手段使乡村获得更多

[①] 国家中长期教育改革和发展规划纲要工作小组办公室：《国家中长期教育改革和发展规划纲要（2010—2020年）》，http://www.moe.gov.cn/srcsite/A01/s7048/201007/t20100729_171904.html，最后访问日期：2023年4月20日。

[②] 国务院办公厅：《国务院办公厅关于印发乡村教师支持计划（2015—2020年）的通知》，https://www.gov.cn/zhengce/content/2015-06/08/content_9833.htm，最后访问日期：2023年4月20日。

[③] 《中共中央 国务院关于实施乡村振兴战略的意见》，https://www.gov.cn/zhengce/2018-02/04/content_5263807.htm，最后访问日期：2023年4月20日。

[④] 《中共中央 国务院关于全面深化新时代教师队伍建设改革的意见》，https://www.gov.cn/zhengce/2018-01/31/content_5262659.htm，最后访问日期：2023年4月20日。

优质教育资源",并直接表明"要把更多教育投入用到加强乡村师资的建设上",落实各种补贴、奖励,让合格教师入编获得保障。①

2019年,中共中央、国务院印发《中国教育现代化2035》,② 提出了"建设高素质专业化创新型教师队伍"的高要求,我国想要实现的现代化是全面的现代化、人的现代化,农村教育要跟上时代步伐,必须实现教师队伍结构的全面优化。③

2020年教育部等六部门印发的《关于加强新时代乡村教师队伍建设的意见》④ 认为,新时代、新形势下乡村教师依旧面临一些职业处境困难,如"结构性缺员较为突出、素质能力有待提升、发展通道相对偏窄、职业吸引力不强等",而"乡村教师是发展更加公平更有质量乡村教育的基础支撑,是推进乡村振兴、建设社会主义现代化强国、实现中华民族伟大复兴的重要力量"。应该把乡村教师队伍建设摆在优先发展的战略地位。

从政策文件的不断出台与更新可以看出,我国对于乡村教育以及乡村教师群体越来越关注,大量的资源将向乡村教育事业倾斜。教育事业是我国接续发展永葆生命力的摇篮,青椒计划顺应时代要求与政策呼应耕耘乡村教师继续教育工作,与国家目标接轨,获得了官方的支持与认可,也减少了项目推进的阻力。

2. 项目愿景:赋能人的发展、建设可持续的教育生态

作为一家经国务院批准、在民政部注册成立的非公募基金会,友成基金会的业务主管单位是农业农村部,日常由国家乡村振兴局进行管理,这使得友成基金会天然地关注扶贫事业,并立下了"以扶贫为己任、扶贫优先"的组织使命,教育扶贫是友成基金会的重要事业。友成基金会秉承项目愿景,希望通过赋能教师的发展,在乡村建成可持续的教育生态。

---

① 《坚决破除制约教育事业发展的体制机制障碍》,http://www.qizhiwang.org.cn/GB/n1/2020/0818/c433562-31826992.html?ivk_sa=1024320u,最后访问日期:2023年4月20日。
② 《中共中央、国务院印发〈中国教育现代化2035〉》,https://www.gov.cn/zhengce/2019-02/23/content_5367987.htm,最后访问日期:2023年4月20日。
③ 郝文武:《推进农村教育现代化亟需全面优化教师队伍结构》,《中国教育学刊》2020年第9期,第32~37页。
④ 《教育部等六部门印发关于加强新时代乡村教师队伍建设的意见》,http://www.moe.gov.cn/jyb_xwfb/gzdt_gzdt/s5987/202009/t20200904_485110.html,最后访问日期:2023年4月20日。

青椒计划由友成基金会副理事长、经济学家汤敏设计和发起，顺应友成基金会的组织使命与愿景，借助互联网技术大规模、标准化培训乡村青年教师，初步想要实现的目标是乡村教师教学能力的提升、逐步改善乡村教育现状。进一步地，青椒计划要以支持赋能教师强化扎根乡村教育的归属感形成可持续的教育生态，协助乡村教师安心教好在乡村上学的学生，为乡村培育更加具有发展潜力的人力资本，反哺乡村建设、乡村振兴事业，形成良好的社会发展循环，助力人的全面发展。

3. 资源禀赋：发起人动员能力强大，友成经验丰富

青椒计划发起人、友成基金会常务副理事长汤敏为该项目的筹备付出了诸多努力，靠自身影响力举起"集合影响力"大旗，他个人扎实的资源禀赋为其依托友成基金会开启青椒计划孕育了可能。

从经济行业转入公益行业后，汤敏凭借学识与经验敏锐地发现中国公益事业面临发展资源不足、能力不足、影响力不足的瓶颈，故在总结经验的基础上提出了改变现状的策略——"公益新木桶"理论，也就是"集合影响力"理论。与传统木桶理论把一个机构、组织或者个人看成木桶、能力受限于最短板不同，"新木桶"理论要求把每一个公益机构或者每一个社会部门都看成一块木板，木板的长度取决于该社会部门的术业专攻，把一块块长木板拼装起来就能形成一个新木桶去集水。换句话说就是，做公益不能单打独斗，把社会各界的力量联合起来才能做出更加有影响力的公益。公益"新木桶"与"集合影响力"理论，为青椒计划项目的落地提供了理论指导，同时也指引了项目的实践方向。

同时，汤敏具有很强的行动影响力，"用经济学者的眼光，用扶贫专业的视角，用互联网的思维"① 看到慕课的模式与技术具有改革中国教育资源不平衡的潜力，提出"双师教育"的探索；其得益于在经济领域工作多年，积累了很多社会资本，而后投身公益领域做出了诸多有影响力的公益实践项目，在公益行动界享有比较高的声誉；经济学家和公益慈善家的双重身份使之具有比较高的社会号召力，可以在各个公共场合为青椒计划"代言"，这为青椒计划链接各方资源提供了可能；另外，汤敏长期关

---

① 汤敏：《慕课革命：互联网如何变革教育？》，中信出版社，2015。

注乡村教育、教师问题,与志同道合的学者一起以国务院参事身份向政府部门提出乡村教师教育相关政策提案,为青椒计划的启动增强了政治影响力,减小了与区县教育部门合作的阻力。

作为友成基金会的副理事长,青椒计划放在友成基金会的团队下执行,而友成基金会多次涉足乡村事业、教育事业,已经积累了大量经验。在"常青义教"中,友成基金会看到城乡教育资源的差异,学到了通过动员可以再分配城市教育资源;在"双师教学"中,友成基金会使用了互联网技术,学会了远程教育资源的传递并保证了良好的课程质量。友成基金会很早就启动了以青年发展与培养为内容的"小鹰计划"、以线上MOOC教学加陪伴赋能为内容的"香橙妈妈"项目等,青椒计划与这些项目都有共通之处,即能够充分借鉴其经验。同时,友成基金会特殊的社会组织地位与十年耕耘积累的声誉,为青椒计划的启动以及影响力的扩大奠定了基础。

(二) 解决方案创新力(Approach):推陈出新全面支持教师成长

1. 技术创新:以信息技术把握培训全过程

回到青椒计划想要解决的问题——传统培训方式成本太高、组织难度大,互联网技术的引进正面切题,最开始只是想利用互联网技术直播课程,但随着项目的进展,青椒计划团队与互联网技术深入互动,最终实现了信息化把握教师培训全过程。

青椒计划开始选择的课程传递形式是使用CC talk的在线直播平台以及他们研发的课程库数据平台,但出于对学员数据信息安全的考虑,第三年友成基金会开始自己研发学员数据管理平台并使之不断完善。该平台最开始只具备查询功能、数据导入导出功能,后来具备了数据对接功能、数据汇总分析功能,再后来具备了多端口的拓展功能,总之,尽可能使用技术手段全方面为老师的学习提供服务。友成基金会自建的数据平台,也成为全国最大的远程教师培训平台,且形成了比较完善的工作路径。青椒计划的教学培训有五个部分的基本工作:①在学员参训环节,实现培训招募信息发布、教师报名信息收集、确定参训名单并通知教师;②在课程传递上,根据实际需求以直播课或录播课提供培训课程;③在培训互动上,实现视频会议讨论互动、网站博客论坛开放性讨论、限制性社群讨论；④在课程作业与课程报告部分，实现发布作业或报告、作业提交、作业批改、作业积分等；⑤在培训成果处理上，实现学习积分计算、电子证书生成、成果资料备份等。目前，青椒计划建立了"青椒启智"和"青椒智训"两个平台。前者主要面向教师学员，报名参训已经注册的教师能够在小程序上登录学习课程，同时小程序会记录教师的课程观看时长、作业提交情况等数据，并自动为教师的学习行为积分。后者是数据存储与管理平台，主要面向各级教育管理者，能在保证参训教师个人安全的情况下，实现教师学习情况监督与数据存储，能够在数据库实现学习任务、课程的发布、批改作业等一系列管理操作。目前这两个数据平台端口，基本上能够满足该项目课程培训的全过程控制要求。

2. 产品和服务创新：分模块攻坚教师培训难题

我国乡村教师继续教育培训事业因经费和可持续性有限而受阻，乡村教育问题突出。对此，友成基金会有针对性地提出了两个方式予以解决：采用"互联网+教育"模块最大限度地控制成本以及采用"社群化学习"模块来保持继续教育效应的可持续性。前者攻艰"教不好"，后者瞄准"留不下"，两个模块巧妙地结合在一起，构成了青椒计划不可或缺的部分。

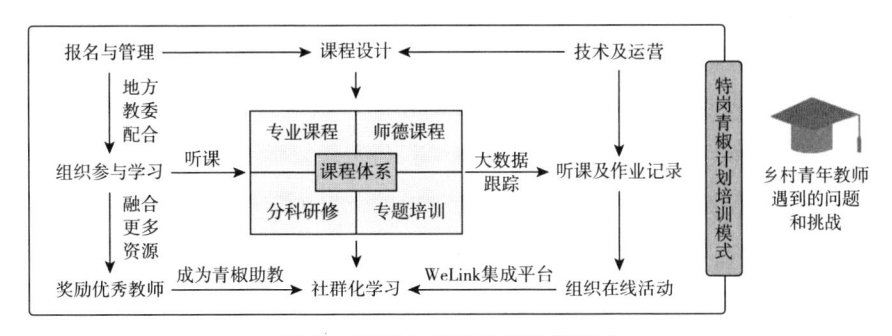

图 2　（特岗）青椒计划培训模式

（1）"互联网+教育"模块

传统面授课需要定时、定点、定空间，即在同一个时间授课教师与听课学生全部到达同一个地点，在教室能够容纳全员的情况下，一堂课才能开始，这其中需要庞杂的组织工作以及高昂的成本（如所有教师和学生到达上课地点的交通成本、每个参与者放弃其他事务赶到上课地点的时间成本、授课空间的场地成本等），利用互联网技术能够很好克服这些限制条件。

青椒计划的第一堂课，就是通过互联网直播技术突破定时、定点、定空间的限制，将全国各地 7000 多名参训教师纳入了直播课堂，实现了低成本、大规模的培训。通过相关企业支持的网络学习平台，参训教师每周定时参加网络直播课，学习北京师范大学、首都师范大学等全国高校专家、优秀教师的课程，参加培训的教师获得了前所未有的学习资源，接受了数量更多、质量更好的培训。

此外，由于互联网具有记录和储存功能，课程实现了"永生"。学员使用课程录制技术，就能够把课程视频保存下来，以便培训结束后反复观看。总之，互联网技术加盟教师继续教育培训事业，拥有很多优势，青椒计划在政策出台之前就做出了"利用数字化扩大社会服务资源供给"的实践。①

（2）"社群化学习"模块

不同于传统面对面的教育形式，线上教育是通过网络将授课者与学员链接到一个平台上，现场感与交流互动的频率大幅下降，因此教学质量一直备受争议。那么怎样营造如同线下课的氛围，保证网络培训的质量呢？青椒计划在提供网络培训的时候，为学员们建立了网络社群。学员们需要在社群里完成打卡，以起到互相监督的作用，从而保证学习任务的完成，或者是交流所学内容，帮助学员理解课程与实现教学实践。这种打卡方式不是以目的为导向的，而是以过程为导向的，以为学员创造一条输出的通道。也就是说，在学习完之后能够有笔记、有反馈、有感想、有方法地把自己的收获展示出来，从而锻炼作为教师必备的沟通能力。

更重要的是，社群化的学习模式不仅给学员创造了共同进步的学习氛围与环境，强化了培训效果，还通过学习共同体、职业共同体的形式为青

---

① 《关于促进"互联网+社会服务"发展的意见》，https://www.ndrc.gov.cn/xxgk/zcfb/tz/201912/t20191212_1213336_ext.html，最后访问日期：2023 年 4 月 20 日。

年教师提供支持，让散落在广大乡村各地的他们获得慰藉。技术链接的终点是情感的链接，让老师们被看见、被鼓舞、被肯定也是帮助教师建立职业自信的重要手段，青椒计划项目组携助教团一起为学员提供服务，在社群里努力创造同学科、同区域教师之间的线上交流机会，突破时间和空间的界限，形成凝聚力，坚定乡村教师的职业道路。"互联网+教育"的形式专攻"教不好"的问题，通过社群化学习的形式向乡村青年教师提供服务，更是在直面"留不住"的问题。由于学校管理制度不完善、薪酬待遇不合理、农村工作和生活环境不理想等因素以及农村教师奖金较低、人文关怀较少、晋升空间有限等激励因素，很多乡村教师因无法获得归属感而离职。[1] 想要乡村教师愿意留在当地，就要为教师创建合作交流的专业发展文化氛围，[2] 让教师不再成为孤独的"麦田守望者"。

3. 路径创新：发挥集合影响力促成多部门合作

青椒计划对标的是一个系统性的问题，注定不可能是一家机构就能够解决的，需要多方参与、合力解决。该项目的发起人汤敏老师认为，在面对诸如教育、扶贫这类问题的时候，我们应该改变以往"短板效应"的思想，要认识到"术业有专攻"，更加具有效力与影响力的办法是取各行各业的长板，搭建一个新木桶，这就是所谓的"新木桶理论"。青椒计划的项目策略就是把政府、爱心企业、学术机构、公益组织等多方力量都拉入解决乡村教育问题的大群，让他们负责各自擅长的领域。这种做法在国外叫作"集合影响力"。

为解决青椒计划的核心问题——课程体系，友成基金会在启动青椒计划之时邀请教育学术机构——北京师范大学——作为发起方之一。一方面，北京师范大学郑新蓉教授是与汤敏一起提案"关注中国乡村教师成长"的合作伙伴，与汤敏有共同的关切且对现实状况有清晰的了解；另一方面，培训课程的设计是一个专业化、体系化的工作，北京师范大学的教育学学科综合实力最强、具有成熟的团队、掌握前沿的教育知识

---

[1] 陶夏、段文静：《乡村教师缘何"留不住"——基于一位农村小学教师的叙事研究》，《教育学术月刊》2021年第8期，第65~71页。

[2] 李琼、何柯薇、周敬天：《从政策留人到发展留人：合作交流的专业发展氛围可以留住乡村教师吗》，《教育学报》2022年第18卷第2期，第124~133页。

和理论，由他们作为课程提供方，能够保证青椒计划推出课程的科学性和质量，更好助力乡村教师的成长。尔后，随着青椒计划在全国各地推广以及影响力的扩大，广西师范大学、华东师范大学、21世纪教育研究院等高校或学术机构相继加入青椒计划，进一步巩固了青椒计划的课程支持力量。

在课程传递技术方面，友成基金会决定向网络教育机构与企业学习，邀请正从事中小学网络课程共建共享事业的沪江互加计划成为技术提供方。沪江丰富的网络培训经验和现有的教育互动平台，帮助青椒计划实现了课程直播传递，完成了课程作业提交、教学管理等培训相关的工作。得益于此，青椒计划的项目组在实践中积累经验，搭建属于自己的数据库平台，开发了更加方便受训教师使用的学习课程小程序。不止于此，青椒计划变被动为主动，开始拓展技术合作伙伴，在沟通过程中友成与华为云志同道合，即希望实现"人的全面发展"与"科技向善"，华为云Welink团队非常愿意为青椒计划量"身"定制技术支持方案，帮助青椒计划实现了多平台链接，青椒计划的技术传输通道被彻底打通。

为畅通项目向乡村各学校推进的路径，青椒计划走了一条其他社会组织没有走过的新路，直接与政府部门对接，通过机构和项目领导人的影响力说服政府部门支持青椒计划。友成基金会主动接触涉及教育领域、乡村振兴工作的政府部门，与他们沟通推荐青椒计划，在得到上级政府部门支持后直接通过行政渠道招募服务对象，区县当地教育主管单位会安排专门的信息员对接青椒计划，以促成培训的开展，并帮助青椒计划团队监督教师学习情况。正是政府部门的认同和支持，为青椒计划的项目向下铺开减少了阻力，也能够为青椒计划的未来发展稳定政策方向盘。

除了撬动以上部门的影响力，友成基金会也在资金、人员、课程资源方面呼吁其他组织助力青椒计划，例如，西部阳光农村发展基金会、弘慧基金会、中国宋庆龄基金会、蒙牛集团、洋葱数学、爱学堂、猿辅导、华图教育等，进一步保证资金、资源、行动力的可持续性。

4. 制度创新：可复制的教育扶智实践

五年来，青椒计划每年培训万人、项目区域不断拓展，青椒计划团队也通过积累经验、梳理教育培训过程、把握项目各方面要素，完善了项目内部治理结构,保障了项目在年度和地域上的可复制能力。

在课程体系方面,青椒计划设立了师德课、专业课、能力提升课三种类型的课程,同时建立了分科课程库,既能满足乡村青年教师在职业道德方面的普遍需求,又能满足其专业能力提升的个性化需求,以促进教师全面发展;在项目技术方面,青椒计划搭建了属于自己的数据库平台,与接入的第三方平台联通,能够实现学员报名注册、学习直播或点播、作业提交、积分累计、证书获取全流程操作,畅通了网络培训环节;在合作实践方面,青椒计划稳定了合作对象,以友成基金会为管理沟通基地,与学术机构接通教育资源,向互联网企业援引技术支持,向基金会和知名企业申请资助,形成了比较好的集合影响力生态。

值得明确的是,我国的中小学教育是基础型教育,其过程不是要突出特色,最重要的是要培养学生的基本素质,打好基础。将乡村中小学教师的继续教育培训标准化不是削足适履,而是保证教学质量、适应乡村教师全科教育需求的良好举措。在这个意义上,除了教学科目与教学地点的不同,教师们的培训需求保持了高度一致,青椒计划看准了这一点,总结出了学员招募、助教团招募与培训、组织课程直播、录制课程、学员分级管理、学习证书发布、培训结项、百优学员评选、线下研修营的各模块工作模式,保证了学员从加入培训到走出培训的流畅性,形成了比较成熟的项目运营模式,这使得青椒计划同样具有强大的可复制能力,能够每年按期开展培训以及在全国各地不断扩大接入规模,实现了公益项目的制度创新。

(三) 行动效果转化力(Action):集合力量跨越教育鸿沟

1. 项目团队行动力:求同存异形成友成模式

青椒计划是在"集合影响力"理论指导下建立的,其核心是友成基金会和其他参与部门的合作,因此如何协调参与部门就成了项目内部治理的主要任务。青椒计划的内部治理结构为此经历了如下几个阶段的发展,进而日渐成熟。

(1) 以集合影响力为中心的探索

友成基金会作为青椒计划的主要发起机构,联合了社会各部门的力量开始项目推进工作。原初设计完全依照集合影响力策略设想,各部门

（参与机构）来自不同领域，提供不同资源，为保证各方的参与度，成立了青椒计划项目秘书处，以集体讨论项目推进的具体方式。同时在秘书处之上，建构了"最高管理委员会"，委员会成员均为各部门的核心领导，负责顶层设计工作。本欲以两层制度建构以保障青椒计划，但事实却并不尽如人意。在具体的执行过程中，秘书处面临巨大挑战，需要花费特别多的精力做沟通工作。

由于没有一个主导方，或者较为强势的一方具有决定权，在项目走向何方这个点上，各部门势均力敌。不同性质的各部门有着各自的不同站位，如技术平台公司就会不可避免地希望项目是往商业化方向去走；像北京师范大学这样的学术教育机构则希望项目是往体系化、专业化、科学化、学术化方向去走；对一个公益项目而言，其公平公正的站位必须被凸显出来，所以整个过程存在着明显的冲突。当各部门只看到自己的重要性，项目的推进遭遇了难以想象的挑战，以至于组织架构——"秘书处"——一度形同虚设。

（2）在求同存异中形成友成模式

秘书处管理遭遇挫折，青椒计划开始调整运营模式。负责技术的沪江网校退出，华为 Welink 加入，这使得友成基金会在技术工具运用上拥有了主动权；北京师范大学也对课程体系做了调整，使其更加适应青椒计划以年为周期开展项目的节奏。青椒计划慢慢形成了一个以公益项目为核心、以公益目的为落脚点的推进模式，也把运营路径慢慢理顺了。前三年（2017年至2020年）的经验，是协助理顺运营过程的重要依仗，具体有互联网直播、社群管理、社群活动推进、联系地方区县、动员教师参与等。

集合影响力策略希望实现多元合作的局面，团队行动遭遇的挑战也是明显的，为达成一致性，青椒计划坚持了两点。第一，坚定初心，青椒计划的初心是一个惠及乡村教师的公益项目，那么就要保证公益的纯粹性，也要保证普及性，在此基础上一旦进入比较适合的节奏，就会真的焕发出这种集合影响力的最大价值。第二，居于沟通中心位置的部门要擅长且善于链接与整合各类资源，要具有发散思维与开拓能力，把政府、企业、公益等多渠道的资源都纳入潜在资本库，以保证创新力的发挥。

2021年以后，项目的主要发起者友成基金会主动把握项目走向，担任起青椒计划的管理执行和所有合作机构的联络工作。其中的项目执行管理工作，形成了稳定的三部分工作内容：一是联系课程合作单位进行课程体系框架的搭建；二是技术支持平台的维护；三是与受训区县对接工作，这样清晰的管理职责，也为特岗青椒计划的顺利开展提供了保证。合作方也各得其所，在行动中，北京师范大学负责线上课程体系的安排与课程教学、华为云提供技术平台支持与社群运营，各单位从管理、内容、技术三方面搭建好了青椒计划的执行基本框架。其他爱心企业、基金会等资金支持方、赞助方也在助力青椒计划中实现了其组织价值。

2. 项目可持续性：延续"青椒"的生命力

日拱一卒，功不唐捐。项目的可持续性体现出项目的生命力与影响力，而青椒计划的可持续性工作紧扣资金与人员两个部分。

（1）资金可持续

资金是项目的第一推动力。像绝大多数基金会项目一样，青椒计划没有特定的资金来源，而是使用友成基金会募集到的共同善款。最开始，这些捐赠并没有完全指向项目运营，例如，某公司支持800万元，会明确其中700万元都用在给教师发奖金上，而不是用在项目运营支持上。但青椒计划的团队从来没有放弃过使项目资金独立的努力，一直尝试去说服捐赠方对项目进行支持，并通过青椒计划的影响力打动捐赠方，也陆续得到了一些不同体量的指向项目的捐赠，即使艰难，但始终为青椒计划的推进提供了持续的资金来源。

近来，青椒计划终于在资金可持续性上打开了一个很好的创新端口，那就是于2022年与中国外贸信托达成合作，成立"外贸信托-2022年度乡村振兴1号星火慈善信托"。这次合作也在中国首创了全面聚焦乡村教育振兴的集合慈善信托新模式，也是信托行业首单通过优秀公益项目嵌入信托结构、引导信托客户参与公益慈善的慈善信托。[①] 至此，青椒计划的资金可持续性被大大增强。

---

① 《【青椒×信托】星光洒遍乡野，信托照亮青椒》，http://youcheng.org/news_detail.php?id=1088，最后访问日期：2023年4月21日。

（2）人力可持续

赋能乡村教师，增强乡村教育资源可持续性是青椒计划的使命。在项目的执行过程中，青椒计划团队发现了种子教师能够发挥更大的作用，即实现青椒计划赋能乡村教师、乡村教师反哺青椒计划的人力资源循环。在制度化反哺的过程中，"天之椒子"助教团诞生了。

项目运营第二年，青椒计划就开始组建"组教团"：在已经学习的教师中招募优秀老师，组成一支优秀的队伍，让他们在课程中担任助教，承担课程主持、课程进度的提醒、课程作业的批改、保存和上传录播课程、为学员答疑解惑的工作。除了在学习中发挥作用，助教们还需要主持社群活动，他们活跃在教师社群中，正是由于这些先行者的存在，让正在参与学习的教师们有了更多的信心，期待自己的改变，可以说，助教团是青椒社群能够充满活力的催化剂。

教师从学员成为助教，是一个很大的转变。在助教工作中，老师们可以反复复习所学，不仅有助于提升自身能力，而且有助于自身的职业发展；协助项目组做一些日常运营工作，有助于提升其综合实力；在角色上，从一名受益者变成了助人者，有利于公益精神的传播。通过助教团，青椒计划实现了人力资源的循环，它延续了青椒计划的生命力，也以最外化的方式呈现了教师改变。

3. 项目传播影响力：服务于项目推进

在影响力发挥上，发起人的影响力和正式传播手段都发挥了作用。

（1）发起人影响力

青椒计划的发起人汤敏，同时也是友成基金会的常务副理事长，他在经济领域工作多年之后投身公益教育事业，基于经济视角看待教育事业，提出公益"新木桶"理论以及"集合影响力"策略指导教育扶贫实践。汤敏本人也成为集合影响力的执剑人，携青椒计划亮相各种社会场合，以提高青椒计划知名度，带动各个可能参与的部门加入青椒计划，投身教育扶贫生态事业。

青椒计划启动后不久，汤敏出席2017年11月10日由中央电视台、贵州省委宣传部联合主办的以"乡村振兴：改变正在发生"为主题的精准扶贫公益论坛并发言，以青椒计划为例说明了教育领域的扶贫可以怎做创新，并向参会的社会组织和企业发出合作邀请。

2018年9月9日，汤敏在"第四届全球社会企业家生态论坛"上做主题演讲，以青椒计划等几个公益项目为例，说明如何打造社会企业的"新木桶"，呼吁中国企业、机构、组织联合起来做大事。

在得到大学首届毕业典礼暨2019春季开学典礼上，汤敏做《我从"得到"得到了什么？》演讲，介绍了青椒计划，说明缺乏资源的公益机构怎么用集合影响力模式做"那些政府和企业已经花了大钱都干不好的事"。

在2019年首届"中国西部教育发展论坛"召开之际，汤敏接受搜狐新闻客户端·教育专访，谈到了青椒计划的模式方法与当前覆盖率。同年，汤敏在杂志上发表文章《让乡村教师培训迈上信息化的快车道》再次提到青椒计划在信息时代探索出了一条颇具潜力的乡村教师培训新路。①

2020年8月30日，汤敏作为论坛主席和特邀嘉宾在第二届"中国西部教育发展论坛"开幕式致辞中援引青椒计划的项目信息作为开场讲话内容，倡导教育信息化。

2020年教师节前夕，知名新闻媒体《新京报》邀请洋葱学员杨临风与汤敏就"青椒计划"用互联网手段赋能乡村教师、带动乡村教育"弯道超车"进行深入探讨，再一次宣扬了青椒计划的创新性。

2021年在12月15日，第四届"澎湃责任践行者年会暨年度责任践行榜评选"召开，汤敏以青椒计划为例发表主旨演讲《第三次分配如何助推共同富裕》，参与责任新生态圆桌对谈，共同探讨新生态责任。

汤敏提出公益新木桶理论，并将该理论落实于青椒计划畅想，在推动青椒计划展开的时候，也发挥其自身影响力促成青椒计划的"集合影响力"实践。

（2）正式传播影响力

这是青椒计划团队为服务于项目独立创新的传播路径，也是青椒计划传播影响力的关键体现，试图通过影响力的扩大，为项目运用集合影响力策略开发合作伙伴、拓展资源和资金，服务于项目的推进。该项目的核心

---

① 汤敏：《让乡村教师培训迈上信息化的快车道》，《中小学数字化教学》2019年第5期，第1页。

策略就是增加传播量。除了媒体方面的曝光，项目组主动做了很多有利于扩大青椒计划影响力的工作。例如，汤敏、苗青等项目主要负责人把青椒计划案例带到各大会议、论坛亮相，让更多的同行、公益人甚至政府领导都形成对青椒计划的印象；积极主动申请各类奖项，从团队工作、创新方案、问题意识、权利意识、发展视角、志愿者构成多维度证明青椒计划的内容十分扎实与自身的发展潜力；与华为连续三年拍摄视频短片，对乡村教师的成长进行宣传，与华为这种国民影响力较大的企业绑定关系，使得项目影响力充分扩大。这些主动的传播在青椒计划稳打稳扎的行动基础上发挥了巨大作用，给青椒计划塑造了立体的项目形象，赢得了多方的支持，实现了更大的集合影响力，推动了项目持续发展。

四 案例总结

（一）青椒计划的社会创新因素总结

青椒计划在实践过程中以"集合影响力"为核心，始终坚持"三力合一"策略，通过对社会目标驱动力、解决方案创新力以及行动效果转化力各层面的整合，让所有参与方都在项目中找到自己的目标，发挥自己的强项，贡献自己的力量，最终完成了一个系统性工程。表2呈现了促成青椒计划社会价值的创新因素。

在社会目标驱动力方面，青椒计划志在必行促进乡村教育振兴，顺应国家、社会发展乡村教育的要求，以教师人才培育为切入点，肩负起社会使命；发起人与友成基金会团队基于发展、赋能的视角，定下可持续的教育生态的项目愿景；发掘组织与成员的禀赋，为后续行动准备了资源条件。在解决方案创新力方面，该项目将互联网技术应用到培训全过程、用社群化学习强化培训影响力，通过发挥集合影响力动员各部门合作、创造可以铺开推广的网络教学培训模式，提出了技术、产品与服务、路径、制度四个维度的创新。在行动效果转化力方面，领导者以自身影响力扩大了项目影响力，执行团队始于理论、落脚于实践，找到了推动项目前进的节奏，主动积极的传播策略扩大了项目传播影响力、服务于项目合作与持续推进。青椒计划通过对合作方以及资源的整合协调，形成了一个横向多部门-内外制度相协调、纵向反哺的螺旋上升的项目系统。

表2 青椒计划的社会价值促成

三A三力		青椒计划创新因素
Aim： 社会目标驱动力	社会使命	顺应国家、社会要求发展乡村、平衡城乡教育差距的政策，友成基金会积极承担推进公平的社会责任
	项目愿景	基于企业家发展、赋能的视角剖析乡村教育资源劣势问题，通过赋能乡村教师创建乡村良好的教育生态
	资源禀赋	发起人具有经济学家、公益行动者双重身份，社会资本丰富号召力强大；友成基金会深耕公益事业做出多个品牌项目赢得声誉，在活动中积累了丰富经验
Approach： 解决方案创新力	技术创新	通过互联网技术实现远程线上教育培训，自建数字化平台实现全过程控制
	产品和服务创新	通过网络社群形式提供学习交流平台，采用任务形式为参训教师提供互动机会，多方面维持网络培训对学员的影响力
	路径创新	将乡村教育资源短缺、乡村教师培训成本大这个复杂问题分解，让社会各界出策、出力一起解决问题
	制度创新	明晰项目各组成元素，将项目科学化管理，实现乡村教师培训在年度和地域的可复制化
Action： 行动效果转化力	项目团队行动力	在集合影响力策略指导下探索出求同存异的友成模式
	资金和资源可持续性	在资金上实现项目指向的信托；发展助教自组织实现人力可持续
	项目传播影响力	发起人以自身影响力，带青椒计划亮相各公共平台，扩大项目影响力；通过积极主动的传播，为青椒计划寻找潜在的合作伙伴

综上所述，青椒计划通过机构富有创新力的方案和链接资源能力，在解决策略上发挥集合影响力，在"创新、变革、可持续、赋能、共赢、合一"等价值主张上做出了先行示范，焕发出勃勃的项目生命力。

（1）"创新"，体现在青椒计划全过程，坚持"扶贫先扶智"却并不局限于乡村学生直接获得优秀教育资源（最终目的），而是为乡村培育可持续性更佳的优秀青年教师（直接目的），利用互联网技术打破教育培训时空限制（服务模式），打造全国性教师交流互动社群（行动策略），建立教师数据库与优秀课程库（成果）。

（2）"变革"，青椒计划相信培育一个教师就能成就一批优秀学生、是归属感而不是金钱才能留住乡村教师，对人性始终怀有美好的假设，同时把教育这个复杂问题分解给各社会力量，营造了"社会问题社会解决"的"共同体"氛围；通过互联网技术把城市优秀教育资源传递到乡村，发挥互联网进行再分配的变革性作用，创造了"技术跨越教育鸿沟而不是制造鸿沟"新格局。

（3）"可持续"，项目从一开始就以"集合影响力"策略动员多方参与，把项目的责任交由各方承担以保证项目的社会参与度，通过积极主动的传播策略进一步强化影响力，项目成功产生的社会效应也带动了其他团体的加盟以及更多资源的投入，为项目未来发展全面筹措资金；青椒计划的培训课程也在北京师范大学等高校及研究机构的协助下不断迭代更新，保持了课程内容的有效性与先进性；建立的线上社群平台以及伴随项目组建起来的"天之椒子"助教团更是拓展了教师们的互动交流圈，延续了项目的生命力；另外，青椒可复制的年度项目使得每年都会有新的"青椒"进入共同体，长期对教师群体产生影响。

（4）"赋能"，一方面通过继续教育培训赋能乡村青年教师这些直接服务对象，另一方面通过内外制度设计壮大公益团队力量（以传播影响力拓展潜在资源部门）、赋能项目核心团队与受益者全体（"天之椒子"助教团），构建多方受益、螺旋成长的大系统。

（5）"共赢"，通过一致的、宏大的目标，集合各方力量，成规模地解决社会问题，让政府发挥指导作用、让互联网公司得以展示技术所长、让学术机构知识产出转化为实践成果、让爱心企业和基金会的资金物尽其用，各相关方都从项目中实现社会价值和自身价值。

（6）"合一"，青椒计划在提升乡村青年教师素质（Aim）、利用互联网传递教育资源与建立教师学习成长社群（Approach）、支持庞大规模青年教师成长（Action）三力上保持一致性，改善乡村教师"教不好"与

"留不下"的困境，加快了教育振兴乡村前进的步伐。

（二）青椒计划模式分析与提炼：一以贯之集合影响力构建系统工程

青椒计划直面乡村教师"教不好、留不下"的问题，在策略上始终坚持"集合影响力"，即发起人汤敏先生提出的用社会各部门的长板造公益木桶，把复杂问题放到这个新木桶里共同解决。同时，青椒计划注重在实践中推进集合影响力的本土化，以提升乡村教师教学水平、促进乡村社会长远发展为目标前提，集合了政府部门、高等教育机构、爱心企业、基金会等利益相关方，让各参与方发挥专长、贡献资源，围绕项目目标出资出力，走出了一条跨部门合作解决问题的路子，最后在友成基金会和青椒计划项目组专职工作人员的协调下，各参与方始终保持沟通，跨越机构界限保持合作与行动，完成了一个横向多部门-内外制度相协调、纵向反哺项目的系统工程。

从社会目标上来看，集合影响力各方在远景目标上找到了契合点：国家政府部门想要实现乡村振兴、扭转城乡两极分化与社会发展不平衡的局面，实现共同富裕；友成基金会希望通过培训青年教师影响更多的学生，用社会创新的手段，促成乡村教育状况改善，最终实现人的全面发展；爱心企业一方面积极承担社会责任、赢得社会声誉，另一方面也希望通过助力社会整体的发展间接为企业带来利润；高等教育机构或研究机构在项目中通过教学实践传递研究成果，积极承担学术责任，同时在乡村教师培训实践中获得田野资料辅助研究；其他基金会想要与友成基金会共同实现资源再分配促进社会公平与公益理想。

从解决方案上来看，友成基金会以"公益新木桶"理论与"集合影响力"策略为指导，提出"青椒计划"设想，在项目推进过程中负责资源动员与协调工作，促成了各方的合作；从青椒计划动员到各方力量发挥其所长，通过互联网+教育、社群化学习两个模块为教师服务。其中，政府部门发挥指导作用，在项目推进时发文支持，为青椒计划畅通了实践道路；北京师范大学等高等教育机构专注于课程支持，负责课程体系设计与更新工作；互联网企业（技术）为课程的传递提供技术支持；另有爱心企业（赞助）、其他基金会为青椒计划提供了运营资金、资源支持。友成基金会在各部门资源、优势中找到实现集合影响力的方式。

从行动效果方面来看，被动员起来的各方在友成基金会的联系、组织下有序行动，共同帮助乡村跨越教育鸿沟：友成基金会与政府的合作，使其能够更加方便地招募受训教师；友成基金会与高校联系，解决了授课或课程资料制作的问题；友成基金会与互联网技术企业联络，搭建了教师数据平台，开发了教师在线学习、社群互动、作业提交、证书发放等一系列功能；友成基金会与各赞助方（爱心企业、基金会）互动，链接资金和资源覆盖项目消耗与花费，也为教师激励实现了更多可能。

契合各部门目标作为"集合影响力"前提
- 友成基金会：教育公平、社会责任与人的全面发展
- 国家有关部门：教育发展、乡村发展、社会稳定
- 高校：学术社会责任、人才培育与发展
- 互联网企业：科技向善、技术为人
- 爱心企业、基金会：社会责任、社会公平

剖析各部门资源与能力找到"集合影响力"可能
- 友成基金会：资源链接、沟通部门
- 国家有关部门：畅通项目推进道路
- 高校：提供（教育）专业课程
- 互联网企业：技术支持
- 爱心企业、基金会：资金、资源支持

联系各部门行动完成"集合影响力"实践
- 友成基金会+国家相关部门：招募受训教师、在区县推进项目
- 友成基金会+高校+互联网：实现线上培训课程传递、社群学习互动
- 友成基金会+爱心企业、基金会：可持续的资金、资源，为学员提供更多可能的受训、互动形式
- 友成基金会促成助教团：反哺项目、赋能教师
- 友成基金会主动传播：扩大项目影响力为项目服务

图 3　青椒计划"集合影响力"模式

我国正处在全面建设社会主义现代化国家的新征程，要实现全体人民的共同富裕，由第三部门推动第三次分配显得尤为重要。友成基金会虽然是以筹措资金为主要工作，但其经济能力与国家拨付、企业支付的经济能力相比显然较弱，在第三次分配中能够发挥的作用也有限。但未尝不可以另辟蹊径。像友成基金会这样的社会组织可以通过尝试关注服务领域的分配回应社会需求，注重发挥创新力、集合影响力解决复杂问题，四两拨千斤地实现项目目标，为社会创造更大的价值。面对"教育"这样一个由

现代文明的不断发展、社会分工程度的加深形成的复杂的问题，绝对不是靠一个社会组织单打独斗就能够解决的，只有把各方力量集合起来，各展所长、提出系统性的解决方案，才有可能改善问题现状。青椒计划社会创新模式的成功，在于从目标、方法、行动上一以贯之"集合影响力"理念和策略，并以多种创新手段构建了一个扎实的系统性工程，最终达成了项目的目标，也使其社会价值实现了最大化。

（三）青椒计划的可持续性分析

1. 局限性

青椒计划的项目成果非常明显，这一点从项目的持续时间（达到5年）、各界的认可等方面可以充分证明，但在项目成果的评价方面还有一定局限性。从目前的数据来看，青椒计划在覆盖区域、学校数量、教师数量上呈现了比较快的增长态势，但对于乡村教师的教学素质是否有大的提升、乡村教师是否愿意一直留在当地任教等这些原始目标来说，目前青椒计划的项目评价并没有实现完全覆盖。但其实这种局限性更多的是项目开展年限还不够长（相比于职业更换的时间来说）、不能给出更长的追踪数据所导致的。这也要求青椒计划需要具备这样的意识，即长期对乡村教师的工作现状进行追踪，给项目一个完整的答卷。虽然青椒计划已经建立起来一个包含教师成长数据的数据库，但是数据并没有被利用起来，这个数据库的进一步开发和使用，也许正是破题的关键。

同时我们也必须认识到，青椒计划动员参与如此广泛的项目对于友成基金会来说是完全可以复制的，但是对于其他社会资本比较小的社会组织或机构来说，由于他们能够动员的资源有限，能够复制的可能性就比较小。当然，这并不意味着集合影响力这种创新理念是不可复制的，在组织和机构的可行能力范围内集合有利于项目的开展，这也是一种"集合力量办大事"的思维、一种集合各组织的长板组成"新木桶"的策略，能够帮助单一组织或机构突破自身规模的局限，实现更大规模的项目成效。

2. 可持续性展望

乡村的实现教育公平、跨越教育鸿沟之路，任重道远。更迭的"特岗青椒计划"还在服务期，会继续服务于乡村教师接受继续教育事业，按照原任务，未来还有近3万名乡村教师将要接受培训。

青椒计划在实践中注重不断完善自身项目系统，基于青椒计划经验开发的数字化学习平台与大数据学术研究中心"青椒智训"平台正在紧锣密鼓地筹备中，即将投入青椒计划的后续服务并助力青椒计划更上一层楼。在此之前，青椒计划团队就注意使用数字技术保存大量教学课程与资料，并致力于建立丰富的教师数据库、学科分科数据库，以便之后开发更多的教育功能。例如，各级教育部门可以通过管理员的资格获取这些课程资料，并在数据库里选取课程配置教师培训课程，这有望强化互联网技术对教育资源进行再分配的作用。青椒计划也会在现有的制度创新成果与合理利用数据库基础上，继续追踪乡村教师成长数据，在保护服务对象、用户隐私的前提下，与时俱进，探索出更适合教师继续教育的模式，为缩小城乡教育资源差距、实现乡村振兴做出更大的贡献。

可喜的是，目前已经有三个方面的工作被项目组列入青椒计划未来应用场景。一是希望在现有平台上，服务于北京师范大学教育学部的个性化培训。当项目的课程库达到一定量级的时候，北京师范大学如要举行线上培训，可以根据培训对象的特点，在数据库里选择需要的课程进行培训，达到个性化定制课程的目的，也能节约成本，将课程资源物尽其用。二是利用青椒计划数据库系统，服务于县域学校校本研修任务。学校可以根据区县教研规划在数据库中选取需要参训的教师并发布教研任务，在教师收到学习任务的同时，管理部门也会同步收到教研任务开始的通知并参与监督，教师的学习成果也可以通过平台记录并导出，实现协同合作、高效落实学校的校本培训要求。三是根据现有乡村教师个人学习记录促进教师成长评价工作。当然，具体的教师评价标准也需要在长期的工作中进行研究，从而有针对性地提出最贴合教师行业实践的评价标准。

友成"香橙妈妈":让妈妈回家,带孩子绣花

张蕴哲 黎 娇[*]

一 引言

在我国经济欠发达地区的农村,留守女性是一个庞大的群体。"谁外出,谁留守"是家庭在权衡利弊之后做出的决策。女性在劳动就业市场上的劣势以及"男主外,女主内"的传统观念造成了女性留守数量远高于男性留守数量的局面。留守女性主要面临着家庭经济压力大、本地就业率低、生活和心理负担重、家庭及社会地位较低、文化水平不高等问题。[①]种种问题造成了乡村留守女性贫困,限制了乡村留守女性的发展空间,这也意味着乡村一部分人的发展存在问题。

现代福利经济学家阿玛蒂亚·森(A. K. Sen)认为造成贫困的原因不仅仅是人们收入不足,更是缺乏可行能力,即开展功能性活动,提高生活质量的能力。乡村留守女性如果要消除贫困、获得发展,那么就要通过弥补贫困人群的可行能力来实现。结合乡村留守女性的特点,其主要的功能性活动体现在家庭经济收入、社会地位、心理健康三个方面,三者共同构成了立体的乡村留守女性。

在家庭经济收入方面,经济上非自愿被排斥者至少具有收入低、财富

---

[*] 张蕴哲,中国人民大学 2021 级社会政策专业硕士(MSP);黎娇,中国人民大学 2021级社会政策专业硕士(MSP)。

[①] 魏翠妮:《农村留守女性问题研究》,硕士学位论文,南京师范大学,2006。

少、能力弱、居住偏远这些特征中的一个,[①]而乡村留守女性拥有这些特征,造成了经济上的非自愿排斥,成了"长尾群体"。[②]要想摆脱这种非自愿排斥,经济可行能力是关键,即获得经济收入的能力。

经过香橙妈妈项目团队前期的需求调研发现:乡村留守女性仅仅依靠"一亩三分田"的农业生产方式获得的收入十分微薄,要想创造更可观的经济收入,就需要参与市场,获得交换经济权利的机会。同时,母职角色又对她们的经济活动提出了灵活性的要求,在创造经济价值的同时,还必须兼顾家庭照料。在这样的需求导向下,香橙妈妈项目组发现电商赋能是一种合适的选择,通过电商就创业培训引导乡村留守女性参与经济活动,获得收入来源。具体而言,通过为乡村留守女性学员提供电商培训、金融知识培训和咨询、财务管理、就业创业辅导等课程,让乡村的妈妈们能够利用互联网电商销售的便捷性、灵活性和市场性,赋予其参与市场、获得经济资源的权利,在兼顾家庭照料和子女教育的同时实现可持续增收。

除经济上的困境外,乡村留守女性的发展还面临着社会困境。受父权制和市场经济的影响,乡村留守女性的家庭地位和政治参与程度与男性比较低,其社会地位要提高、主体意识也需增强。针对这一问题,香橙妈妈项目致力于帮助乡村留守女性提升家庭地位和社会地位。一是项目通过提升乡村留守女性的经济可行能力来增强乡村留守女性的家庭和社会政治话语权,因为经济收入直接决定女性的家庭决策权和社会地位。二是项目帮助乡村留守女性更好地建立社会关系网络,提高乡村留守女性的社会影响力,进而提高其社会地位。项目通过女性和领导力的课程,改善女性对外和对内的沟通方式,增强其社会资本,完善乡村留守女性个人社会关系网络。三是项目通过广泛宣传香橙妈妈的优秀女性事迹,让更多的人看见勤劳勇敢坚毅的乡村留守女性"她"力量,重新塑造了乡村留守女性的人物形象。

在经济和社会压力之外,乡村留守女性群体还面临个人心理健康压

---

① 高进云、乔荣锋、张安录:《农地城市流转前后农户福利变化的模糊评价——基于森的可行能力理论》,《管理世界》2007年第6期,第45~55页。
② 指的是个人所拥有的、能够支配的资产规模往往较小,但是该群体总数庞大,小微企业、初创企业、涉农群体多属于此类。

力。由于承担了大量的家庭照料和农业生产工作，乡村留守女性普遍存在沉重的心理压力。但社会往往忽视了她们的精神需求，导致其缺少精神支持与关怀，长期陷于精神困苦。针对乡村留守女性的精神需求，香橙妈妈项目开发了增强女性内心力量的培训和实践课程，通过女性和领导力课程、心理关怀课程，让乡村留守女性获得心理支持，改善心理状况；重塑自信，唤醒自我意识，并激发其内生动力，主动寻求改变的可能和途径。

香橙妈妈团队认为乡村留守女性存在的家庭经济收入、社会地位和心理健康问题呈现逐步递进的关系，三者互为支撑，因此在解决这些问题的过程中必须同时兼顾，全方位发展，以提升乡村留守女性的改变成效。"香橙妈妈"的行动逻辑是通过立体地赋能提升她们的可行能力，让其走出困境，这也是香橙妈妈项目区别于一般乡村留守女性帮扶项目的特点。自2015年以来，友成基金会持续探索、实施乡村留守女性电商扶贫技能培训项目。项目通过精心设计，旨在提升乡村留守女性的家庭经济收入、社会地位和心理健康三方面的可行能力，从而促进她们全面发展。香橙妈妈相信每个人都有改变的潜能，采取全方位积极的社会投资，能够产生有益于乡村建设的人力资本。

二　案例描述

（一）香橙妈妈项目背景

香橙妈妈项目的前身是2014年的友成农村电商项目。2014年，友成志愿者支持中心团队到农村电商发展势头良好的浙江丽水和内蒙古等地区进行调研。2015年，在网信金融集团的支持下，友成启动"MOOC+贫困地区电商能力建设"试点项目。在项目开展的过程中，项目团队发现受益人中75%以上为乡村留守女性，并且在监测学习成果时发现女性的成绩及开店成功率比男性高，加之考虑到乡村留守女性的经济弱势地位与家庭负担，故项目开始聚焦于乡村留守女性。项目开展到第五年时改名为"香橙妈妈大学"，"香橙"谐音为"乡村"，意在强调项目像一所无围墙的大学，接纳所有来自乡村地区的女性，帮她们提升与成长。2019年，友成基金会将此项目更名为"香橙妈妈",并打造"香橙妈妈"IP 品牌,衍生出众多子项目。2021 年,全国脱贫攻坚总结表彰大会上,习近平总书记宣布我国脱贫攻坚战取得了全面胜利,中国开启了乡村振兴的新篇章。在此背景下,"香橙妈妈"紧跟时代步伐,关注点从乡村留守女性脱贫转向乡村留守女性的全面发展,以乡村留守女性为主体,探讨关于乡村振兴的宏大议题。

(二)香橙妈妈项目实践——一个立体赋能的视角

1. 立体赋能乡村留守女性

星星之火,可以燎原。香橙妈妈项目相信一个全面发展的人能成为一团熊熊燃烧的火焰,在乡村土地上掀起振兴的燎原之势。"香橙妈妈"对于学员的立体赋能,暗含着将贫困与发展归结于能力匮乏的理论视角。乡村留守女性要发展,要获得高质量生活,就必须要增强这些女性的可行能力,在功能性活动中获得机会和权利,发掘其无限的潜力,从而由一个带动一片,一片带动一县,成为在地的振兴力量。从经济、社会、心理赋能三个维度出发,香橙妈妈项目团队分别设计了系列课程内容,通过学练结合,带领乡村留守女性学员创造新生活。在经济赋能上,香橙妈妈项目团队主要利用互联网技术教授乡村留守女性电商就创业技能,为学员开辟致富增收的道路,同时,开设金融课程,提升学员财商,强化其财富管理能力。在社会与心理赋能上,项目团队开设了女性心理关怀、女性领导力、家庭沟通等课程,帮助女性提高家庭地位、增强自我认知、提升自我效能。

2. 香橙妈妈模式 1.0 的训练营到模式 4.0 的品牌化

为了实现立体赋能乡村留守女性的目标,香橙妈妈经过长期实践,总结形成了项目模式。香橙妈妈项目自 2015 年启动以来,项目模式共完成了三次迭代,目前形成了比较成熟的香橙妈妈 4.0 模式——香橙妈妈品牌,成为具有可视化的立体性的项目。

"苟日新,日日新,又日新。"成熟的项目模式并非一蹴而就,而是依靠一次次迭代,推陈出新、精益求精实现的。

2015~2016 年,项目形成了香橙妈妈 1.0 模式——全国零售训练营。

此时，互联网销售农产品是大势所趋，香橙妈妈顺势而为，以学习淘宝、微店的经营模式为主，开发了线上 MOOC 平台，采用线上线下相结合的方式进行授课，意在提高乡村地区人才的互联网意识，并尝试开展线上销售农产品的实践课程。由此形成了"线上（课程学习）+线下（集中培训）+监测（开店情况）"的模式。在项目实施一段时间后，项目团队发现项目还有优化空间：目标人群可以更聚焦；线上课程可以增加成功创业案例，丰富有关农产品供应链的课程；线下集中培训可以采用小组的方式进行实战；应为学员提供激励机制等。

2017~2018 年，项目进行了第一次迭代，形成了香橙妈妈 2.0 模式——让妈妈回家。该模式在内容上增加了线上 MOOC 平台的课程数量、课程类别以及课程内容，加入了线下分组实战环节，给予优秀学员创业基金支持，形成了"线上（课程学习）+线下（集中培训）+帮助受益人对接实践资源"的孵化模式。在项目管理上，加强了对于项目学员信息的收集和分析。

项目开展到第五年，进行了第二次迭代，形成了香橙妈妈 3.0 模式——香橙妈妈大学。项目团队调查发现，乡村留守女性除了有对电商知识和创业知识的培训需求，还有全面发展的需求。因此，项目梳理了已有的关于电商和供应链知识的基础课程，增加了女性心理关怀和自我认知的课程。同时，整合提炼教学模式，研发了"学+练"的 PBL 式教学模式，并延长了线下集中培训和孵化器天数，形成了"线上（课程学习）+线下（"学+练"PBL 式教学）+组织研学和对接创业资源"的陪伴式孵化模式。同时，项目开始对学员进行数据化管理，提升项目管理的专业性。

截至 2022 年，香橙妈妈项目已走过 7 年，历经了三次迭代，在最新的一次迭代后，项目形成了香橙妈妈 4.0 模式——香橙妈妈品牌。该模式在项目的线下培训中增加了"创业计划书"的撰写、现场直播的 PK 环节，还增加了孵化过程中的社群管理模式，形成了"线上（课程学习）+线下（'学+练'的 PBL 式教学）+组织研学、社群管理、对接创业资源"的陪伴式孵化模式。项目从对学员的数据化管理，发展成为对项目的数字化管理。

在香橙妈妈品牌化的模式下，项目更注重传播影响力带来的正向反馈，这一变化对于友成基金会这样的平台型社会组织来说至关重要，品牌项目的口碑影响着基金会的知名度、形象、行业竞争力。

项目4.0模式的"品牌化"，一方面意味着加大宣传力度，增加传播渠道，提升品牌影响力；另一方面意味着项目将开辟更宽广的天地。从2023年开始，香橙妈妈项目从重点关注乡村留守女性个人的立体赋能转变为关注乡村留守女性与环境互动的综合发展的项目，也就是说，它不仅要关注乡村留守女性的家庭经济收入、社会地位、心理健康方面的可行能力的提升，也会关注乡村留守女性的社区和家庭参与，帮助其更好地与社区和家庭互动，从而使项目朝着更立体、更多元的方向发展。

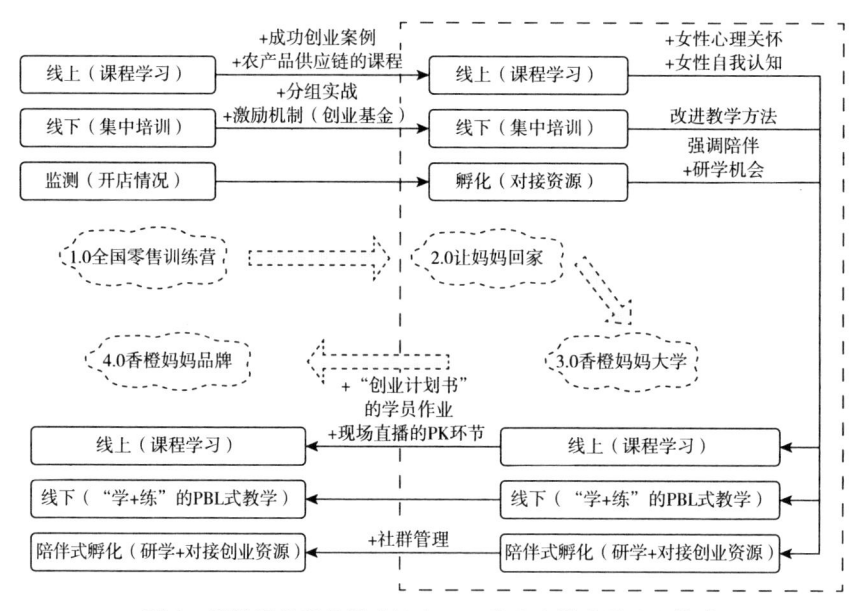

图1　香橙妈妈项目模式演变——从1.0模式到4.0模式

3. 现状：从立体赋能个人到赋能家庭、社区

经过多年的努力香橙妈妈项目取得了优异的成绩，形成了立体化的项目模式，尽管香橙妈妈项目现今已经覆盖了17个省（自治区、直辖市）的117个县市，但它的覆盖面和影响力依旧在不断扩大。项目从服务对象的立体化需求出发，开发了一系列立体化的课程，通过打造立体化团队来完成执行，培养了一个又一个立体化的乡村留守女性，让我们看到了乡村地区的无限潜力。

在品牌化的今天，香橙妈妈着力提升影响力，在传播端重点发力，与更多政府、企业、学校开展深度合作，同时，项目将更为关注个人与家庭和社区的互动关系，从赋能个人，扩展到赋能家庭或社区，打造更为综合的乡村赋能项目。

（三）香橙妈妈项目成效

1. 香橙妈妈品牌项目影响数万人

从项目的覆盖面和受益人数来看，从 2015 年至今，香橙妈妈项目在 17 个省（自治区、直辖市）的 117 个县市开展，累计有 1.8 万余名学员参与，培训结业率达 88%，项目间接受益的人数更是多达近 9 万人。参与项目的电商、金融、乡村旅游、心理学等领域的专业志愿者导师有 150 余名。

从单个受益人的角度来看，香橙妈妈项目对每个乡村留守女性都影响深远。经过培训，大部分女性受益人获得了经济可行能力。具体而言，67%的受益人通过电商领域的就业创业提高了家庭经济收入，人均每月增收 800 元以上。在女性心理健康和女性自我成长方面，通过第三方机构的评估，62%以上的学员认识了情绪管理的重要性，通过学习女性心理知识提高了自我觉察能力，促进了自我认知，提升了女性的自信心。[1] 在社会生活方面，乡村留守女性面临的赚钱养家和养育子女的冲突的问题，因为电商赋能得到了解决，让妈妈们能够"带着孩子、绣着花"。

项目不仅帮助乡村留守女性提高了家庭经济收入，还促进了她们自身的全面发展，带动了区域的经济社会发展。

2. 建立与政府和合作方的深厚的合作关系

经第三方评估，香橙妈妈项目的效果得到了合作方的认可。合作方反馈，与友成基金会的合作有利于开拓业务、更新课程。友成基金会在开展项目过程中的理念也影响了合作方的业务模式；在地方政府方面，妇联、电商办等部门的工作人员对友成基金会与合作方开展的项目给予了高度评

---

[1] 《友成-摩根大通"乡村女性赋能计划"项目评估报告》，http://www.youcheng.org/upfile/20210708181021.pdf，最后访问日期：2023 年 4 月 25 日。

价,对授课方式、授课内容、讲师能力和态度、就创业辅导等方面的水平都表示肯定。① 基于项目的良好效果及声望,许多合作方和县域政府都与"香橙妈妈"展开了不止一次合作。

3. 培养乡村留守女性带头人,带动县域发展

我们通过项目的后期监测发现,一部分拥有优势特色产业的女性,通过香橙妈妈项目的培训和孵化,全面掌握了电商技能,基于原有的线下产品销售方式,开拓了线上销售的方式,提升了销量,扩大了生产经营规模,增加了当地的就业岗位。个别能力突出的学员,还成立了合作社,开展生产经营,带动当地致富。

三 社会创新性分析

(一)社会目标驱动力(Aim)

1. 社会使命:乡村振兴中的女性发展

香橙妈妈项目意在回应留守女性和留守儿童的社会议题。中国农业大学一项研究显示,全国有 8700 万农村留守人口,其中有 4700 万留守女性,相当于韩国人口总数。留守女性和留守儿童的经济收入、心理健康、安全困境引发了社会各界关注,反映着城乡二元体制的根源问题,亟待解决。

2018 年《中共中央 国务院关于实施乡村振兴战略的意见》中指出"健全农村留守儿童和妇女、老年人以及困境儿童关爱服务体系"。2019 年,民政部、公安部、司法部等 13 部门出台了《关于加强农村留守妇女关爱服务工作的意见》,为困境儿童、农村留守女性儿童提供制度化的关爱服务,充分体现了政策层面对于该议题的关注度。

除了政府主体外,在 2005 年前后留守女性问题进入新闻媒体的视野并受到关注。在此后的十多年里,主流媒体一直把留守女性作为关注的重点,对她们的生存困境、主体行为以及受到的关爱等,进行了全面、持续

---

① 《友成-摩根大通"乡村女性赋能计划"项目评估报告》,http://www.youcheng.org/upfile/20210708181021.pdf,最后访问日期:2023 年 4 月 25 日。

的报道,①揭示了"家庭负担重、精神压力大、劳动强度大、缺乏安全感"等留守女性普遍存在的问题。

由这样的政策和社会背景所趋,作为关注公平和乡村发展的友成企业家乡村发展基金会于 2015 年启动"友成-沃尔玛'友成全国零售训练营'"项目,增加贫困家庭的收入和赋予乡村留守女性在经济和社会发展方面的能力,用实际行动响应政策与社会关爱留守女性的倡议。项目团队发现为乡村留守女性赋能,解决乡村留守女性就创业问题,使其成为能够独当一面的乡村经济和社会价值创造者。人才,女性人才,是乡村发展的重要力量。这也回应了重视女性在经济社会建设中的作用的有关政策的关切。2021 年 2 月,中共中央办公厅、国务院办公厅印发《关于加快推进乡村人才振兴的意见》,提出"坚持把乡村人力资本开发放在首要位置"。2021 年 9 月 27 日国务院印发修改后的《中国女性发展纲要（2021—2030年）》"鼓励支持妇女为推动经济高质量发展贡献力量,妇女平等参与经济发展的权利和机会得到保障";"妇女在实施乡村振兴战略中的作用充分发挥"。乡村振兴中留守女性是乡村建设的重要人力资本,利用好乡村留守女性的人力资本,实现其全面发展,真正让其成为建设乡村的"半边天"。

2. 组织愿景：因你而变,促进人的全面发展

友成企业家乡村发展基金会于 2007 年 2 月 16 日获国务院批准正式成立。从成立之初,就意在关注中国扶贫事业,所以基金会名称中有"扶贫"二字。友成以更公平、更有效、更可持续解决社会问题为出发点。友成的英文名为"YouChange China Social Entrepreneur Foundation,"YouChange"意在强调因你而变,指的是世界的改变是需要人的,坚持人的全面发展是最大的公益,②该理念符合人有追求内在自我完善的动力的特点,也符合日新月异的社会变化需要全面发展的人来推动社会发展的要求。友成作为公益组织的独特性在于核心理念层面强调通过社会创新的方式,改变人的认知和行为,从而达到人的全面发展。而乡村振兴的关键就在于人,全面

---

① 史玉根:《留守妇女,在关注中成长的"弱势群体"——主流媒体有关留守妇女报道的回眸与探析》,《中国妇女报》2021 年 4 月 27 日,第 6 版。
② 《人的全面发展,是最大的公益——在友成五周年内部庆祝会上的致辞 2012 年 5 月 11 日》,http：//www.youcheng.org/share.php？id=191,最后访问日期：2023 年 4 月 27 日。

发展的人是助力乡村振兴的重要人力资源，人的参与避免了发展中的乡村成为"悬浮的孤岛"，进而真正让乡村发展的成果惠及每一个人。

香橙妈妈项目秉持着友成基金会的使命愿景，确立了让每一位乡村留守女性经济自立、实现自我价值，成为乡村振兴的社会创新力量，共创富足、自信、有爱的美好生活的使命。该使命关注乡村留守女性的个人成长，意在通过培训的方式提高乡村留守女性的可行能力，帮助其提高经济收入、家庭和社会地位，完成自我实现和全面发展。

从该社会使命中可以看出，香橙妈妈围绕打造立体的乡村留守女性个体，使其成为"全面发展的人"，推动乡村留守女性成为乡村建设的重要力量，打造一支脱贫攻坚和乡村振兴的女性队伍，发挥乡村"她力量"作用，推动乡村的系统性变革。

3. 资源禀赋：外部多方联动，内部专业协作，打造资源平台

友成作为一家创立15年的全国性非公募基金会，拥有强大的品牌效应，积累了众多社会资本，是一个拥有丰富社会资源的公益组织，它将自己定位为"跨界合作的社会创新支持平台"。以往的项目经验表明友成通过连接政府、连接市场、连接社会，吸纳和整合了各类优质资源，这些资源涉及政策支持、行业帮助、企业参与，其中还涉及高等院校、研究机构、媒体和公众等主体，形成多方合力。[①] 因友而成，这些伙伴的资源进一步为友成带来了技术、人才、资金等具象化的资源。

MOOC平台：友成拥有的互联网技术资源。作为最先一批尝试线上教育的公益组织，友成于2012年就开始研发MOOC平台。MOOC是互联网技术应用的一种方式，它利用互联网的去中心化特性，减少了知识递送的成本和教育资源的差异化现象，使得每一个拥有网络的网民都公平地享有开放性教育资源。友成MOOC平台汇聚了全国各地专业讲师的精品课程，课程能依据平台提供的授课情况、授课质量、需求变化等数据不断优化和更新。同时平台还可以实现学员管理、综合测评与在线监测，保证授课质量。在后期的产品研发中，还增加了微信小程序的开发，学员可以通过微信小

[①] 《友成基金会十周年专刊（2007-2017）》，http://www.youcheng.org/infomation_detail.php?id=399，最后访问日期：2023年4月27日。

程序完成线上签到、课程观看、评估问卷填写，同时对应产生的签到记录、学习记录、问卷填写记录和考试记录可在平台管理员页面进行详细展示，由此完成了平台从电脑端到手机端的转移，增加了课程学习的便捷性。MOOC平台经过10年优化，已经逐步成熟，可以满足基金会运营的项目线上课程的要求，成为友成开展项目的重要技术资源。

专业志愿者：友成拥有的人才资源。农村电商领域的多个合作伙伴也成为电商扶贫路上的同行者，包括江西全城电商集团、甘肃慧聚电商公司、河北冀联科技公司、杭州南亩科技、四川网贸港、贵州思达电商等，为友成提供了很多农村电商领域的专家和讲师，为学员提供就业创业方面的持续指导以及孵化支持。同时，由于互联网平台的品牌效应，友成的成熟公益经验还吸引着其他潜在合作伙伴加入，与友成展开合作。

（二）解决方案创新力（Approach）

友成作为非政府、非营利、非公募、非单一企业捐款发起的基金会具有中立性和自主性，天然具有关注社会创新和社会价值的优势，通过"研发、实验、倡导、资助、合作"五大战略性支持平台系统地推进"社会创新"。香橙妈妈作为友成的品牌项目，"社会创新"成为其区别于其他公益组织项目的突出特点。

1. 技术创新：闯出去、挤进去，互联网技术将妈妈们带入市场

互联网技术为困于家庭-工作无法平衡之境的乡村留守女性带来了福音，乡村留守女性通过电商培训，掌握互联网销售技能，进而拓宽市场渠道，扩大客户覆盖面，形成多元经营的模式，经济赋能乡村留守女性。

正是由于互联网技术的介入，让贵州省雷山县的乡村妈妈们能够带着孩子、绣着花，既为家庭创造了经济收入，又兼顾了家庭照顾责任。贵州省雷山县是香橙妈妈项目开展时间相对较长、开展较为深入的项目点。从2017年至今，香橙妈妈项目扎根雷山大地，深入开展电商培训、提供女性发展课程。在当地，雷山的妈妈们遇到的一个难题就是怎样兼顾创造经济收入与养育孩子，她们认为工作地点不能与家相隔太远，不然无法照料家中老人与儿童，但同时由于社会环境影响，又不能安心待在家中"相夫教子"，她们也想为家庭、为雷山出一份力。正是互联网技术的引入为他们排了忧、解了难。当地80%以上皆为苗族，苗家人拥有独特的传统手工艺（如苗绣、织锦等），当地大多数女性都从事苗绣等传统手工艺品的生产，但雷山山区偏远，对于出行不便的雷山女性来说，交通阻碍了手工艺品的销售，因此这些手工艺品无法成为补贴家用的经济来源，所以女性在家庭中丧失了经济话语权，她们成了市场中、家庭中缺失的经济主体。在这样的局面下，互联网技术的创新引入打开了新的局面。"抖音""快手""小红书"等直播平台以及微信视频号的出现，为这些"困于"群山的女性，带来了新的思路，也将广大的、充满潜力的线上市场带进了这片黔州苗绣之地。这样，她们足不出户，就可以为家庭创造经济价值。

如何培训这些"求知若渴"的乡村留守女性，使其能够掌握电商技能？香橙妈妈项目团队利用友成MOOC平台开发了一系列赋能女性的课程，其中包括电商培训、女性领导力、金融理财等课程，涉及14个板块88个专题237节专业课，共40期课程，涵盖学员线上110个小时的培训计划，授课讲师既有知名学者、企业家，又有基层实践者，每次项目的开展就需要动员至少30名专业志愿者导师。

线上MOOC平台相较于其他的学习方式，其自身的优势在于改进了传统培训教育模式受限于时间地点、人群、效果等特点，使得教育资源相对公平化。MOOC平台可以实时更新课程、教学内容和相关资源，形式更快捷多样，同时使得学员可以在任何时间、任何地点，按照自己的节奏学习，满足了多样化学习的需求，同时MOOC平台还可以监测学员的学习过程和学习效果，通过大数据的记录，能够及时反馈学员的学习情况，并及时调整课程安排。

其他机构定期组织的电商培训，具有范围广、覆盖人群规模大以及培训门槛低等特点，但效果却不好，在访谈了参加过其他机构以及香橙妈妈项目的学员后，他们都表示，其他机构往往只是走个过场，真正学习到的东西并不多。相比较而言，香橙妈妈项目采用技术创新的手段，用技术监测学员的学习效果，让学员能够真正吸收知识、融会贯通。香橙妈妈通过线上学习+线上销售的方式，极大地改变了传统培训的模式，创新性地提高了项目受益的乡村留守女性的经济可行能力。

2. 产品和服务创新——陪伴式成长特色，立体的赋能课程

（1）陪伴式成长——成就立体的人

项目创新性一方面体现在技术上创新培训方式，另一方面体现在陪伴式成长的项目产品和服务中。具体而言，就是从项目开始至项目结束后的一段时间，项目内的班主任、导师一直与学员相伴，为学员提供包含品牌、金融、货源、销售的创业资源网络链接，创业导师提供督导训练、外出研学创业实训的陪伴式帮助。可以说，陪伴式成长更好地赋能乡村留守女性成为立体的人，是陪伴使人更有温度、更有活力。

"陪伴式成长"主要指的是学员在线下培训后会进入6个月的孵化指导期。该阶段包含线上和线下的社群。线上"永不解散的微信群"让学员们感受到"只要你需要，我们都在"的陪伴，其中涵盖创业导师为学员进行的直播账号诊断、店铺诊断及运营指导、粉丝拉新及运营指导、产品品牌优化的督导训练。如果是有一定产业基础的学员参与项目集中培训，并且在项目结束后，有对于货源和销售渠道的需求，项目也会依据学员的具体需求，尽可能为学员提供指导和帮助。同时线上微信群和线下社群聚会凝聚和沉淀了社会资本，成为学员能够提取资源的有形的资源库，学员能够自由地在群里展开合作和交流，这意味着"陪伴"不仅是导师和项目团队的陪伴，而且是同伴间的相伴而行。

电商之路，坎坷不平。一个又一个蹒跚学步的"孩童"般的乡村妈妈，一路磕磕绊绊。项目团队伸出双手，牵着"孩童"，看其一步一步成长，从春夏到秋冬，他们期待着这些"孩童"能够独立行走，甚至疾驰飞奔。待到山花烂漫，送一阵好风，令其借力步入青云。项目团队就是用这样一点一滴的温暖相伴，陪伴了一个又一个"孩童"的成长。

有一位从事中药材生意的学员对这样的牵手相伴记忆犹新。她在集中培训结束后，经常会有直播被投诉的情况，为此她很迷茫，不知所措。困惑之际她想到了请教项目导师，例如，如何避免被投诉以及如果被投诉该如何处理等问题。在导师的悉心指导后，该学员又一次坚定了自己独立行走的步伐，而且越走越快，目前业务已经覆盖到离贵州2000公里外的北京，这是没接触过电商直播以前的她无法想象的，不仅如此，电商还带动了当地其他女性就业，发挥了乡村能人的作用。一颗种子靠着友成香橙妈

妈的呵护栽培，长成了参天大树，遮庇了它脚下那片土地的其他种子，为其遮风挡雨，为其提供养分成长，而大树的心愿就是，将这种陪伴传承下去，用"生命影响生命"，使这片土地绿树成荫。

乡村留守女性需要陪伴，乡村的发展也需要陪伴。许多学员的感人故事也应陪伴而生，在这些故事中，我们看到了一个又一个立体而鲜活的乡村妈妈。香橙妈妈生发于乡村，服务于乡村，香橙妈妈与乡村妈妈和乡村是紧密联系的共同体。乡村是个以差序格局为核心的共同体，更体现着"有时常联系"的关系社会的特性，"陪伴"是一种特殊的社会支持方式，它是有形的也是无形的，是强化社会网络的一种有效的方式。"陪伴"是基于现在，也是基于未来，是在用发展的眼光看待受益者，让乡村和妈妈都朝着立体的方向发展，这也体现着友成的使命愿景的特色，即关注人的改变和人的全面发展，而改变和发展岂是朝夕之事，岂非需要对改变潜力的认同以及长久的关注陪伴。

一句微信里的"在吗？""我在。"道尽千言万语的信任与陪伴。

（2）立体的赋能课程

我们从项目三次迭代的过程中能发现，香橙妈妈一直致力于满足乡村留守女性的家庭经济收入、社会地位、心理健康的需求，"让每一位乡村留守女性经济自立、实现自我价值，成为乡村振兴的社会创新力量，共创富足、自信、有爱的美好生活"。香橙妈妈项目的每一次迭代，都在探究如何让乡村留守女性立体的发展，满足其内在追求自我完善的动力和外在的社会发展要求。在内容上，项目在将目光聚焦到乡村留守女性这个精准群体后，较早开始采用电子商务培训的方式，帮助乡村留守女性提升自身的经济可行能力。在形式上，香橙妈妈顺应互联网销售农产品的大势，开发了MOOC平台，在1.0的全国零售训练营的模式时就开发了40小时的课程和教材，课程涉及电商销售的基础知识。

在项目2.0模式让妈妈回家主题的迭代中，项目聚焦乡村留守女性，增加帮助乡村留守女性创业的课程和家庭沟通的课程，让妈妈能够回家创业，从而阻断代际贫困。项目团队在原本的电商培训课程中，添加微信群运营、线上课程直播，使原本的课程更为丰富。

在项目3.0模式的香橙妈妈大学中，项目团队希望打造一个无边界的大学，形成了模块化、体系化的课程目录，不断优化线上线下的课程，从电商技能、产品打造、品牌营销、农村金融、电商法律、心理建设等各领域立体赋能，更为细化地提高乡村留守女性的经济可行能力及社会或心理可行能力。

现阶段，在4.0的香橙妈妈品牌模式中，课程在经过了长时间打磨后，形成了"学+练"的教学体系，从"学"阶段的创业难点攻坚、创业者内生动力、创业技能实训、创业基本功，到"练"的技能强化练习、创业互助小组、技能实践练习、基本商业能力练习。香橙妈妈希望通过多形式的方式，更好地让乡村留守女性掌握电商知识，更好地实现人的全面发展，暗含了对乡村留守女性经济、社会、心理可行能力的立体赋能。

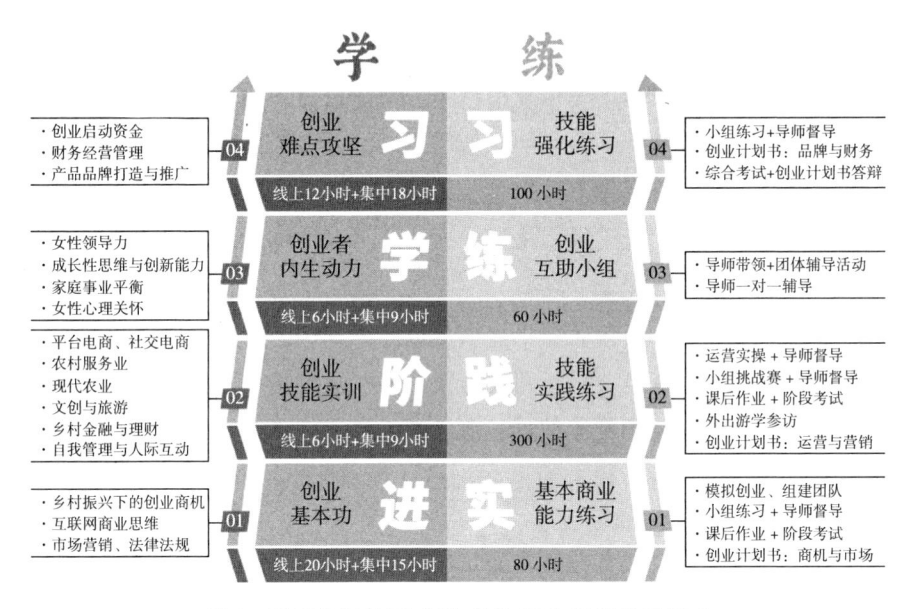

图2　香橙妈妈线下"学+练"PBL课程教学模式

资料来源：《友成2020年度报告》，http：//www.youcheng.org/infomation_detail.php？id＝829，最后访问日期：2023年4月27日。

3. 路径创新——立体的合作团队打通电商公益项目竞争力优势

2014年我国县域电子商务就已经进入了高速发展期，各地由政府、电商培训企业主办的电商培训屡见不鲜。有的甚至已经发展出了集电商技能培训、农产品生产、加工、包装、销售于一身的完整生态。若从商业竞争的角度来看，友成电商扶贫项目并没有竞争优势。在此情况下，公益组织需要多方力量的合作，为此香橙妈妈项目发放"英雄帖"，打造立体的合作团队。

获得政府支持。项目合作的政府主体是基金会的主管单位，即国务院扶贫办（现国务院乡村振兴局）。由国务院扶贫办为香橙妈妈提供业务指导，并提供合适开展项目的扶贫县的选择意见。正是因为国务院扶贫办的大力支持，使得香橙妈妈项目能够快速链接到扶贫县所在各级省市县的政府资源，从而高效地联动当地县政府、扶贫办、商务局、妇联、团委等多个部门，展开协作，这些是与项目合作的第二个层次的政府主体，即具体项目开展所在县域的政府资源。与这一层级的政府开展合作，可以获得大力支持和认可，以确保项目的顺利开展，当地政府（一般是县妇联或者县乡村振兴局）主要负责项目招募，通过发布项目招募公告、提交报名人员名单、筛选符合要求的学员的流程，完成招募工作。一些资金充足的县级政府还会为项目提供学员食宿费用。项目负责人张静也提到，项目的预期效果是在进行县域选择时的重要考量，"最终我们选择落地的县域都非常配合，在县里的支持下，项目进展非常顺利"。县域政府的支持对于香橙妈妈项目来说十分关键，是选择项目落地点的依据，也是项目顺利开展和获得有效进展的保证。

吸引资方参与。优异的项目成绩是最好的宣传名片，资方在得知项目成果后，如符合企业经营目标则会与项目团队进行进一步接洽。项目团队通过考察资方资质与其具体需求，衡量是否符合项目理念以及基金会的宗旨。在双方都确认有合作意向的基础后，项目团队会依据资方需求（如有的资方会指定县域开展项目、增加理财内容、补充养老或健康知识）对项目方案进行修改，从而签订合作协议。此外，除了资金支持，资方还可以为项目提供人力支持，具体参与项目的执行。

促进企业参与。经由当地政府介绍，香橙妈妈团队借力引凤，与各类企业开展合作。这其中主要有两类企业。一是与地方电商培训企业进行合作，其作为服务外包商，以公益价格承接项目落地执行的具体工作，包括项目宣传、学员招录和管理、线下培训活动组织、线上社群维护等。二是联合其他大型电商企业，为学员提供电商就业岗位和创业机会。例如，与淘宝、京东、唯品会这样的大型电商平台合作，争取为学员提供开店的流量和资金支持。

打通专业志愿者的人才参与。友成作为全国性非公募基金会平台拥有大量的专业志愿者,并且也通过一定的方式对志愿者进行管理,依靠自身的公信力、专业度、影响力,吸引了一批精通电商平台、精通乡村发展、精通女性成长的大咖专家,组建了专业讲师团,开展线上、线下课程研发与优化以及"一对一"孵化指导和学员的数字化管理等。

吸引多元主体参与社会公益,是友成——"因友而成"——名字背后行为逻辑的必然,凸显了社会组织,尤其是大型基金会开展公益项目的独特逻辑,也是社会组织开展项目的路径创新。香橙妈妈项目撬动了全国70个县直接参与项目并给予支持,与13家县域电商企业建立了合作关系,共有101名专家志愿者参与电商扶贫项目,服务时长共计1298小时。

香橙妈妈项目在打造了一个立体的合作团队后,更进一步的路径创新是合作后的角色定位与分工,即作为项目统筹者的独特之处。香橙妈妈团队并非完全的项目直接行动者,团队在项目中主要扮演统筹者的角色,在项目流程中主要把控项目开始时的设计、项目进行时的监测和数据收集、项目结束时的管理,定期与合作伙伴进行沟通,验收项目成果,形成完备的项目实施方案、项目进展汇报与总结报告、项目案例总结和宣传资料。精确定位合作角色,这在多元合作形成合力的过程中,提升了合作效率。既是行动者也是监管者的角色,大大提升了合作质量,创新了项目实现路径,尤其是在新冠疫情这样的突发状况下,在合作过程中明确的角色分工,使项目能更及时进行调整,以保证项目开展的质量。

4. 制度创新:H5 项目管理路径图加速项目品牌化

香橙妈妈总结出了一套 H5 项目管理路径图,路径共分为 10 个部分,分别为前期调研阶段、前期筹备阶段、合作机构转包阶段、中期审核阶段、线下培训阶段、陪伴孵化-线上社群运营阶段、陪伴孵化-优秀学员孵化及资源对接阶段、陪伴孵化-香橙妈妈优选阶段、项目评估阶段、项目结项阶段,每个阶段都涉及了一系列流程,形成了一系列标准化文件和一些过程评估的标准,该路径图的生成本身是对于项目标准化、制度化的创新,它以项目的生命历程为过程管理视角,对于项目乃至项目群进行管理。在没有总结形成一整套制度模式之前,项目团队可能需要花费时间寻

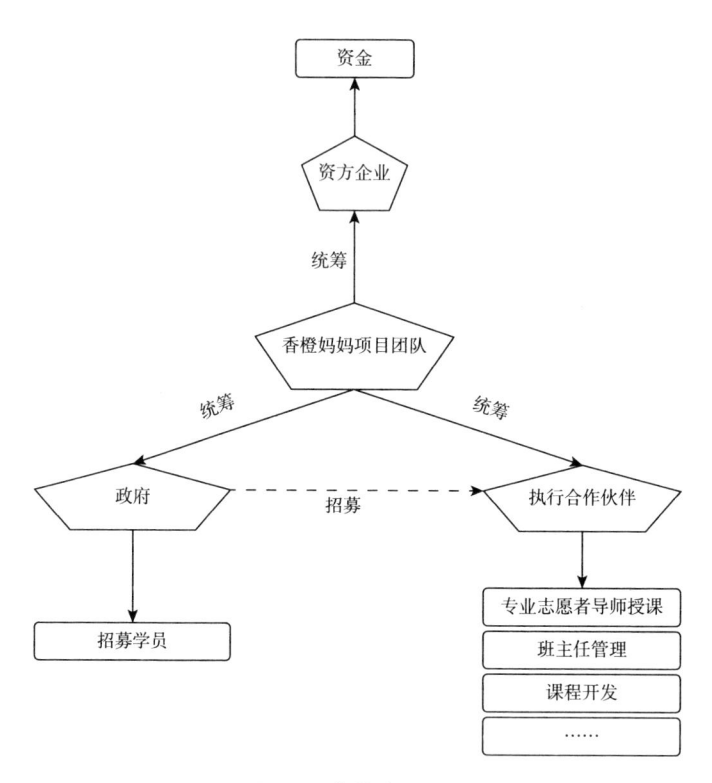

```
                    资金
                     ↑
                   资方企业
                     ↑
                    统筹
                     │
                香橙妈妈项目团队
               ╱      │      ╲
            统筹    统筹     统筹
             ↓              ↓
           政府  ⇠⇠招募⇠⇠  执行合作伙伴
             ↓                ↓
          招募学员         专业志愿者导师授课
                           班主任管理
                           课程开发
                            ……
```

图 3　立体的合作团队

找以往资料，并且在项目进行过程中也容易产生不必要的沟通成本；在形成统一的行动路径后，极大地提高了项目团队的行动效率，同时制度化的管理模式也方便团队成员进行复盘，方便资金方或受益人进行监管。

在项目管理的制度创新中，项目采用了 H5 的互联网技术创新。H5 是 HTML5 的简称，其是构建 Web 内容的一种语言描述方式，相较于其他技术而言，它能够支持多媒体、地理定位、离线数据储存等功能，能够支持使用者从任意的终端访问相同的程序和基于云端的信息，这优化了传统项目管理的方式，用技术手段让管理变得更加便捷，更加开放，它也让制度化的项目管理变得更为高效，同时提升了团队的行动效率，尤其是在当前的项目发展阶段，香橙妈妈已经成为重要的品牌 IP，香橙妈妈品牌下衍生出了一系列子品牌，如何进行项目群的高效管理，对于目前香橙妈妈项目能否复制到其他各地有着重要意义。

（三）行动效果转化力（Action）

1. 项目团队的行动力

香橙妈妈项目团队是一个立体而鲜明的团队。项目团队对于香橙妈妈具有高度使命感，是一个有担当、有责任、能吃苦、可信任的团队。① 项目团队包括基金会本部香橙妈妈项目部的全体成员，负责项目对接、流程推动、项目评估等，主要从宏观层面推动项目落地及顺利进行。团队成员的职级包括项目助理、项目官员、高级项目官员、部门主任、部门负责人。虽然职级各不相同，但团队本身并无明显的上下级之分，而是高度专注于"香橙妈妈"项目，换句话说，这是一支专注做事、具有内驱力的队伍。

从能力上来看，团队成员普遍综合素质较高。每位成员进入团队之初，都要从班主任做起，先了解工作的具体模式和流程，学习如何与学员沟通；之后开始站上讲台授课，讲授沟通、理财、女性领导力等课程，这使他们在能力上有了进一步的提升。接着开始负责整个项目的落地实施，对接资方，在这个阶段，他们已经对整个项目的运作模式有了深入的了解，能力得到了全方位的提升。此外，团队每年定期对成员开展培训与考核，这促进了他们的学习与成长。

从使命感来看，项目开始后，团队成员要时刻陪伴在学员身边，无论是线下培训期间，还是线上孵化期间，都始终如一。只要学员求助，他们就会力所能及的解答，因为他们始终秉持"香橙妈妈"的项目使命，致力于让每一位乡村留守女性经济独立、实现自我价值。在项目团队前期的需求调研过程中，这样的使命感越发强烈。他们设身处地地体会到这些处于生活和自我成长困境中的乡村留守女性的不易，让她们实现经济独立、自我价值的使命不断驱动着团队成员砥砺前行。友成基金会副秘书长、团队负责人张静提到，在项目开展的过程中仅仅是路程就可能成为一道障碍，"我们到过最远的县从北京出发要坐2次飞机，外加7个小时的长途

---

① 《友成基金会副秘书长张静的一封信：我们的"酸甜苦辣"》，http://www.youcheng.org/news_detail.php？id=967，最后访问日期：2023年4月27日。

车。长途跋涉对我们来说都是家常便饭，但在偏远乡镇做项目是真的很难"。除此以外，我们还面临种种质疑和压力，项目团队依然坚守质量标准，坚持选择符合项目标准的县域，项目最终的受益人数每年约有 3000 人，并且这些受益人都为当地创造了经济价值。同时，经济独立、自我价值的使命让项目团队不仅仅止步于刷出漂亮的线上培训数据，而是真切关注到每个女性的增收和改变，除了为乡村留守女性经济赋能，还考虑到为她们全面赋能，让她们成为全面发展的乡村人才资源。

2. 资金和资源的可持续性

友成基金会长期接受来自各大企业的捐赠。摩根大通、埃森哲、汇丰银行、唯品会、网信金融、东方红、星巴克等一众大型企业都曾为香橙妈妈项目提供过专项资金，其中有的还形成了稳定的合作关系。而上文中也提到香橙妈妈新发起的月捐计划——"向上吧，WOMEN！"和支付宝公益平台的"赋能她力量"项目，通过多种渠道筹措资金，降低了项目风险，使项目更稳定。

为了维持大客户黏性，项目团队会与资方保持紧密互动，例如，组织企业员工作为志愿者参与项目，定期为资方做项目进度汇报，形成成果性报告以供资方宣传。同时，项目团队会密切关注资方企业每一年的公益战略方向的变化，以调整项目方案。

友成基金会自成立以来，就背负了乡村振兴的重大使命和期望，在国家乡村振兴局的指导下开展日常工作。从最初的"扶贫"，到现在的"乡村振兴"，都在某种程度上有着官方背书的性质。除了基金会本身接受的特定企业的捐赠之外，乡村振兴局也会在其中帮助协调资源。

项目走到哪里，友成基金会就和当地政府部门建立长期合作关系。"香橙妈妈"的起源地是贵州省雷山县，项目团队称"去雷山就像是回娘家"，足以说明团队在当地的声誉及受欢迎程度，"香橙妈妈"与受益方是双向奔赴的关系。项目开展期间，政府部门积极配合团队，协调各类资源，为项目团队提供了极大的便利。

3. 项目传播影响力

2015 年至今，香橙妈妈项目已经覆盖了 12 个省 101 个县，累计直接受益人 16528 人。香橙妈妈项目回应了乡村留守女性和留守儿童的社会问题，为乡村留守女性提供了数字化的就业机会，形成了一系列丰硕的项目成果。

项目主要通过友成自媒体以及"乡村梦想家"公众号开展宣传工作，发布项目招募信息、项目筹款信息以及项目成果等。项目还与腾讯公司合作，形成了两部纪录片《看见爱的力量》（回家的妈妈）《逐光日志之苗寨茶语》，纪录片内容包括乡村留守女性如何通过香橙妈妈项目获得创收、全面发展。《看见爱的力量》（回家的妈妈）获得了腾讯视频9.0的评分，具有极大的传播影响力，让更多人看到了香橙妈妈的故事。香橙妈妈项目不仅聚焦于改变乡村妈妈们，还致力于宣传香橙妈妈故事，2019年，友成基金会与广州市蜜得创益科技有限公司共创的"时光兑换机"创益作品，获得2019年"我是创益人"公益广告大赛原力组特别奖。时光兑换计划通过线下联动55个各地区图书馆，进行场景化布局推广，吸引公众通过扫码参与项目管理路径图的设计，引导用户将日常行为进行公益转化，兑换自己的阅读时长，以帮助乡村妈妈们。自活动上线以来，引发了广泛的社会关注及讨论，在QQ阅读平台累计曝光量9600万次，点击量达2700万次，实现筹款转化11300元。[①]

除此以外，香橙妈妈还获得了众多奖项，这些奖项为其带来了良好的社会声誉和影响力。2021年，"香橙妈妈项目团队"被全国妇联授予"巾帼文明岗"荣誉称号。2021年，在"中国乡村人才振兴论坛"上，该项目入选乡村振兴人才论坛"中国乡村人才振兴优秀案例"，"香橙妈妈大学"入选2020腾讯公益广告大赛"特别关注议题项目"。

四 案例总结

（一）香橙妈妈"三A三力"创新因素分析

从社会目标驱动力来看，香橙妈妈案例受到乡村振兴中女性发展的社会使命感召，重点在于培养乡村留守女性人才，发挥其作为乡村建设人力

[①] 《"香橙妈妈大学"入选2020腾讯公益广告大赛"特别关注议题项目"》，http://www.youcheng.org/news_detail.php? id=752，最后访问日期：2023年4月27日。

资本的作用。项目也因组织愿景而生，重点关注人的全面发展，促进人的改变，由此确立了"让每一位乡村留守女性经济自立、实现自我价值，成为乡村振兴的社会创新力量，共创富足、自信、友爱的美好生活"的项目使命。在此基础上，项目依托友成基金会作为跨界合作的社会创新支持平台的丰富社会资源，具备了技术、人才、资金等方面的资源禀赋，支持了香橙妈妈项目的顺利推行。

从解决方案创新力来看，技术创新是最初的创新内容。香橙妈妈项目聚焦利用互联网数字平台开展技能培训。互联网成为香橙妈妈项目离不开的技术手段，也成为项目技术创新的亮点。电商销售技术为解决乡村留守女性家庭-工作平衡问题提供了创新思路，让妈妈们足不出户就能够参与市场活动。MOOC作为友成成熟的线上教育平台，在项目中凸显了其技术优势，能够更为精准地记录学员的学习数据，更好反馈学员的学习情况。在产品和服务中，"香橙妈妈"总结多年实际经验，提炼需求，强化了其培训中的陪伴式成长的特色。同时，顺应项目促进人的全面发展的使命，项目不断打磨总结线上、线下课程，从家庭经济收入、社会地位、心理健康三重维度，形成了一整套学与练结合的全方位赋能乡村留守女性的课程，造就了其项目的产品特色。在项目实现的路径上，"香橙妈妈"利用友成基金会的优势，打通与政府和企业的合作渠道，形成集合影响力。并且明确合作角色分工，项目团队扮演统筹者的角色，成了实现路径的创新之处，一合一分之间，体现出了基金会特色，有利于项目效率优化与质量控制。在制度创新中，H5项目管理路径图加速项目品牌化，使其成为标准化的项目，在"香橙妈妈"品牌化的道路上，这样可复制的属性提升了开展项目的效率。

从行动效果转化力来看，香橙妈妈项目团队的高度使命感和综合素质决定了自身行动力。在资金和资源方面，项目依靠良好的声誉，形成了大企业客户黏性，让大型企业产生持续性捐赠行为，同时，在此基础上，项目还面向社会发起月捐计划，以实现资金的可持续性运转。依靠项目团队的行动力，项目从2015年开展至今，已经覆盖了12个省101个县，累计直接受益人16528人，斩获了众多公益奖项，形成了广泛的传播影响力，在媒体平台上掀起了一股浪潮，进一步提升了项目的声望。

表 1 香橙妈妈项目"三A三力"创新因素分析

三A三力		"香橙妈妈"创新因素
Aim： 社会目标驱动力	社会使命	政策与社会关注乡村振兴中女性发展
	组织愿景	立体的人——人的全面发展是最大的公益
	资源禀赋	拥有技术和人才的平台型资源禀赋
Approach： 解决方案创新力	技术创新	MOOC线上教育平台 互联网电子商务销售技能培训
	路径创新	立体的合作团队与统筹者角色
	制度创新	H5项目管理路径图，标准化、可复制的项目管理方式
Action： 行动效果转化力	项目团队行动力	项目团队的高度使命感和综合素质
	资金和资源可持续性	良好声誉引发的企业捐赠 面向社会公众的月捐计划
	项目传播影响力	覆盖面广、受益人数多 宣传力度大 屡获殊荣

（二）案例模式分析与提炼——一个立体的赋能视角

打造立体的人是香橙妈妈项目行动的落脚点，而立体的内涵就是全面发展。香橙妈妈正是通过在各个维度上的赋能，来促进乡村留守女性全面发展，这是从嵌入乡村历史背景中的女性的具体的立体化三维需求（经济、社会、心理）生发的方案。香橙妈妈团队具体通过与各方展开合作开发一系列立体化的课程，对乡村留守女性进行赋能。

1. 经济赋能——提升女性经济可行能力

乡村留守女性普遍面临着经济生活压力。[①] 香橙妈妈项目团队在权衡了乡村留守女性家庭责任和经济责任的前提下，决定利用互联网技术解决两个责任难以平衡的问题，培养乡村留守女性利用电商销售的能力，突破工作地与家庭相隔的限制，既能够为家庭创造经济价值，又能兼顾女性的养育责任。香橙妈妈课程涉及线上的电商知识培训以及线下的集中培训和

---

① 陈琦、何静：《农村留守女性社会支持研究综述——兼论社会工作的介入策略》，《女性研究论丛》2015年第2期，第106~112页。

实践，采用线上线下相结合的方式，通过如小组直播挑战赛、理财知识培训等，提升了乡村留守女性的电商能力以及金融能力。经过培训后，67%的受益人通过电商领域的就创业提高了经济收入，人均每月增收500～3000元不等。项目课程对内而言，提升了乡村妈妈的个人电商和金融能力，对外而言，培训提升了乡村妈妈的沟通能力和人际互动能力。

一方面，香橙妈妈项目助力乡村留守女性实现了"家门口"就创业。传统社会性别观念赋予了乡村留守女性特定的家庭角色与任务，如何平衡家庭与事业依然是女性面临的主要问题。乡村留守女性由于学历程度和知识水平普遍较低，大多从事着传统服务业，且这些行业往往位于经济更加发达的地区，吸引着大量乡村留守女性远离家乡，外出务工，但是一旦选择工作，家庭缺位自然就产生了，但如果选择回归家庭，就意味着女性很难找到合适的工作。同时，女性留守乡村大多出于家庭因素，家庭照顾的背后是时间的碎片化，难以满足传统行业的用工需求。香橙妈妈项目正是看到了数字经济背后的机遇，带动乡村留守女性走上电商创业之路，打破了时间和空间限度，让家庭主妇不再被排斥在劳动市场之外，碎片化时间被充分利用以实现就创业。即使远在乡村地区，女性也能获得参与市场的机会，在家门口就能把家乡的农特产品销售到全国各地甚至全世界，她们的经济价值在这个过程中也得以实现。

另一方面，香橙妈妈助力乡村留守女性实现了"低成本"就创业。得益于互联网技术与平台的繁荣发展，数字经济发展态势迅猛，各类电商与直播平台先后涌现，以不可阻挡之势席卷了传统实体市场。而随着网络与智能手机的普及，电商直播平台也出现了下沉趋势，普通网络用户也能享受互联网带来的技术红利，传统行业创业需要场地、设备、起步资金等物质和资金基础，而直播只需要一部智能手机及合适的网络，一个人就是一支"队伍"，女性既能依靠电商直播积累第一笔资金，也能依靠直播将公域流量转换为私域流量，完成粉丝积累，"低门槛"的电商直播受到了下沉用户的欢迎。与此同时，数字经济造就了新就业形态，催生出了以主播为代表的一大批新兴职业，女性由于自身的天然优势，在这些新兴职业上占据着主导地位。她们在直播平台的互动更具情感性，更善于捕捉他人和传达自身细腻的情感，这有利于自身粉丝的积累，同时，女性化的语言和行为更有利于良好人际关系的维护，对于客户积累与维护具有独特优势，这些特质将助力女性在电商直播领域展现巾帼风采，创造经济价值。基于电商直播的"低门槛"准入特征和女性的优势，香橙妈妈项目团队选取电商技能培训为乡村留守女性赋能，进一步放大女性优势，帮助乡村留守女性参与电商市场，完成经济价值的生产。

2. 社会/心理赋能——提升女性社会地位

丈夫外出，妻子留守，这是"性别不平等关系的再生产"，[①] 对于女性的社会地位和家庭地位产生了负面影响。香橙妈妈项目团队进一步认识到，要彻底提升乡村留守女性的社会经济地位，还需要从根本做出改变，解决她们的后顾之忧。在传统性别社会的规训下，女性的主要精力都投入了家庭，无法在就业市场进一步成长，久而久之，女性面临着与社会脱节的严峻现实，她们也逐渐被驯化，出现了自我贬低的倾向，丧失了追寻自我价值的动力。针对上述问题，香橙妈妈项目以期通过创新的方式，从内而外地改变乡村留守女性。

一方面，香橙妈妈项目帮助乡村留守女性向内"看"，重新审视自我。有研究表明，良好的家庭关系有利于促进女性自我价值的挖掘和实现。然而乡村留守女性由于知识水平有限，通常缺乏正确的家庭教育知识，在亲子关系和夫妻关系中都更容易出现沟通障碍，导致家庭矛盾，这限制了乡村留守女性进一步追求个人价值的步伐，因此，家庭教育培训的重要性不言而喻。香橙妈妈项目通过开展女性心理关怀课程，让女性能够看见自我，挖掘自我价值，增强自我效能感，激发内生动力。

另一方面，香橙妈妈也引导乡村留守女性向外"看"，提高她们的社会认知水平。乡村留守女性由于社会环境的桎梏，常常局限于家长里短，缺乏对社会事务的关注以及先进技术的追踪学习，思想也被传统观念束缚在生存的那片土地上，无法跳出狭小的范围，走进更广阔的世界。香橙妈妈项目通过女性领导力和互联网意识的培养、乡村振兴的政策解读等内容，引导乡村留守女性增进社会认知，增强社会使命感，积极参与乡村振

[①] 孙琼如：《农村留守妻子家庭地位的性别考察》，《中华女子学院山东分院学报》2006年第2期，第29~33页。

兴等社会事务，在社会这个大舞台释放女性的社会价值，提升女性的社会地位。

3. 立体的妈妈们赋能乡村

为这些乡村留守女性进行全面赋能后，她们成为立体的人，通过她们的努力，带动了乡村更多人的发展，为乡村进行了赋能，让乡村更有能力承载发展和振兴的使命，从而让乡村变得更为立体和鲜活。

（三）香橙妈妈项目的可持续性分析

香橙妈妈作为一个公益项目，代表着从事社会公益行动的第三方力量。相较于其他力量，公益机构的公益目的更纯粹，不以政绩为目的，也不以营利为目的，始终关注服务对象的成长和需求变化，符合人对于更美好生活的整体要求。从项目的立意上来说，关注每个人的发展符合社会发展方向，本身就具有可持续性。

香橙妈妈项目在从刚踏入电商培训领域到开始走向品牌化发展的道路的过程中，项目一直在不断发展，展现出了可持续运行潜力，也体现出友成基金会作为具有募款能力的社会组织在运营公益项目时，与一般草根社会组织以及企业开展公益项目和维持项目可持续运行的不同。

在理念上，只有秉持着人具有无限潜力的价值观，项目才能坚定、长久地在人的教育方面投资。"香橙妈妈"和友成其他项目一样，面向人、培育人，是因为基金会相信乡村留守女性拥有改变的潜能，相信乡村留守女性能够成为建设乡村的潜在人力资本，发挥好这部分人力资本是项目应达到的目标，这是香橙妈妈项目的内核，正是因为坚持这样的使命初心，香橙妈妈才能够可持续发展。

资金和资源的可持续性也是项目可持续性的动力。"香橙妈妈"依靠友成基金会的声誉以及显著的项目效果所产生的影响力，获得了可持续性的捐赠资金。具体而言，"香橙妈妈"作为一个公益项目所产生的良好的公益效果和社会影响力，为资方企业履行其社会责任、传播良好声誉、提升ESG指标都带来了正向影响，驱动了资方企业的下一次的捐赠，形成了香橙妈妈项目运行的可持续资金模式。此外，项目启动社会月捐计划，使得资金来源变得多元化，促进了资金和资源的可持续性发展。

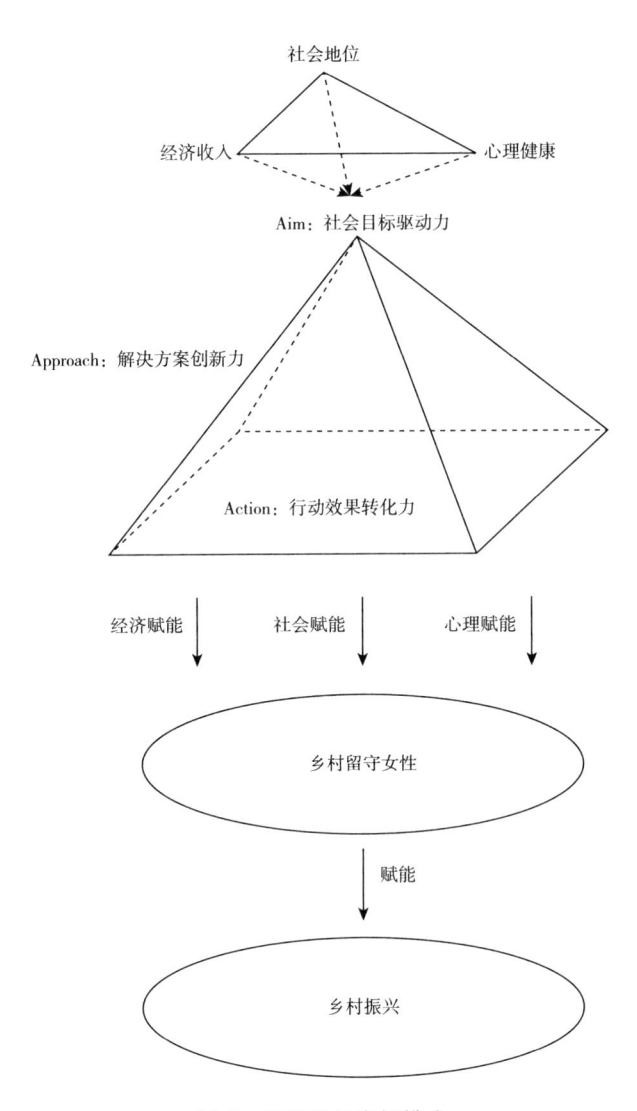

友成"香橙妈妈"：让妈妈回家，带孩子绣花 | 073

图 4　香橙妈妈案例模式

腾讯"耕耘者振兴计划"：数字技术和基层治理实践的双向赋能

刘伟俊[*]

一 引言

人才振兴和治理有效是乡村振兴的基础，是推进乡村治理体系和治理能力现代化的基本前提。党的十九大以来，中央高度重视数字化赋能乡村振兴相关工作。国务院《数字乡村发展战略纲要》以"着力发挥信息化在推进乡村治理体系和治理能力现代化中的基础支撑作用，繁荣发展乡村网络文化，构建乡村数字治理新体系"为指导思想之一，要求重点"推进乡村治理能力现代化"，数字技术将为乡村治理带来新环境与新特征。

自 2009 年以来，腾讯便一直在探索如何利用数字技术赋能乡村治理。扎根农村 6 年，在超 5000 万元投入的公益实践探索后，腾讯将农村发展难的原因识别为"失连"，并面向全国推出了腾讯"为村"项目，为乡村连接信息、连接情感、连接财富。起初，"为村"致力于农村移动互联网能力建设，通过通信工程建设和智能手机使用培训，提高农村的信息连接能力。在此基础上，"为村"又以微信公众号为主体，以基层党建、干群沟通和助农电商为抓手，搭建了党务、村务、商务和事务四务合一的数字治理平台。这一阶段，"为村"希望把自己打造成一把功能齐全的"瑞士

---

[*] 刘伟俊，中国人民大学社会与人口学院社会学系 2023 级博士生。

军刀",为村民生活的各个场景提供工具,以回应农村社会层出不穷的治理难题。①

不可否认,数字平台强化了多元主体对公共事务的处理能力和作用,这在一定程度上实现了乡村社会的"连接"。随着脱贫攻坚任务的完成,如何统筹做好乡村治理和乡村建设,为乡村培养高素质人才,探索形成高效能、可复制的治理模式,成为乡村发展的关键。腾讯发现,单向的线上赋能模式在回应上述问题时缺乏持续推力,难以有效回应乡村振兴"产业兴旺、生态宜居、乡风文明、治理有效、生活富裕"的新要求。究其原因,有以下三点。①治理工具效能不足。宏大愿景之下潜藏着"为村"定位模糊的问题,看似"面面俱到"的背后是"大而不强,全而不精"的窘境。悬浮于基层实践之上的数字技术即使覆盖范围再大,也只能浮于表面。对乡村发展的痛点把握不足使得项目无法直击要害,难以创造深层次的治理效能。②治理模式难以普及。对基层治理缺乏深层次的理解导致项目模式不够精简。随着功能的不断添加,"为村"平台日益臃肿。针对单一情境设计的功能往往不具共性,大量特殊情境的堆叠反而导致平台实用性不足,令其模式的可普及性大打折扣。同时,复杂的功能设计也提高了使用门槛,给村委会和村民的日常操作带来困难。③治理成效难以持久。人才振兴是乡村振兴的基石。在持续深耕中,腾讯意识到,仅仅依靠线上对线下的单向输送远远不够。因为乡村振兴的基本单位是村,核心主体是人,只有将自身的数字化能力和村庄的实际情况结合起来,以人治推动智治,再以智治带动人治,让线下经验为线上工具赋能、线上工具为线下成效赋能,构建双向赋能的互动机制,才能真正实现从"输血"到"造血"的转变,从根源上解决乡村治理工具低效、可复制模式稀缺、高素质人才短缺的现实困境。

基于上述问题意识与发展理念,腾讯在"为村"平台的基础上,与农业农村部合作推出了"耕耘者振兴计划"(简称"耕耘者"),围绕"人才振兴"与"治理有效"两条主线展开行动,以回应乡村振兴背景下

---

① 这一时期,"为村"将大量的村民诉求做成了功能,添加进平台。例如,有的村没有滴滴打车,平台就添加了顺风车功能;有的村想要 SOS 功能,平台就添加了一键呼救选项。面对特殊情境而设计的功能在最多的时候达到了 70 多个。

亟待解决的模式与人才问题。虽然"耕耘者"迄今开展不到一年，很多成果与成效尚未落地，但从已有的实践中我们可以看到，"耕耘者"一方面吸收了来自基层村社的优秀经验，并将其数字化、标准化和工具化，为乡村振兴提供了可复制、易普及的治理有效方案；另一方面充分发挥了数字技术的作用，建立了线上和线下结合、短期和长期结合、自学和教学结合、政策和实践结合的长效人才培育平台，构建了治理结构和治理能力互动的双向赋能模式。

二　案例描述

2021年5月农业农村部与腾讯签署"耕耘者振兴计划"战略合作协议，这是首个全国性、成规模的数字化乡村人才培训项目，其依托腾讯数字化能力助力乡村人才振兴的模式也为全国首创。

"耕耘者"方案的独特之处在于：通过治理经验和培训模式的数字化，实现数字信息技术和基层治理实践的双向赋能，促成"治理有效"和"人才振兴"的连结。这一方面从基层优秀经验中提炼出有效的治理工具，另一方面又通过培训把这些工具传递给更多人，让更多村庄能够快速上手，进而在更大范围内提升村庄的现代治理能力。

（一）"为村耕耘者"：创新的人才培训平台

"为村耕耘者"是一个免费的线上培训平台，以微信公众号和小程序为载体，用于培养乡村治理骨干和新型农业经营主体带头人。乡村治理骨干课程主要面向治理型人才，旨在帮助村委领导班子掌握乡村治理的政策，了解我国乡村治理的历史、形势和重点任务，学习全国各地乡村善治的有效案例。新型农业经营主体带头人课程主要面向经营型人才，旨在帮助家庭农场主或农民合作社理事长提升生产经营水平以及服务和带动小农户的能力，培养爱农业、懂技术、善经营的新农人。"为村耕耘者"有三项主要功能："学政策"、"耘课堂"和"乡村振兴100问"。

"学政策"将国家相关政策分成乡村振兴、产业振兴、人才振兴、文化振兴、生态振兴和组织振兴六大类，并做成科普小视频实时更新，辅以案例讲解，方便村党支部书记及时学习和理解政策，从而更灵活地运用政策，以解决政策在乡村难以落地的问题。对政策的了解程度决定了对政策的吸收程度，而政策的学习绝不仅仅是形式上的开会与发文件，更重要的是把握政策内涵，用实际行动去践行政策，才能真正践行政策下达的初衷，发挥其效用。

"耘课堂"是线上学习的主工具，覆盖了政策理论、经营管理、种养技术、通用素质等多方面的课程，每个学习者都能找到适合自己的课程，每项课程都设计了作业与考试，以保证学习的效果。区别于传统培训模式，"耘课堂"强调以学员为中心、以问题为导向，其课程删减了大量的理论内容，结合"耕耘者"的另一产品"村级事务管理平台"，倡导"给工具，教用法"的训练模式，注重学习成效的实践转化。

"乡村振兴 100 问"是关于乡村治理和产业发展等一系列事项的问答论坛，邀请了来自不同村庄的优秀村党支部书记，就党建、治理、发展、生态、文明等议题分享经验。"耕耘者"项目团队经过长时间的调研，在实地考察大量村庄后，发掘了湖南省油溪桥村、浙江省枫源村和浙江省墩头村三个村，这三个村在村庄治理、农业种植、产业发展等方面有其独到的经验，该项目团队将它们设立为全国"耕耘者"传帮带三个导师村，邀请他们的村党支部书记从 0 到 1 拆解村庄振兴的诀窍。同时，学员们也可以在该平台上交流学习心得，分享实践成效。论坛积累了从顶层设计到具体落实、再到各地差异化实施过程中的大量宝贵一手经验。

"为村耕耘者"还把线上与线下教学结合，双管齐下。通过预先的需求摸底与自愿报名，以县为单位开设培训班，为参加线下培训的县提供送教到县、研学培训、产业能力提升培训和回归本地分享的一条龙服务。在具体操作上，"为村耕耘者"强调以学员为中心、以问题为导向，秉承以赛代学的理念，实行阶梯式晋级的分层培训体系。第一轮是送教到县，学政策、学理念、学成功经验，深入解读乡村振兴国家战略和乡村治理理论政策，学习"全国乡村治理案例"和"全国农民合作社典型案例"。第二轮是实地研学，拆解方法掌握工具，现场观摩、深入调研、实战演练因地制宜输出本地行动计划。第三轮是产业能力提升，商业及互联网思维训练助力产业发展，由腾讯学堂定制课程、学习编制商业计划书，路演胜出的产业项目有机会获得产业帮扶。学员们需要通过作业、考试、路演等方式展开竞争,争取进入下一轮的名额。参训人员完成各层级培训后,最终要回归本地,提升当地乡村治理水平和新型农业经营主体发展能力。带动能力强、预期效果好的,由"耕耘者振兴计划"项目在乡村治理或产业发展方面给予支持。

(二)"村级事务管理平台":有效的数字治理工具

"村级事务管理平台"由腾讯与湖南省娄底市新化县油溪桥村和浙江省宁波市象山县推出,被形象地称为"云端上的党群服务中心和乡村版的OA系统",现已落地全国28省2454个村庄。"村级事务管理平台"有两项主要功能,即"积分制管理"和"村民说事"。

湖南省新化县油溪桥村"村级事务积分制管理"模式,是解决党员干部的表率作用不明显、村民参与热情不高、建设资金不足、各种资源得不到整合利用等问题的有效工具。"耕耘者"团队在经过调研后,认为这种模式值得推广,于是与油溪桥村合作,利用自身数字化能力,搭建了"村级事务管理平台",将积分管理放到微信小程序中,并推向全国。"耕耘者"鼓励每个村在小程序中为自己注册,制定自己的村规民约,实行积分制管理。在小程序中,每个注册的村都有一个管理平台,村里的每户人家都有一个积分账户。村庄可以通过设立与修订村规民约,制定积分与扣分规则。在村庄基于户籍人口赋予的基础分之外,村民可以通过遵守村规民约、建设乡风文明、参与公共事务、共享山林土地等方式获得积分。完成某一积分事项后,村民便可在小程序上申报,经村委会成员和党支部成员审核无误后,积分便会入账。每位村民都可以随时查看村庄积分排名和他人的积分账户情况,以确保管理的公平公正。村庄会根据每户的积分在年底进行分红,积分越多,分红越多。"积分制"使村民变股东,积分变股份,真正使"干与不干、干好干坏、干多干少"的不一样体现在积分分红上,激发了村民的内生动力。

"村民说事"是来自浙江宁波象山县的优秀经验,主张村里的大小事商量着办,让村民自己说事、议事、主事,让村级"微权力"在阳光下运行。"耕耘者"以象山县"村民说事"制度为模板,在线上建立了一套完善的"说、议、评、办"治理流程,鼓励全国村庄使用。在实际操作中,"村民说事"分为三步:首先是提问,村民可以就自己对村庄发展的想法或日常生活的诉求在平台上直接向村党支部书记发起提问,同时可以添加照片和视频作为佐证;接着是回复,村党支部书记在平台看到问题后会针对问题内容分类回复,简单的问题村党支部书记一般会直接给予回答,需要专人办理的问题村党支部书记则会指定某位村干部处理,至于那些不能立即拍案、还需斟酌的问题,村党支部书记可以发起议事,由村两委或全村村民进行专项讨论;最后是议事,这一阶段,村党支部书记会指定一位议事负责人,负责人需要根据事项确定议事人员,发起议事,商议过后,负责人会在小程序上公布议事结果,并面向全体村民发起投票,走完整套程序后,村党支部书记再根据投票结果交办具体工作。从提问到表决每一流程都在线上进行,村民们可以在小程序中追踪议事的全部过程,积极发表看法、参与投票。"村民说事"不仅说建设、谈发展,而且在矛盾纠纷化解上也扮演着重要角色,为村民和村两委建立了对接机制,提高了村庄的凝聚力和村民的参与感。

(三)"耕耘者振兴计划"的成效

乡村治理是否有效,既事关乡村社会的繁荣与稳定,又深刻影响着国家治理的整体水平,必须与时俱进、开拓创新,不断在实践中探索适应乡村社会结构变化、符合新时代发展需求的乡村治理体系和治理方式。"耕耘者振兴计划"就是推进乡村治理体系和治理能力现代化进程中的一项创新探索,它面向乡村治理骨干和新型农业经营主体带头人开展免费培训,并为乡村人才提供免费数字化产品和工具用于乡村治理和农业经营。

通过在"为村耕耘者"上的学习,很多村庄灵活使用"积分制"和"村民说事"等治理工具,探索出了适合自己村庄的特色治理模式。我们可以在大坪村和西碴村的例子中看到"耕耘者振兴计划"给村庄带来的切实成效。(1)湖南省湘西土家族苗族自治州大坪村在"村级事务管理平台"中创新设置了"积分超市"。依托本村 10 章 96 条村规民约,大坪村从基础分、义务工、会议参加、农户卫生、乡风文明、遵规守法、公共服务、生态治理、产业管护、安全稳定、服务保障、文明评比、服务考评等多个方面制定了详细的积分规则，囊括了村民生活的方方面面。在获得积分后，村民们可以在小程序上的积分超市里兑换生活物资，按照一积分等于一元的比例进行兑换，如 6 积分可以兑换一对电池、10 积分可以兑换一个脸盆、12 积分可以兑换一条毛巾。村民成功兑换后，会对可用积分进行相应扣除，但总积分数额不变。这样的模式把积分制与村民的生活、生产、消费联系了起来，既激发了村民参与公共事务的积极性，又为村民的日常生活提供了福利，推动了村庄自治水平的提升；（2）山西省运城市西磑村借助"村级事务管理平台"，活用"村民说事"，至今已有 36 位村民参与，吸引了 8073 人关注，协商解决了村里大大小小 50 多件事。从房子漏水、砖墙掉落、社保卡补办等村民的个人事务，到路灯损坏、路面坍塌、基础设施修缮等村庄的公共事务，西磑村村民们都乐于在平台上向村党支部书记提出诉求，共同商讨对策。村党支部书记往往能在平台上迅速做出回复，村干部也迅速展开相应行动，完成交办事项。"村民说事"在西磑村的实践引起了村民们的一致好评，在平台中不乏能看到"急群众所需，想群众所想""处理的杠杠的，为领导点赞""为村民办实事"等村民留下的评论。

从深层次分析，"耕耘者振兴计划"这种数字技术与基层村社的双向赋能模式从以下四个维度提升了乡村的治理与发展能力。一是合作式推动，"耕耘者"由政府部门主导，社会力量出资，是政企合作共同组织实施的项目。一方面依托行政力量组织推动，另一方面借助社会力量的资源优势，与现有各类乡村振兴举措互补互促，健全了乡村共建共治共享的社会治理格局。二是扩散式应用，治理经验的数字化和工具化打破了村庄之间的地域隔阂，降低了学习效仿的难度，这使得"耕耘者"模式在全国范围内迅速扩散。村庄和村庄的广泛连接、数字治理工具的使用以及由点及面的普及带来的规模效应给整个农村地区带来了巨大势能。三是深层次发展，数字化培训模式为乡村高效率地培养了大量的治理型与经营型人才，这些乡村精英从积极竞选、示范引导、组织动员和资源整合四方面开展行动，成为乡村振兴的重要内生力量，为乡村经济发展、乡村秩序维护、乡村资本培育和乡风文明建设注入了源源不断的动力。四是参与式治理，"积分制管理"与"村民说事"的广泛应用调动了村民的参与积极性,发挥了村民的自治主体作用,激发了乡村社会的活力,实现了村庄治理从"粗放"到"精细"、从"被动"到"主动"的转变。

总的来说,可以从宏观和微观两个层面考察"耕耘者振兴计划"的成效:于顶层设计而言,"耕耘者"从构建新型政企关系出发,强化了基层社会治理共同体,推动了资源、经验、智慧的共享共建,实现了本土经验与数字技术的结构化互动;于基层实践而言,"耕耘者"抓住了乡村发展的痛点问题,用数字化方案解决了治理模式和治理人才双重匮乏的问题,帮助村庄振兴打下良好的人才与制度基础。

三 "耕耘者振兴计划"的社会价值

"三A三力"分析框架是由友成企业家乡村发展基金会和明德公益研究中心起草,中国慈善联合会发布实施的公益项目评估指南。所谓三A三力,指的是"Aim:社会目标驱动力""Approach:解决方案创新力"和"Action:行动效果转化力"。该框架旨在通过系统的评价体系对公益项目的社会价值进行综合性的考察。

(一)"耕耘者振兴计划"的社会目标驱动力

作为一项系统性工程,"耕耘者振兴计划"脱胎于腾讯"为村",二者分别是腾讯面对不同社会背景做出的不同选择,其演变过程有着自己的逻辑。因此,将"耕耘者"的社会目标驱动力放入时间的维度去考察,与乡村发展问题、国家战略转型乃至更宏大的社会环境变迁联系起来,有助于我们获得更加准确和全面的理解。

1. 社会使命:从精准扶贫到乡村振兴

自2013年以来,精准扶贫成为我国乡村建设的主要工作。精准扶贫是从致贫因素出发,针对不同贫困区域环境、不同贫困农户状况,采取不同扶贫措施的治理方式,强调资源输送和精确识别。然而,大量的边缘化村庄与外界缺乏连接,面临着外面的帮扶进不来,里面的诉求出不去的难题。因此,如何打通横亘在村庄和帮扶力量之间的壁垒,构建资源和诉求的上传下达机制是这一时期"为村"要解决的问题。他们开始探索如何将互联网能力下沉到扶贫的"毛细血管"中,通过"互联网+乡村"的数字赋能模式为乡村整合社会资源,完善诉求表达机制。

随着 2020 年全面脱贫的到来,乡村振兴成为农村发展的重心。乡村振兴战略侧重农村的全面发展,提出了"产业兴旺、生态宜居、乡风文明、治理有效、生活富裕"的 20 字方针,意在促进农村经济、文化、社会、生态的全面发展和整体提升。相较于精准扶贫的 KPI,乡村振兴定的是 OKR,提出了包括产业振兴、人才振兴、文化振兴、生态振兴、组织振兴在内的五大振兴。与 KPI 不同,OKR 没有量化指标,所以更加要求治理主体发挥其能动性,进行创造和创新。面对这样的转变,原有"为村"模式受到挑战,越来越难以回应乡村振兴的痛点问题。为此,腾讯启动战略转型,与农业农村部共同推出了"耕耘者振兴计划",开始探索如何吸收和借鉴本土优秀经验,利用数字化能力推动从"人治"到"智治",再到"制治"的转变。

2. 组织愿景:从"连接"到"耕耘"

企业作为一种组织形式,其本身的功能和价值也在不断进化。从最早基于降低交易成本的考量,到后续兼顾环境、社区乃至社会福利,效率与平衡成为企业发展过程中的重要命题。在过去相当长的一段时间里,正是这种对效率的追求和责任的完善,不断推动着商业进化和社会进步。伴随着商业与社会边界的融合,企业、经济与社会形态的演化正在面临新的变革。近些年来,国家和社会对企业责任提出更高要求,商业向善等思潮兴起,一批企业努力将提供公共产品和服务的治理实践与企业的主营业务优势紧密结合,出现一种可复制、可造血、可持续的协同治理模式。

进入 21 世纪的第三个十年,互联网服务的主要对象从用户,发展到产业,现在变成了社会。腾讯结合自身的互联网属性,坚持将社会责任融入企业的经营。从"为村"到"耕耘者",项目始终主动贴近国家政策,坚持科技向善,利用数字化能力推动乡村发展。2020 年以前,"为村"立足于精准扶贫,聚焦失连导致的帮扶难、发展难等问题,以"连接一切"为战略,专注于通过移动互联网能力建设与数字平台搭建连接人和人、人和服务、人和设备,全方位为村庄赋能。2020 年以后,"耕耘者"积极参与乡村振兴工作，开始探索新的乡村发展模式，重点关注人才培训和治理工具两个乡村发展要点，围绕"积分制"和"村民说事"等模式精耕细作，从线下吸取经验与灵感，以此不断完善和精简自身数字化产品，试图从深层次激发村庄和村民的内生动力，实现"外部连接"到"内部创造"的转变。

3. 资源禀赋：实践反思推动产品升级

腾讯自 2009 年便开始下乡做公益，并且安排了很多员工以挂职的形式到云南、贵州等地的边远村庄做扶贫，探索如何助力乡村建设。六年间，腾讯出钱又出人，交了很多学费，虽然做得很艰难，但也取得了不少成效。在这个过程中，腾讯对落后农村地区有了更为全面的了解，发现了边缘化村庄难以发展的普遍问题——"失连"。基于此，腾讯围绕多年累积下来的调研数据，针对乡村社会的失连问题，有针对性地推出了"为村"项目。这使得"为村"一经面世，便具备较为明确的项目规划和较为成熟的项目战略。

随着"为村"在全国范围内持续推进，腾讯发现，项目在不同的地区有着截然不同的开展境况。在那些项目团队深入跟踪、大力推行的地区，"为村"的连接作用往往能得到有效发挥。但在有的地区，项目却悬浮于村庄之上，既没有得到有效使用，也没有发挥其应有的作用。尤其是随着国家战略的转向，"为村"平台自身也暴露出一系列问题。不清晰的战略定位、不够深入的治理模式、庞杂的功能堆叠，共同导致了"为村"模式治理能效和普及程度的不足。项目团队开始反思，该如何将"为村"与现阶段的国家战略规划结合得更紧密，又该如何创新原有的数字赋能模式，以助力乡村振兴。在数次前往基层"榜样村"进行调研后，他们意识到"瑞士军刀"或许不可行，但为乡村安装上数字"工具箱"的同时提供详细的"说明书"不失为一种全新的思路——"耕耘者振兴计划"应运而生。腾讯在公众号的基础上，以小程序的形式推出了"为村耕耘者"和"村级事务管理平台"两项产品，使得项目在实施时更能有的放矢，成为乡村振兴的可靠帮手。

（二）"耕耘者振兴计划"的解决方案创新力

如前文所述，"为村"方案的创新之处在于促成了线上数字技术和线下基层实践的双向赋能，实现了"人才振兴"和"治理有效"的协同演进。对这一点进行拆解，可以发现其中存在的三个创新机制。

1. 技术创新：创新技术手段，线下经验赋能线上工具

"为村"以往的模式主张将企业主营业务优势与乡村社会需求相结合，利用互联网的"连接"能力，搭建数字平台，实现信息、情感与财富的三重连接。数字平台缩短了人和人的距离，缩短了村庄和外界的距离，缓解了乡村社会因信息衰减而带来的信息不对称问题，改变了农村发展的闭塞环境。但从另一个角度看，数字技术的单向赋能模式终究有其限度，因为它只是影响乡村有效治理的外在因素，背后蕴含的是外在供给的动力机制，它可以为乡村带去资本与服务，却带不来人才与经验。而促成乡村有效治理的关键其实是要激发村庄的内生活力，让技术成为内在赋能的重要推手，培养乡村"软实力"。

在实践中，腾讯深刻感受到，提升村庄治理能力不能仅靠外在的单向赋能，更重要的是从本土实践中汲取养分，提炼有效治理模式，再通过数字技术将其效率化、工具化，进而实现广范围、深层次的数字赋能。"积分制"管理和"村民说事"给他们带来了启发，这两种模式都起到了动员村民群众、共同参与建设、共享发展成果的作用，是成功的本土治理模式。这些本土模式是油溪桥村和象山县十几年探索的成果，有很强的在地性，设计逻辑也相当复杂，其日常运作在很大程度上依赖于村庄的领头人，借鉴效仿的难度较高。为此，"耕耘者"团队多次前往油溪桥村和象山县实地考察，与村党支部书记进行深度访谈，将这两种模式背后的机制拆解、融合，利用数字化能力推出了"村级事务管理平台"小程序，在保留治理效能的情况下，将难以复制的线下治理模式改造成了便捷易用的线上治理工具。"耕耘者"把数字技术的资源整合能力、运营能力和产品开发能力灵活应用，使得偏于一隅的基层实践走向全国，在更大范围内赋能乡村。

2. 产品和服务创新：创新培训模式，线上工具赋能线下实践

乡村振兴离不开人才振兴。推动乡村建设需要人才组织动员，城乡资源利用需要人才管理分配，农业产业创新需要人才专业支持，资本下乡流转需要人才融合带动，提供社会服务需要人才优化配置。可以说，乡村振兴离不开人才振兴，而构建科学有效的人才培育机制则是乡村振兴的当务之急。然而，现有的人才培训大部分还是以传统模式为主，通常是以讲座的形式，以讲师为中心开展，这不仅使得培训缺乏系统性与针对性，也难以让学员产生参与感和实践感，很多时候空有形式，难以内化为学员自身的知识或技能。

为了构建更加行之有效的人才培训机制，"耕耘者振兴计划"在人才培训中融入互联网思维，为乡村打造了专门的数字培训"工具箱"——"为村耕耘者"。区别于传统培训模式，"为村耕耘者"更强调互动参与和成果转化，坚持以学员为中心，以问题为导向，尤其注重对数字工具的理解与把握，对数字工具的使用更是贯穿整个培训过程，其理论和案例课程都是通过提供思维工具的方式来帮助学员理解数字工具背后的机制，从而能够更好地利用工具，为村庄谋福利。其创新性具体体现为以下三点。一是培训内容的创新。"为村耕耘者"将课程进一步丰富与细化。乡村治理骨干培训重点面向村"两委"干部，把党组织领导下的自治、法治、德治相结合的乡村治理理论、方法以及"积分制""清单制""枫桥经验""村民说事"等实践经验作为培训重点。新型农业经营主体带头人培训以农民合作社带头人、家庭农场经营者为重点，突出规范建设、品牌创建、市场营销、风险防控、联合合作等内容。二是培训方式的创新。"为村耕耘者"聚焦管用、有用的知识，创新形成了包括线上培训、线下初训、研学培训、进阶培训和成果分享五个层级的"分段式、进阶式、参与式、重转化"的培训模式。三是培训机制的创新。"为村耕耘者"强调将线上工具应用于线下实践，鼓励学员活用"村级事务管理平台"，将其与村庄的实际情况结合起来，推动本村治理模式变革。这样做的意义不仅在于推广和学习乡村振兴的典型案例，更在于发现和探索适合每个村庄的发展模式，做到真正的因地制宜，激发村庄发展的内生动力。

3. 制度创新：创新治理结构，从理解政策到推动政策

首先是理解政策。作为解决我国新时代主要矛盾的重大举措，以及补齐我国发展短板的重要抓手，乡村振兴战略是党建设现代化强国的重大战略构想。2021年2月，中共中央办公厅、国务院办公厅印发《关于加快推进乡村人才振兴的意见》，指出要充分发挥各类主体在乡村人才培养中的作用，支持企业参与乡村人才培养，鼓励农业企业依托信息、科技、品牌、资金等优势，带动农民创办家庭农场、农民专业合作社，打造乡村人才孵化基地。建立企业家创业导师队伍，为返乡入乡创业人员提供政策运用、市场拓展等指导服务。充分发挥产教融合型企业作用，支持联合科研院所、高等学校建设产学研用协同创新基地，培育科技创新人才。"耕耘者"为响应国家战略号召，发挥互联网头部企业在技术、人才、资源方面的优势，深入分析了乡村人才建设的问题成因，回顾和评估了乡村人才建设的演进政策，并按照乡村振兴的要求不断明确乡村人才建设的方向，开始探索如何将自身产品优势与社会需求相结合，并通过一种"共享"的价值观，与政府、商业伙伴、科研机构、公益组织等一起落实他们的社会承诺。

然后是推动政策。为贯彻落实党中央、国务院关于全面推进乡村振兴的决策部署，发挥好社会力量助力乡村振兴的作用，推动农业农村人才队伍不断发展壮大，2021年农业农村部与腾讯签署"耕耘者振兴计划"战略合作协议。在近一年探索培训模式、建立制度机制和开展试点培训等筹备工作后，"耕耘者振兴计划"于2022年全面启动，由农业农村部农村合作经济指导司、腾讯可持续社会价值事业部负责牵头设计和组织实施。该企划由政府部门主导，腾讯出资，社会力量协同，旨在利用政府强大的组织动员能力，落实腾讯方案，以服务乡村振兴为目标，以乡村治理骨干和新型农业经营主体带头人为重点，突出需求导向、实践转化、长期扶持，培养一批与乡村治理现代化相协调，与现代乡村产业需求相适应，能够引领一方、带动一片的乡村治理骨干和新型农业经营主体带头人队伍。"耕耘者振兴计划"这种兼顾政府和企业优势的推行模式，通过多元协同的理念与良好的产品设计结合了多方优势，既发挥了政府统筹安排的引领作用，又让企业解决了人才振兴迫切面临的方法和工具问题，进一步推动了人才培训制度和基层治理结构的创新。

（三）"耕耘者振兴计划"的行动效果转化力

1. 项目团队行动力

在前期调研方面，"耕耘者"项目团队在全国开展了大范围考察，梳理了不同村庄的治理模式。该团队在确定以油溪桥村"积分制"管理和象山县"村民说事"为原型开发产品后，又多次前往两地，与两地村党支部书记进行深度访谈，对其治理模式进行详细拆解，深刻理解了其运作模式与设计逻辑。

在产品开发方面，"耕耘者"依托于腾讯SSV，成立了专门的为村发展实验室，组建了专门的技术团队，基于调研的资料进行软件开发。同时，"耕耘者"还和不同领域的小型科技公司开展合作，针对产品应用进行了一些特色功能设计。在村庄的实际使用中也提供实时的技术维护，确保用户能够轻松、正确地使用产品。

2. 资金和资源可持续性

"耕耘者振兴计划"由腾讯出资5亿元，计划在2022年至2024年三年间，免费培训乡村治理骨干和新型农业经营主体带头人，实现线上培训100万人，线下培训10万人的目标。来自腾讯内部的资金支持是"耕耘者"得以成功落地的保障。一直以来，腾讯结合自身数字化能力，坚持将社会责任融入企业的经营。"耕耘者"的项目战略与企业的发展愿景相契合，其利用数字化能力和互联网产品助力乡村振兴的模式在试点阶段便取得了显著成效，在一开始就获得了政府、社会、村庄、村民多方的认可，这也使得腾讯公司高层对"耕耘者"项目更加关注和更具信心，从而给予了项目更多资金与技术上的支持，推动其持续发展。

此外，"耕耘者振兴计划"也采取了收费的模式，以激励村庄更好地使用其产品。这在"村级事务管理平台"上体现得最为明显，该产品选择了象征性的收费模式：对使用平台的村庄免费开放一年，一年后每月收取15元运营管理费，且其中5元交由合作方（如用户是用积分制板块，则交给湖南省油溪桥村），剩下的10元会用来激励使用工具较好的村庄。

对于这种近乎"献血"的运营模式，"耕耘者"有其长期的考量。乡村振兴的核心在于人，乡村治理的关键在于模式。"耕耘者"主张通过短期的资金投入，为乡村培育人才，给乡村提供工具，从而提升其自我发展的能力，从而进一步推动形成乡村社会可持续发展的长效机制。

3. 项目传播影响力

截至 2022 年 11 月,"耕耘者"已吸引来自 30 个省(区、市)的 2290 个村庄入驻"村级事务管理平台",服务村民达 766446 人。

在沟通推广方面,"耕耘者"团队与农业农村部合作,通过农业农村部下发文件,利用行政力量确保了项目自上而下的推行力度。同时"耕耘者"也积极和社会力量合作,共同丰富培训内容,拓展培训场景。一些线下推广就是和当地专业院校合作,由政府负责召集参与单位,院校提供场地和师资,如广东站由深圳市经理进修学院承办、重庆站由重庆开放大学承办,全程的费用由腾讯提供。

在传播影响方面,"耕耘者振兴计划"给基层村社的治理带来了最急迫的工具,激发了村民群众的主体能动性,增强了村庄的凝聚力,既为村庄解决了谁来组织建设、谁来管理、效益怎么分配的问题,又为村民设立了诉求表达、福利获取的线上通道。较低的使用成本和看得见的成效使得"耕耘者"的口碑一传十,十传百,获得了大量基层工作者的认同,形成了迅速而广泛的传播效应。

四 案例总结

(一)案例社会创新因素总结

立足于"三 A 三力"分析框架,我们可以对"耕耘者振兴计划"的社会价值做出全面而详细的考察。

从社会目标驱动力来看,"耕耘者"立足于国家战略从精准扶贫到乡村振兴的转型,在反思原有实践的基础上,将自身数字化能力和本土发展经验结合起来,围绕现阶段乡村建设的痛点问题,旨在回应乡村振兴背景下治理工具低效、可复制模式稀缺、高素质人才短缺的现实困境。从解决方案创新力来看,"耕耘者"一方面创新了技术手段,将难以推广的治理经验数字化,实现了线下治理经验到线上治理工具的转变,使其能够快速地传递给更多的人;另一方面创新了产品和服务,让数字化的培训平台成为方法和工具的递推手段,使得线上的治理工具能够在更多的村庄得到应用，转化为更大范围的线下治理成效。同时，"耕耘者"还在深刻理解国家政策的基础上，推动了制度创新，通过与农业农村部的共同实施，其方案在全国范围内获得了更大的影响力和动员力。从行动效果转化力来看，"耕耘者"从前期调研到产品开发，都做了充足的准备与周密的工作安排。同时，腾讯也给予了足够的资金支持。这使得项目在落地后迅速产生了巨大势能，给参与的村庄带来了许多看得见的改变，从而吸引了越来越多的村庄加入进来，引起了广泛的社会关注，创造了较大的社会价值。"耕耘者振兴计划"的三 A 三力分析如表 1 所示。

表 1 "耕耘者振兴计划"三 A 三力分析

三 A 三力		腾讯"为村"项目的体现
Aim： 社会目标驱动力	社会使命	从精准扶贫到乡村振兴
	组织愿景	从"连接"到"耕耘"
	资源禀赋	实践反思推动产品升级
Approach： 解决方案创新力	技术创新	创新技术手段，线下经验赋能线上工具
	产品和服务创新	创新培训模式，线上工具赋能线下实践
	制度创新	创新治理结构，从理解政策到推动政策
Action： 行动效果转化力	项目团队行动力	充分的前期调研，专业的产品开发
	资金和资源可持续性	以外部"输血"推动自我"造血"
	项目传播影响力	治理模式的迅速普及和治理工具的灵活应用

从社会目标驱动力，到解决方案创新力，再到行动效果转化力，我们能看到腾讯作为互联网企业一以贯之的项目运作逻辑，即如何将数字技术落实在公益领域，进而转化为解决社会问题的有效工具。以技术为切入点，我们可以从三个层面对"耕耘者振兴计划"的运作逻辑展开分析。在技术能力方面，"耕耘者"背靠腾讯，有着强大的技术团队和互联网产品能力背书，这也使得该项目从一开始便立足于数字技术，主张利用数字化能力发现和解决社会问题。在技术应用方面，"耕耘者"在"为村"的基础上，对原有的数字单向赋能模式进行创新与改造，既利用数字能力汲取了本土的村庄经验，又通过数字技术赋予了更广大地区的村庄以治理工具，拓宽了数字技术的赋能维度。在技术落实方面，"耕耘者"一直在不

断探索如何最大程度发挥自身技术优势，持续更新项目的运营模式与产品，从而更好地贯彻项目的社会目标驱动力和解决方案创新力，使其落实为切实的行动效果转化力。从"耕耘者"的案例中我们可以透视的是互联网企业应该如何做公益，才能使得数字技术融入"三 A 三力"的每一部分，让技术驱动目标、形成方案，最终让技术落地，进而彰显技术的社会价值。

一言以蔽之，"耕耘者振兴计划"将数字技术与基层实践深度融合，构建了线上和线下互动的双向赋能模式，通过推动政策实施、创新技术手段和创新产品服务，为村庄治理提供了实用性和普及性兼备的数字工具，为人才培养提供了切实可行的数字方案，在实践层面上推动了治理有效和人才振兴的齐头并进，在制度层面上推动了治理结构和治理能力的协同演进。"耕耘者振兴计划"的双向赋能模式如图 1 所示。

图 1　"耕耘者振兴计划"的双向赋能模式

（二）案例模式的分析与提炼

"耕耘者振兴计划"脱胎于腾讯"为村"，与"为村"分属一项系统工程的两个阶段。其中"为村"是助力精准扶贫的企业项目，致力于乡村移动互联网能力建设和信息能力提升，通过数字平台的搭建连接了多方资源，为基层党建、干群沟通、村民社交创造了便捷、透明的虚拟社群。"耕耘者"是推进乡村振兴的政企合作品牌，致力于乡村高素质人才培养和社会治理水平提升，通过数字技术的开发与应用促成了人才培育机制的创新和有效治理模式的普及。

从因果逻辑来看，"耕耘者振兴计划"之所以能创造如此大的社会价值，有三点原因。

其一，技术应用的专业性。"耕耘者"提供的公共产品与服务始终围绕腾讯的主营业务展开，主张将数字技术与乡村建设结合起来。起初，面对边缘化村庄普遍存在的"失连"现象，腾讯从最基础之处着手，通过移动互联网能力建设赋能村社。在这之后，腾讯打造了"为村"数字平台提供帮助、优化村庄治理，促进内外连接。一直以来的技术赋能实践让腾讯对数字化助力乡村建设有了更为深刻的理解，而"耕耘者"正是腾讯进一步挖掘数字技术潜能，创新数字技术应用方式的一次尝试。面对现阶段乡村振兴背景下治理工具低效和高素质人才缺乏的普遍难题，"耕耘者"基于原来的技术赋能经验，灵活、变通地运用自身数字化能力，将数字技术下沉到更深层次，从治理结构的层面赋能，探索出了可复制的高效治理模式，推动了乡村地区治理能力的提升。

其二，诊断问题的精准性。这种精准性来自两个方面。一是"耕耘者"团队长期扎根农村，服务农村，对农村问题有着高度的敏感性。他们在全国范围内不同地域、不同文化、不同经济发展水平和发展阶段的大量村庄都有项目开展经历，手头握有大量宝贵的一手数据，对中国农村地区整体的发展阶段、发展模式、发展问题有着全面的了解和清晰的判断。二是"耕耘者"团队及其合作者对国家政策的深刻理解。政策代表着国家发展的指向，也引导着乡村发展的方向。如果脱离政策去制定项目，既不能准确理解乡村建设的需要，也难以获得广大基层村社的支持。"耕耘者"在开展行动时始终与国家政策紧紧贴在一起，真正做到了用好、用活政策。

其三，解决问题的有效性。双向赋能模式是这种有效性的集中体现。"耕耘者"深度汲取了基层实践中的优秀村庄治理经验，而这些村庄之所以能够建设好、发展好，背后都有着自己独到的认识。但在大多数情况下，他们并不会对自己的发展思路进行高度提炼和概括化，这就导致这些经验往往难以走出村庄，即使通过传统的培训来讲授，往往也不能清晰地厘清背后的机制。"耕耘者"通过数字化能力将其概念化、系统化，把线下的复杂模式变成了线上的简单工具，在最大程度上发挥了这些经验的作用。同时，"耕耘者"强调产品的易普及性和模式的可持续性，关注使用的低门槛和效果的可见性。不同于其他数字治理产品，"为村耕耘者"和

"村级事务管理平台"功能设计精简，操作起来也比较方便，村庄在应用它们时既不需要花大价钱进行硬件建设，也不需要花大功夫进行教学培训，真正实现了低成本、易操作、高效能。

从运作机制来看，"耕耘者振兴计划"明显与单向的数字赋能模式有所不同，其驱动了线上和线下的双向互动，实现了数字技术和基层实践的深度融合。在目标上，"耕耘者"专注于解决乡村发展的人才和治理问题，既强调工具的有效性和适用性，又强调模式的实用性和可普及性。在角色上，"耕耘者"发挥政企合力，通过经验个案推动了制度设计，又通过制度设计推动了实践成效，为国家和村社的结构化互动提供了中间媒介。在手段上，"耕耘者"为线上的数字话语和线下的实践话语建立了有效的调和机制，既盘活了村庄的本地资源，让它为数字化产品开发提供指导，又发挥了技术优势，为村庄提供了效率化、系统化、清晰化的实在工具。在效果上，"耕耘者"拓宽了乡村振兴的实现路径，优化了治理结构，对原有的数字单向赋能模式进行了改造和优化，在一定程度上推动了乡村治理生态的改善。

（三）案例可持续性分析

《数字农业农村发展规划（2019—2025 年）》指出，农业农村数字化是生物体及环境等农业要素、生产经营管理等农业过程及乡村治理的数字化，是一场深刻革命。展望今后一段时期，数字农业农村发展将迎来难得机遇。作为扎根于乡村的企业社会创新实践，"耕耘者"未来应紧扣"数字乡村建设"这一主题，进一步释放技术潜力，用"助力者"的角色推动人才培养、乡村建设、特色农业与特色产业帮扶，融入与政府、社会组织、村庄、村民共建的共创体系。在农业科技方面，"耕耘者"应聚焦农业前沿技术开发，积极与农业农村部、农科院等机构合作，推动设施农业、智慧农业的发展与普及，帮助农村形成有质量的、可连接的生产行为与稳定的数据体系。在生产经营方面，"耕耘者"应把腾讯在商业领域已有的技术跟产品能力，进一步下沉到乡村，减少消费端与生产端的信息不对称。同时，为农村产业开发提供生产、深加工、品牌提升等多方面的助力。在基层治理方面，"耕耘者"应通过定位、试点形成共创模式，帮乡村社会找到更多良治、善治的方案；通过制度创新提高农民、农业的组织化程度，进而实现数字化在农业农村的落实。从更长远的角度来看，"耕耘者"应持续推动村庄自我运营、自我进化、自我提升，探索在自身退出后依然可以让农业、农村、农民获益的长效运作机制。

腾讯"社会应急平台":从"造产品"到"造生态"

潘 桐[*]

一 引言

党的十八大以来,以习近平同志为核心的党中央高度重视应急管理工作,特别是 2018 年在深化党和国家机构改革中,党中央决定组建应急管理部和国家综合性消防救援队伍,对我国应急管理体制进行系统性、整体性重构,推动了我国应急管理事业取得历史性成就、发生历史性变革。在重大灾害应急救援方面,我国的管理体制已取得了不菲的成绩。然而,在社会化应急领域,当前中国社会化应急的整体水平却有着很大的不足。[①]

长期以来,在社会化应急领域存在着供给不足和连接低效的问题。首先,应急设备的覆盖率较低,以 AED(自动体外除颤器)为例,从中华医学会急诊医学分会于 2020 年发布的《中国 AED 布局与投放专家共识》公布的数据来看,平均每 10 万人中,日本拥有 276 台 AED,美国则拥有 700 台,而中国不足 1 台,公共场所 AED 设备非常短缺。[②] 其次,公众缺少应急救援知识,应急意识不强,真正有意愿且有能力开展急救工作的人并不多,因此,即便有了设备,也存在使用效率较低的情况。最后,在应

---

[*] 潘桐,中国人民大学社会与人口学院社会学系 2020 级博士生。
[①] 童星、陶鹏:《论我国应急管理机制的创新——基于源头治理、动态管理、应急处置相结合的理念》,《江海学刊》2013 年第 2 期,第 111~117 页。
[②] 吕传柱、张华、陈松、刘笑然、田国刚、颜时姣:《中国 AED 布局与投放专家共识》,《中华急诊医学杂志》2020 年第 8 期,第 1025~1031 页。

急救援场景中，求助端与救助端始终存在着调度效率较低、连接不足的状况，这使得救援设备及人员无法高效地连接求助者，仅靠官方的求助渠道，无法有效满足日常生活中的应急需求。

正是在这一背景之下，腾讯敏锐地看到了社会化应急的核心问题，并设计了具有创新性的解决方案。腾讯应急团队确定了其应用场景和模式思路，即当有人遇到紧急事件时，社会上的多数人能主动伸出援手（应急意识强、应急人数多），并且当他们伸出援手，所需的力量比如设备能及时到达（设备充分、连接有效）；进一步地，通过这些示范案例拉动利益各方进入社会应急领域，营造应急生态，推动政府出台相关政策。为此，腾讯应急团队确定了其业务方向，即探索各类紧急情况下的标准应急解决方案，联动生态伙伴，打造应急开放平台和属地应急系统。围绕AED急救、灾害应急等方向，推进应急平台和产品在各场景的试点及应用，跑通并持续优化应急全链路，适时开展商业化实践，联动公司内各产品和业务资源，探索帮助个人及社会更好地应对各类应急事件的实现方式。

社会应急项目尽管还处于发展阶段，但上述方案在逻辑上有效地应对了当前社会化应急领域的核心问题，并且在前期实践过程中，腾讯的应急团队也取得了不菲的成绩。通过对这一"发展中"的创新案例的研究，可以为我们展示更为丰富的社会创新实践图景。因此，本文将借助友成企业家乡村发展基金会开发的"三A三力"社会价值评估指标，考察腾讯社会应急项目的社会价值，并从因果逻辑上解释考察腾讯社会应急项目何以可能。

二 案例描述

2021年4月，腾讯进行了第四次战略升级，成立了"可持续社会价值事业部"（SSV），社会化应急成为SSV的一个重要业务方向。仅在3个月后，河南郑州特大暴雨便给了业务模式尚未成熟的应急团队大显身手的机会。在郑州特大暴雨期间，他们开发的求助小程序仅在几天内就收集了2万多条求助信息，为应急抢险工作的开展提供了有效的信息支持。亦因如此，应急团队在"尚未出师功已捷"的情况下，摸索了社会化应急的模式和机制，坚定了社会化应急业务开展的信心。虽然事业部成立至今时间不长，但应急项目这一设想却早就有了，并经历了几次转变。

（一）项目背景与发展历程

2021年，腾讯"可持续社会价值事业部"成立以后，社会应急项目成为事业部的一个业务方向。起初，应急团队延续了此前公司内部所实践的封闭系统内的应急系统思路，想先做一个AED呼救产品，但团队很快发现，全中国有无数的场所，需求各不相同，仅靠产品思维无法真正解决问题。应急场景中牵扯到的参与方非常多样，如120、红十字会、民间的蓝天救援队等专业团体，也有无数的民间志愿者，仅靠研发产品无法实现社会应急的目标，平台必须联动各方一起参与。

在认清状况后，应急项目团队提出了应急开放平台的思路（把所有资源进行连接，这样才能实现效率的最大化），即腾讯重点提供平台，任何合作伙伴都可以接入，比如高校、120，以及一些合作伙伴也可以培训他们的志愿者。同时还可以配合急救培训和科普、AED捐赠等一系列举措。

这一新方案很快得到了认可，在方案逐渐成形的阶段，2021年7月，河南出现了特大暴雨。除了资金捐助，腾讯的相关团队也在思考能否通过腾讯的技术、产品能力帮助受灾群众。当时应急团队看到了郑州特大暴雨发生时的一个很大的痛点——微博上的很多受灾信息、求助信息都被淹没了。于是，应急项目团队当即投入灾害应急，联动公司内其他团队一起寻找可能的解决方案。腾讯出行团队只用了一个晚上就开发出了救援小程序，然后联合腾讯新闻、腾讯看点等团队一起推广小程序。小程序上线后，以每分钟七八条的速度，涌进来2万多条信息。这些求助信息极大地促进了当时救援工作的开展，更为可贵的是，通过这场紧急救援实践，腾讯应急团队发现并厘清了灾害应急的机制，并为后面的社会化应急开放平台的打造奠定了基础。

在河南特大暴雨的应急救援过程中，应急团队发现，将信息发给救援队之前，信息的核实成为一个大问题。最初负责核实的员工只有2个人，根本无法应对如此巨量的求助信息。为此，核实团队扩大到40人，全都是公司内的志愿者,每个人平均两分钟就打出一通电话。虽然特大暴雨属于灾害应急,跟院前急救有所不同,但还是给了应急团队很大启发,之前开发中的系统只支持视频通话,但考虑到网络中断,还必须增加文字报警。此外,系统还加上了地图功能,特大暴雨中可以预警积水点,院前急救时则可以显示 AED 设备的位置。最关键的还有如何处理灾害中爆发式的需求,无数的求救和响应,在慌乱中挤进了腾讯文档、救援小程序等技术产品,等待着快速准确的匹配。团队意识到,心脏骤停时的快速匹配是难度最大的,如果产品能满足"黄金 4 分钟"的需求,其他情况就更容易了。

基于上述经验,围绕其业务范围,腾讯应急团队以解决当前应急救援领域的现有问题为导向,从平台建设、设备捐赠、应急科普、志愿者培训四个方面开展了探索实践。其中,腾讯应急团队与南京大学合作打造的全国首个高校场景的数字应急响应系统在半封闭的校园场景中较好地实践了上述四个方面的探索。

(二) 实践探索与项目成效

为防范校园突发心源性猝死、保障学子生命安全,并在半封闭场景试验应急开放平台,腾讯与南京大学合作,打造了全国首个高校场景的数字应急响应系统。腾讯从供给和连接两个方面提供了解决方案。

在设备建设方面,由腾讯公益慈善基金会向南京大学捐赠的 150 台 AED 在南京大学鼓楼、仙林两校区配置完成,覆盖校内大部分楼宇,AED 覆盖率达到 2 台/千人的国际标准。而这也成了应急响应系统的关键一环。

在应急科普和志愿者培训方面,应急团队已在南京大学开展线上线下的校园急救教育及志愿者培养活动,包括急救知识大赛、应急能力比拼、校内 AED 地图打卡等,通过线上线下融合的宣传教育活动,提高师生对急救意识,以及相关知识的掌握与应用能力。学校也根据自身情况,通过学分、荣誉激励等形式,鼓励学生参与培训并加入志愿者队伍,实现校内急救志愿者全覆盖。

在呼救响应机制建设方面,一旦校内发生心脏骤停等紧急情况,遇险者或路人通过"急救互连"小程序，即可发出呼救信息。校园急救控制中心收到警报，将第一时间响应，在线指导求助者采取正确的应对措施。与此同时，校内分片区的"守护志愿者"也会收到信息，会迅速赶往现场抢救，并通过小程序快速获取呼救者及就近 AED 设备位置。在首次模拟真实场景的演习中，志愿者、校医护人员和 AED 设备均在求救信息发出后的 3 分钟内抵达，符合"黄金 4 分钟"的急救要求。这一套半封闭场景下的数字应急响应系统，将逐步形成标准化规范并向社会输出。

虽然腾讯应急团队的业务尚未在全国铺开，社会化应急平台的打造还有很长的路要走，但该项目在前期实践中证实了其具有两方面的社会价值：其一，在领域方面，腾讯的实践填补了社会化应急的空白，解决了社会化应急的供给-需求不匹配问题；其二，在机制方面，应急开放平台这一模式实现了企业主营业务和商业能力向社会价值领域的有效转化。

三　腾讯社会应急项目何以可能

"三 A 三力"分析框架是由友成企业家乡村发展基金会和明德公益研究中心起草，中国慈善联合会发布实施的公益项目评估指南。所谓三 A 三力，指的是"Aim：社会目标驱动力""Approach：解决方案创新力"和"Action：行动效果转化力"。该框架旨在通过系统的评价体系对公益项目的社会价值进行综合性的考察。

之所以采用这一分析框架，是因为从价值评估的角度看，三 A 三力构成价值创造不可或缺的三个重要环节。价值评估不仅是价值结果的评估，更应该包括价值创造意愿及价值创造能力和方法的评估。简而言之，Aim 考察一个项目的社会意义，只有这个意义对项目的成员产生了驱动力，项目才有实现预期目的的必要条件。Approach 考察一个项目实现预期目的的技术可行性，重点考察解决方案的创新性，因为只有创新才是解决社会顽疾的途径，也是可持续的保证。Action 是对 Approach 和 Aim 的验证，表现在团队是否有支持创新的能力以及项目成果是否和项目预期目标一致。三 A 三力之间既是一种递进关系，也是一种相互验证关系。因此，下文将以三 A 三力为分析工具，展示并分析腾讯社会应急项目何以可能。

（一）腾讯社会应急项目的社会目标驱动力

腾讯所开展的应急业务在很大程度上与国家的大政方针、社会发展趋势是一致的，关注社会的焦点议题，应急业务符合腾讯一直以来"科技向善"的组织愿景。在应急开放平台的建设方面，腾讯也有着绝大多数组织所不具有的资源禀赋。因此，外部环境、组织的内在动力和资源禀赋使得腾讯的应急项目得以迅速转化落地，并在未成熟之时便取得了较好的效果。

1. 社会使命：商业向善与连接一切

企业社会价值创新不仅是一种战略和投资，还应当是价值观念、责任担当和行动自觉。在新的发展背景下，商业向善是企业在实现商业目标的同时，还要在其商业活动和供应链体系中践行积极、正向的社会价值创造。[1] 与此同时，近年来，政府对科技平台反垄断和反资本无序扩张的政策日益趋严，社会舆论对资本的批评声也愈演愈烈。

在这一背景下，社会应急项目的开展符合社会对资本的预期，以及腾讯"商业向善"的社会使命。社会应急开放平台的打造契合了腾讯"连接一切"的社会使命，而社会化应急领域始终无法解决的就是供给和需求的连接问题。基于此，腾讯主动回应"应急"这一社会焦点问题，不仅回应了其社会使命，也有助于改善其外部环境。

国家对应急领域的重视构成了腾讯启动社会应急项目的政策背景。党的十八大以来，以习近平同志为核心的党中央高度重视应急管理体系和能力建设。党的十九届四中全会指出："构建统一指挥、专常兼备、反应灵敏、上下联动的应急管理体制，优化国家应急管理能力体系建设，提高防灾减灾救灾能力。"《法治政府建设实施纲要（2021—2025年）》指出，完善突发事件应对制度。包括"加强突发事件监测预警、信息报告、应急响应、恢复重建、调查评估等机制建设""完善特大城市风险治理机制，增强风险管控能力""引导、规范基层组织和社会力量参与突发事件

---

[1] 吕鹏、房莉杰等：《寻找"座头鲸"：中国企业是如何进行社会创新的？》，社会科学文献出版社，2020，第4~7页。

应对"等。《"十四五"国家应急体系规划》指出，要推动共建共治共享，实施社会应急能力提升、风险防控能力提升等五大工程。我们从 2022 年的两会提案和政府工作报告中也可以看到，受到 2021 年河南特大暴雨的影响，政府在应急领域愈发重视科技支撑所发挥的作用及数字平台建设，以及"防大于治"的应急管理思路，因此报告及相关提案对于灾害预警、应急通信建设、基础设施、应急平台建设方面更加关注。与此同时，应急宣传也是今年两会提案中的一个重点部分，除了针对民众的安全宣传与应急科普，部分委员提出的要提升灾难事件网络谣言治理水平的议案也比较受到社会重视。而上述内容也与腾讯应急团队所做的项目基本吻合。换言之，社会应急项目的启动较好地回应了社会需求。

2. 组织愿景：科技向善

一个社会价值项目的诞生并不是凭空而来的幻想，这对于企业来说尤为如此。如果回望腾讯的成长史，就会发现，履行企业社会责任、创造社会价值对于腾讯来说并不是一件新鲜事。腾讯做公益在行业内是走在前面的，包括成立了中国互联网第一家公益慈善基金会。但这些都停留在传统公益和企业社会责任上。2019 年，腾讯正式提出"科技向善"的新使命，管理层逐渐发现科技平台对社会的责任和义务比想象的要大得多，不是把一定的利润投在公益里就足够了，还需要更多地发挥平台的科技能力。因此，单纯靠传统意义上的捐赠，可持续事业很难在企业中做大，只有结合企业核心技术、用商业能力创新公益方法，才能实现可持续发展。

2021 年在河南特大暴雨中腾讯文档及小程序的应用，使得腾讯看到了"科技向善"的清晰图景，并在实践过程中摸索了基础的社会应急机制。换言之，不同于其他的社会价值项目，社会应急项目甚至在成熟之前就已经创造了巨大的社会价值。对于腾讯来说，在"科技向善"这一清晰的企业价值观下，社会应急项目有其非做不可的决心和非我莫属的信心。

3. 资源禀赋：第四次战略升级与内部优势

2021 年 4 月，腾讯进行了第四次战略升级，将"推动可持续社会价值创新"纳入公司核心战略，成立了"可持续社会价值事业部"。该事业部将成为全公司可持续社会价值创新的核心动力。一方面，腾讯升级传统公益方式，将公益捐赠与可持续创造放在国家重要的位置，通过核心能力、人才与资源的投入，发挥腾讯的数字技术和平台优势，实践可持续社会价值创新；另一方面，该事业部还可以联动公司各类产品、各项业务，形成相互支撑的工作模式，这使得项目在组织层面可以深度联动各个业务部门。

具体来说，传统的腾讯业务可以为社会应急项目提供多方面的支持。如微信公众号及企业号为其提供政务门户、腾讯课堂为其提供应急培训演练、腾讯会议为其提供应急指挥调度。因此，在腾讯内部，应急团队不是孤军奋战。在 B 端，团队也可以借助腾讯较高的智能化水平——腾讯云或企业微信的服务——帮助其完善和提供更多解决方案。

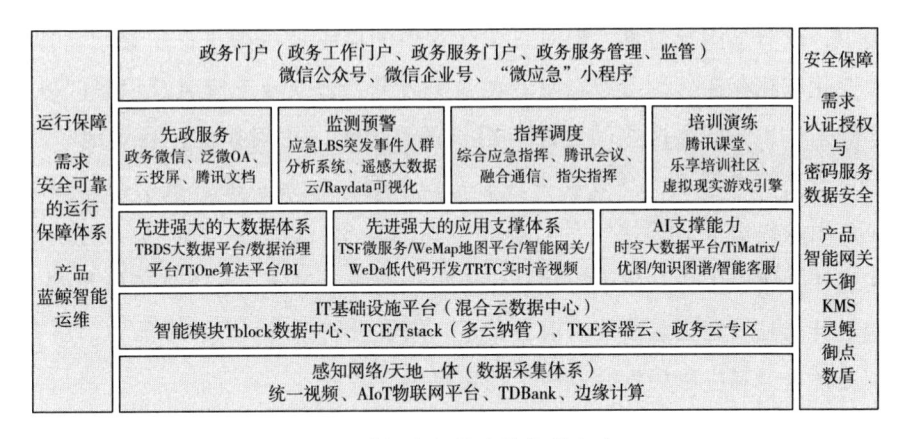

运行保障 需求 安全可靠的运行保障体系 产品 蓝鲸智能运维	政务门户（政务工作门户、政务服务门户、政务服务管理、监管）微信公众号、微信企业号、"微应急"小程序				安全保障 需求 认证授权与密码服务 数据安全 产品 智能网关 天御 KMS 灵鲲 御点 数盾
	先政服务 政务微信、泛微OA、云投屏、腾讯文档	监测预警 应急LBS突发事件人群分析系统、遥感大数据云/Raydata可视化	指挥调度 综合应急指挥、腾讯会议、融合通信、指尖指挥	培训演练 腾讯课堂、乐享培训社区、虚拟现实游戏引擎	
	先进强大的大数据体系 TBDS大数据平台/数据治理平台/TiOne算法平台/BI	先进强大的应用支撑体系 TSF微服务/WeMap地图平台/智能网关/WeDa低代码开发/TRTC实时音视频		AI支撑能力 时空大数据平台/TiMatrix/优图/知识图谱/智能客服	
	IT基础设施平台（混合云数据中心）智能模块Tblock数据中心、TCE/Tstack（多云纳管）、TKE容器云、政务云专区				
	感知网络/天地一体（数据采集体系）统一视频、AIoT物联网平台、TDBank、边缘计算				

图 1　腾讯应急能力的相关内容

由此我们可以看到，腾讯开启社会应急项目是符合企业核心价值、核心能力以及契合社会需求的应有之义。

2021 年腾讯 SSV 成立后，原本在腾讯新闻做技术工作的滕超申请加入 SSV。滕超在腾讯新闻时，就一直想做一些能够改变社会冷漠、倡导人人互助，让社会更有温度的事情。因此，SSV 的成立给了他践行想法的机会。之所以选择做应急项目，主要源于项目本身的特殊性。

不同于 SSV 的其他项目，应急项目是一个非常产品、技术驱动的事情，这非常契合滕超自身的能力。他早期在 Facebook 做技术工作，回国后也一直从事技术工作，就他本人来说，他所擅长的恰恰就是这种非常强调技术和产品的业务模式。正因如此，滕超本人在接手应急项目后，首先想到的就是运用腾讯所擅长的连接能力打造相关产品,而没有仅仅将关注点放在志愿者培育以及相关社会组织的扶持上。他想用技术解决资源问题的思路,是促使应急项目在短短一年多的时间里迅速发展的重要原因之一。

(二)腾讯社会应急平台的解决方案创新力

在前述的社会目标驱动下,结合自身优势,腾讯的社会化应急解决方案具有两个方面的创新,即用"连接"解决应急资源短缺的产品与服务创新,营造生态、反向推动的路径创新。

1. 产品与服务创新:用"连接"解决应急资源短缺

长期以来,社会层面所关注的应急往往都是灾害应急,在这类应急救援中,政府是主导力量,但对日常生活中的应急救援则重视不够。此外,社会化应急存在着设备和志愿者覆盖率较低、公众缺乏应急意识等问题。客观来讲,要解决这些问题还有很长的路要走,正因如此,有效地"连接"设备和志愿者,高效利用现有资源就显得非常重要。基于此,腾讯应急团队提出了"连接"的社会化应急的概念,试图从"连接"的角度构建社会应急生态。腾讯的社会化应急分为两个部分:其一是应急开放平台,其二是属地应急系统。前者是这一项目最核心的后台技术能力,后者则是针对微观应急场景所做的个性化解决方案。

(1)后台:应急开放平台

应急开放平台的主要功能有两个方面:其一是整合资源与传递信息;其二是输出腾讯的技术能力。作为应急领域的中间枢纽,应急开放平台可以将人与设备,以及应急所需要的资源进行有效整合,并且应急信息也会通过这一平台进行传递。在腾讯应急实验室的设计中,应急开放平台并不是封闭系统,而是开放的体系。通过应急开放平台,所有生态组织的志愿者都可以接入进来,并及时获取信息。政府也可以将与急救相关的信息或资源通过这一平台与社会力量连接起来。同时,应急开放平台也在输出技术能力。应急实验室目前上线了针对听障人士的无障碍急救功能,借助这个功能,听障人士可以使用文字"拨打"120。这一功能已在北京、武汉、南京、南昌、南宁、长治等40座城市落地。此举有望让中国超过2000万非老年听障人士获得高效救助。

（2）前台：属地应急系统

属地应急系统作为后台技术的具体落地，需要根据应急场景因地制宜，因此其成了应急开放平台在现实场景中的"触手"。在前期的调研和实践过程中，应急团队发现属地往往承担着应急救援的主要工作。例如，发生水灾时，社区就是一个应急单位，并承担着物资传递、信息统计等应急任务，并且这些工作实际上往往就是在属地内被解决的。像这类应急工作在既往的灾害应急中占了相当大的比重，但此前主要通过微信群或微博进行求助和沟通，效率相对较低，也无法有效调动应急资源。基于此，应急实验室针对不同的应急场景开发了属地应急系统，当属地遇到应急响应事件时，属地方可以作为第一响应人及时采取行动。目前，腾讯在北京、深圳、东莞等地都进行了属地应急系统的试点。例如，他们将几个相邻社区连成片区，构建"5分钟黄金急救圈"；在商场、公司等具备应急设施的封闭场所，这一系统可以有效提高属地方的响应速度。

该产品与服务的创新之处在于：第一，腾讯应急实验室的"发明"填补了应急领域的空白；第二，应急开放平台和属地应急系统充分运用了腾讯"连接一切"的核心技术能力，为解决社会应急过程中的资源稀缺问题提供了新的思路。

（3）实践："网约式"社会化应急

在上述的理念下，应急团队首先将两个急救场景作为亟待解决的痛点。其一是院前急救。在城市救援中，一般来说，120电话拨通后，救护车基本要15分钟才能到达；如果在大城市遇上堵车，半个小时到不了是普遍现象。因此，在120到达之前，如心肺复苏、止血包扎等院前急救是非常重要的，它对于整个急救成功率的提升非常显著。其二是灾害应急。在河南特大暴雨时，很多人自发用腾讯文档或小程序上报自己的位置和其他求助信息。当时腾讯为此设置了相关团队去核实他们的状况，再将准确信息给到相应的救援人员。这个模式在此次特大暴雨中被认为是很有优势的，但从成本和效率上来说，核实工作无法一直依靠腾讯公司的团队，需要在主管单位指导下与社会力量有更多的联动。

这两个场景中的痛点实际上都是救援"失连"或连接低效的问题，为此，应急团队提出了"网约式"社会化应急的模式。在这一模式下，应急开放平台的目标是将更多应急生态的能力接入进来，并把腾讯的一些技术能力输出，从而让公众更好地去做应急这件事。这一功能分为两个部分，其一是作为"调度系统"，通过建立应急开放平台，进行应急资源和信息的调度；其二是作为"输出系统"，向社会公众输出应急相关的知识、产品和服务。

第一，"调度系统"功能。在应急团队看来，"网约式"的应急开放平台主要由"求助端"和"响应端"两个主要部分构成。但作为应急救援的求助端却不能是单一接口的。它不能只是一个小程序或某个产品，它应该无处不在，并使所有人可以触达。例如，在微信、腾讯新闻或微博等都应该建立求助入口。而响应端也应该是多元的，不能只是120急救中心。在封闭环境中，它可以是社区物业、商场保安、校医院等；在开放环境下，可能是外卖骑手、京东快递小哥或网约车司机等。

因此，应急开放平台要开放应用程序界面（API），将平台能力免费开放给社会使用。这样的API最终能接入120系统，以形成良性互动。基于此，当有人拨打120求救，并且120接通之后，平台会先发动周围的志愿者前往提供帮助。甚至是需要什么样资质的志愿者，求助者也可以在订单里面说明，以最大限度提高救援效率。

在初期的实践中，应急团队上线了"急救互连小程序"。当前已经开通了腾讯总部与南京大学两个试点，后续会像前面所提到的路径一样，从试点到区域，最后推广到全国。目前产品还是第一版，功能比较简单。最重要的页面是一个生命呼救按钮。其次是物资集合信息，如包括AED设备在内的急救箱。当紧急事件发生时，"急救互连小程序"有两种应对模式。

第一种模式主要应对特别紧急的情况。当求助者直接在应急开放平台小程序点击生命呼救按钮时，它会直接形成一个视频链接，呼救者会与中控对接，中控可以看到现场画面并指导。系统也会同时通知所有附近志愿者，志愿者接到信息后会尽快赶到现场。但是，在实践过程中，团队发现前端的小程序其实并不是很方便，因为很多人在急救时很难想到这个小程序叫什么或者怎么用。因此，团队又研发了新的处置方式，如用户拨打120时，120会去找应急平台上附近的志愿者直接施救，这样可以尽可能地减少用户的理解成本。

第二种模式主要应对非生命急救的情况。例如在灾害场景中，可能只是人员被围困，没有持续性的信号，而这一小程序支持离线上报。上报内容包括个人信息、具体位置、联系方式等，上报后会形成一个类似于订单的页面，上报者能查到接单出警的实时状态。为此，团队做了一个给B端使用的中控系统。当前端触发紧急呼救时，后端就会发起一个进程，中控右侧是一些指导方法，左侧是现场画面。这可以帮助中控人员第一时间了解现场状况，并进行处置。

每一次紧急事件之后，系统都会有非常详细的日志记录，以便于回溯分析。总的来看，整套模式的运转较为简单。团队在南京大学试点时，相关实践情况也比较符合模式逻辑的设想。在南京大学内部，当紧急事件发生时，求助者扫码或点击小程序发起求助，应急响应系统会同时做两件事情：第一是通知志愿者，他们第一时间拿设备赶过去；第二是连接专业医疗救援——校医院或急救中心等——由他们做一些在途指导或在线指导。

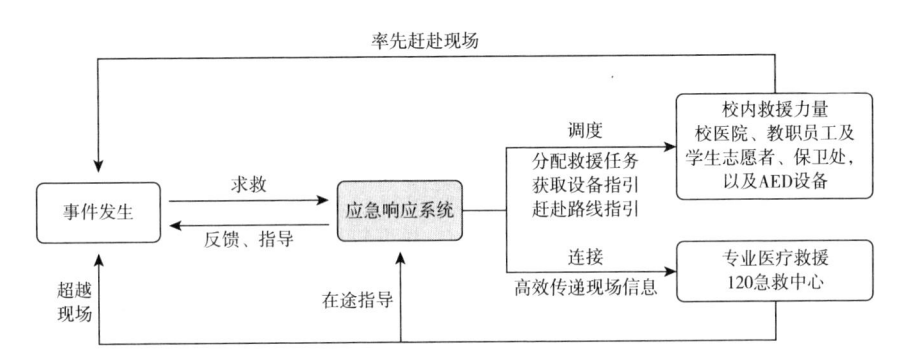

图 2 南京大学应急平台调度运转逻辑

第二，"输出系统"功能。平台不只是调度系统，它还要成为输出系统。首先，它输出应急设备的数据，让更多急救体系接入，如果它们想要建设应急体系，腾讯就可以共享设备数据；其次，它输出内容，平台会做相应的急救知识和院前急救知识的科普工作，免费开放给社会使用；最后，平台输出能力，而这也是目前团队在"输出系统"中做的第一个项目，即针对听障人士的无障碍急救功能。

中国有很多听障人士，他们用120报警时会遇到一个很大的困难，他们听不到120接线员说什么，以及无法表达需要什么帮助，这是很大的一个痛点。团队为此在平台前端提供了文字呼救的方式，通过应急开放平台，这些文字会转化成语音拨打给120；120接听或者回拨，通过语音识别转化成文字，发送到前端。这样的一种能力输出使得听障人士实现了自主的120急救报警。

2. 路径创新：营造生态，反向推动

腾讯所提出的用"高效连接"解决"供给不足"问题的思路在一定程度上可以有效提高应急设备和志愿者的可及性。但从长远来看，如果不解决供给问题，社会化应急项目就不可能充分发挥其价值，但这一问题单靠腾讯是无法解决的。实际上，腾讯正是想通过供给"连接平台"，反向拉动应急领域生态发展，实现社会化应急的社会营造。换言之，腾讯为解决社会化应急问题找到了一条新的路径：先提供科技工具解决供给不足的问题，以发挥现有资源最大的作用，并在这一过程中拉动相关生态组织进入社会化应急领域。继而通过这些体现出来的价值去做政府倡导，从而推动政府和社会为应急领域投入更多资源。因此，这一路径创新涉及四个方面：设备、志愿者、舆论倡导和政府意愿。

在设备层面，以目前的情况来看，由于救援设备价格高昂，覆盖率要达到饱和水平还有很长的路要走。腾讯的解决思路有两个方面：其一，应急实验室积极与硬件厂商合作，试图降低硬件成本、开发低成本的家用AED；其二，腾讯主动在一些核心场所捐赠一部分救援设备，尽可能地撬动政府及生态组织参与布局。

在志愿者层面，中国的应急救援志愿者虽然在总人口中的占比不高，但是人数却达到了几十万。这些人散落在社会中，虽然具有救援意愿，但却没有救援机会。而应急平台可以让其在第一时间收到救援信息，发挥其救援价值。通过这些正向案例的产出，在保持既有志愿者活跃度的情况下可以推动更多的人加入志愿者队伍。此外，应急实验室开发了一套线上、线下的志愿者培训流程解决了传统的应急知识培训耗时长、部分专业培训收费较高、复训不便等问题。借助这套流程，志愿者可以利用零散时间进行线上学习，并根据自己的时间安排，定期去线下点预约考试或复训。应急实验室还为相关的社会组织开发了志愿者管理平台（应急开放平台的子板块）。这些组织虽然擅长开展活动，但是缺乏志愿者运营的能力，通过这一平台，可以有效保持和提高志愿者的衔接与活跃度。

在舆论倡导方面，应急实验室的思路是不刻意进行传播，通过与其相关的救援案例的出现引发舆论关注。例如，2022年10月北京某高校学生突然倒地，两名有急救经验的同学迅速上前施救，其中一名同学飞奔取回腾讯捐赠的AED对倒地同学进行心肺复苏和除颤救治。不久后，倒地学生恢复意识并被送医。这一事件的舆论反响非常好，不仅上了微博热搜，同时央视新闻也进行了报道。相对来说，应急事件的舆论关注度都比较高，应急实验室希望通过一系列这样的事情，慢慢让公众意识到急救知识的重要性，从而让更多的人主动学习急救知识。

在政府意愿方面，目前政府对腾讯的这一项目有较好的合作意愿，也愿意投入资金，但关键还是支持力度。实际上，社会化应急项目的长效开展需要地方政府将其作为主要工作来抓。因此，应急实验室希望在接下来的一年中打造出区域性的标杆试点，使政府真正看到应急开放平台的效用。当有标杆被打造出来后，其他地方政府才会考虑复制这套模式。

（三）腾讯社会应急平台的行动效果转化力

1. 项目团队的行动力

作为一个以产品为核心业务的团队，其随着项目需求及产品的发展而产生变化。应急项目最早只有滕超一个人，经历了2次扩展后有了近20人。起初，滕超想到的只是先做出应急系统，但做出来之后，他很快就发现应急系统的有效运行需要增加更多的应用场景，团队也因此开始扩充。

目前的团队分为三个部分：技术、产品运营和合作拓展。其中，产品运营团队主要负责应急系统的线下铺设，合作拓展团队则负责跟政府以及应急生态组织的衔接。从应急实验室团队的架构调整中可以看到，其组架构的变化符合其路径创新的构想。在项目早期，技术团队的核心任务是做出社会应急产品。当产品进入试点阶段后，产品运营成为应急实验室的中心任务。在做出示范案例后，应急实验室则分化出了"合作拓展"团队，用于推广和撬动生态组织。总的来看，作为一个正在发展中的项目，应急团队中SSV的业务团队是跑得比较快的，其组织架构也根据产品需要进行着灵活的调整。

2. 项目资源的可持续性

就目前来看，应急项目主要还处于前期投入阶段，需要依靠腾讯其他业务营收的支持。作为"可持续社会价值事业部"的一个重要的业务方向，应急项目的可持续主要来源于三个方面：其一是应急实验室有效的成本控制，其二是重视内宣所获得的内部支持，其三是清晰可见的商业化模式。

首先，SSV的实验室尽管都是"花钱"的团队，但这并不意味着各实验室不需要成本控制，相反，正是因为应急项目有着较好的成本控制，才使其业务在一年多的时间里多次得到领导的支持。例如，应急实验室会非常看重其所捐赠的设备撬动的生态影响力有多大，而不是仅仅捐赠设备就完成任务了。实验室要做的是通过这一举动去调动更多的组织参与设备捐赠活动，即以后可能腾讯只需要捐赠30%~40%的设备，就能够撬动政府和公益机构参与投入，将其余的部分补上。此外，实验室通过开发培训软件，将此前单人200~300元的培训费用降低到100元以内，这使得今后志愿者培训方面的支出将大大降低。

其次，除了组织层面的业务合作外，应急团队在内宣方面也做了比较多的工作，使其在公司内部获得了较多的支持。通过公司内部的腾讯救援队、科技周、99公益等活动，团队有机会向公司内部展示其产品、模式和案例；与此同时，应急团队会经常带着公司员工做急救培训，这在很大程度上加深了内部员工对应急项目的认知。加之应急工作的特殊价值，不同于其他项目可能会遇到的业务矛盾及利益冲突，公司整体非常认可和支持这一项目。

最后，在应急实验室看来，尽管目前应急项目还没有到探索商业模式的阶段，但实验室还是为此规划了两种清晰的商业模式。其一，应急系统与商业场景相结合。应急平台相对来说是一个非常标准的 To B 生意。企业需要承担公司内员工的生命安全和应急处置责任，因此，应急系统在未来就不可避免地成为企业，尤其是大企业的基础设施。应急平台也可以与物业公司合作，打造"安心社区"。由于腾讯应急系统一般都会在封闭场景进行试验，因此，成熟的应急系统在社区等半封闭场景有较好的适用性。一般来说，物业公司也希望其物业服务能够给社区居民提供更安全的保障。因此，在应急团队看来，社区可做的商业模式很多，包括为物业公司开发应急系统和硬件，同时这些硬件也可以销售给社区中的居民。其二，应急系统与应急产业相结合。按照团队的构想，应急实验室可以给智能音箱这类产品做增值服务。用户如果对着智能音箱喊救命，就可以调用腾讯的应急平台，找到周围最近的志愿者前去进行协助。此外，应急平台也可以与其他的应急产业进行合作，为他们的产品进行智能化改造升级，以及建立平台产品的生态体系。

四　案例总结

总体来看，腾讯社会应急项目从以下两个方面实现了社会价值：其一，填补了社会化应急的空白，应急开放平台的建立在一定程度上为解决社会化应急的供给-需求不匹配问题提供了机制和思路，社会化应急开放平台的开发能够成为现有官方应急体系的有益补充；其二，社会应急项目在商业逻辑上是可行的，在目前的实践过程中，在一定程度上实现了企业主营业务和商业能力向社会价值领域的有效转化，探索了商业价值和社会价值有效融合的机制。

（一）案例社会创新因素总结

基于"三 A 三力"的社会价值评估指标，我们可以更好地看到腾讯社会应急项目的价值前景以及其在未成熟阶段便能够取得重大社会价值的原因。

在社会目标驱动力（Aim）方面，腾讯社会应急项目立足于"商业向善""连接一切"的社会使命，有效回应社会焦点问题，致力于填补社会化应急领域的空白；与此同时，社会应急项目符合腾讯"科技向善"的组织愿景，较好地匹配了腾讯的技术能力和第四次战略升级所成立SSV的组织优势。基于此，在国家高度重视应急管理体系和能力建设，加之腾讯内部具有丰富且多样的技术和产品优势的背景下，社会应急项目得以迅速实现落地，并在应急管理部和地方政府的支持下在全国多个地方进行试点。对于腾讯来说，其团队能力与人员配备基本符合项目要求，内部运营团队具有较高凝聚力和执行力。

在解决方案创新力（Approach）方面，首先，腾讯的社会应急项目的产品和服务是创新型的，当其他企业或机构还在培育救援队伍、开发应急硬件的时候，腾讯较为敏锐地看到了社会应急领域的核心痛点问题——需求和救助无法及时有效匹配。基于此，腾讯发挥其"连接一切"的核心能力，试图填补社会化应急领域的空白，并用"连接"这一技术解决应急资源短缺的问题。在这一理念下，腾讯开发了作为后台的应急开放平台和针对具体场景的属地应急系统，试图尽可能地调动社会利益相关方广泛参与社会化应急，并借助其"网约式"应急产品的优势，在一定程度上帮助其项目受益对象、规模、渠道、流量等实现指数型增长。其次，其路径创新在于，腾讯在解决社会化应急资源短缺的问题时，充分看到了连接社会各方参与的重要性以及自身先做出引领的必要性。

在行动效果转化力（Action）方面，首先，滕超技术出身的背景以及想用技术解决资源短缺问题的思路，是促使应急项目在短短一年多的时间里迅速发展的重要领导力；其次，应急团队以产品发展为导向，根据不同发展阶段的业务和产品需求，灵活地拓展团队架构，使团队有效地转化了组织目标；最后，在项目资源的可持续性方面，应急团队有意识地控制业务成本、重视内宣，使其在公司内部获得了合法性和支持。此外，应急开放平台的普适性使得腾讯可以研发应用于封闭区域的个性化和可商业化的应急系统和产品，并带动应急产业的发展。因此，我们可以看到该项目有着明确且独特的产品和服务，不仅能够有效调动利益相关方，且在一定程度上可以实现可持续的项目运作。

表1 腾讯社会应急项目"三A三力"分析

三A三力		腾讯社会应急项目的体现
Aim： 社会目标驱动力	社会使命	商业向善与连接一切
	组织愿景	科技向善
	资源禀赋	第四次战略升级与科技优势
Approach： 解决方案创新力	产品与服务创新	用"连接"解决应急资源短缺问题
	路径创新	营造生态，反向推广
Action： 行动效果转化力	项目团队的行动力	依据产品发展的不同阶段调整组织架构
	资源的可持续性	高效的成本控制
		重视内部宣传
		应急系统与商业场景、应急产业相结合

（二）案例模式分析与提炼

腾讯社会应急项目看到了当前社会应急领域的主要问题，即由于缺乏高效的响应机制、缺少可及的救援设备、公众的应急意识薄弱、应急志愿者队伍不足等问题，社会化应急一直是应急领域的一个难以涉足之处。腾讯一直秉持"科技向善"的组织愿景，做了"敢为天下先"的事情，腾讯社会应急项目形成了一种"专业+可持续"企业社会价值创新模式，为上述问题提供了有效的解决办法。

表2 腾讯社会应急项目模式

创新模式		解决路径
专业性	社会价值可持续性	用技术能力提高应急效率
连接一切	项目可持续	
	模式可持续	用示范案例营造应急生态
	事业可持续	

在专业性方面，不同于其他由行业精英发起的公益活动，腾讯社会应急项目的专业性并不体现在应急领域，而是体现在其公司最核心的"连接一切"的能力。腾讯敏锐地看到了社会应急项目的核心痛点，即不在

于设备和志愿者的短缺,而在于如何基于既有资源条件,通过其连接技术尽可能地提高应急效率。也正是由于腾讯善用自身的核心能力,将主营业务整合进社会应急项目,才使得该项目在短短一年多的时间里迅速拓展,不仅用技术能力提高了应急效率,也通过示范案例营造出应急生态。

在可持续性方面腾讯社会应急项目有如下几个特点。

其一,腾讯社会应急项目有一套自洽的商业逻辑,在一定程度上可以保证项目的可持续性。当应急网络建设好以后,应急开放平台可以拓展多种商业模式,如为某些客户提供紧急的医疗服务和增值服务,在社区中与物业合作构建安心社区等。

其二,腾讯社会应急项目将原本看起来并不能持续的事情变得可持续,实现了社会应急模式的可持续。以往应急网络的建设更多的是靠政府投资,换言之,应急网络的可持续离不开强有力的政府财政支持,尽管如此,当下中国日常化的社会应急网络建设正方兴未艾。而腾讯则通过其技术能力,提高了应急资源的使用效率,以及应急工作的精准度和精细化,这使得原本看似很难实现可持续的社会应急变得可持续。

其三,腾讯的社会应急项目在一定程度上实现了应急事业的可持续。腾讯也好,应急实验室也好,可能都会有消亡的一天,但这些技术和产品是可以留下来的。很多企业在做完社会创新项目之后,就会面临一个让政府或社会接盘,自身退出的问题,但腾讯社会应急项目却不存在这个问题。即便腾讯不再做社会应急,但是这样一种用技术解决资源问题的社会应急的思路还在那里,产品和系统也只需要花很小的代价就可以运营,应急生态组织还会不断地运转下去。换言之,腾讯所做的并不是一个项目,而是希望借助这一项目营造出整个应急行业的生态。

(三) 案例风险分析

腾讯的社会应急项目只是迈出了第一步,未来还有很长的路要走。对于腾讯来说,财务并不是钳制该项目发展的重要因素,对于社会应急项目来说,有如下两类风险。

风险之一:腾讯社会应急项目与政府的关系。腾讯社会应急项目的本质是希冀于发挥其"连接"能力,以创造有安全感的社会环境。尽管腾讯并不是妄自尊大地认为单靠其可以达成这一目标，但无论如何，在社会应急项目的实施过程中，腾讯是最大的资源链接方。社会参与随着网络信息时代的到来而呈现多元、松散耦合的新特征，传统的政府包揽的工作特点与应急主体多元化不相适应。[1] 这在一定程度上与政府造社会的趋势产生了抵牾。

风险之二：社会应急项目的"社会性不足"问题。无论是实现有效的社会化应急还是实现可持续的商业模式，其前提都在于应急开放平台的有效运行。对于腾讯来说，技术和资金不是主要困难，也不存在需求不足的问题，其最大的困难恰恰是在"最后几米"中救助者的不足。总体来看，如果我们将腾讯的应急开放平台作为应急领域的基础设施的话，那么志愿者就是这一平台在目前来说最为重要的基础设施。为此，应急实验室围绕不同场景为志愿者提供了非物质性激励，与此同时，通过提供保险即法律保障，解决志愿者在救援过程中的后顾之忧，减少相关纠纷的产生，以期引导公众广泛参与应急救援。然而，无论是公众应急意识的增强还是救援知识的提高，都还需要漫长的过程。

总体来看，相较于大多数的社会价值领域的项目，社会应急项目有腾讯为其"背书"，在现实层面可以做到可持续推进。倘若应急开放平台能够做成，抑或是在部分封闭区域摸索出成熟的系统运作经验，那么，即便从大社会的概念上无法实现真正有效的应急开放平台，但在小社会层面还是可以建立行之有效的应急救援系统。基于此，小社会范围内的商业逻辑就可以实现落地。从这个意义上看，腾讯的社会应急项目具有较大的社会适应性。更为重要的是，腾讯迈出了社会应急的第一步，填补了社会应急领域的空白，今后将会有更多的利益相关方参与社会应急事业。腾讯社会应急项目的"凿空"之举为我们提供了社会创新项目发展的丰富图景，更重要的是，这一探索为社会应急事业的可持续发展提供了思路。

---

[1] 童文莹：《中国巨灾灾后救助动员模式比较》，《江海学刊》2010 年第 5 期，第 94~100 页。

"母乳爱"：母乳喂养是养分也是大爱

何白羽*

一 引言：社会背景分析

（一）我国母乳喂养率偏低

母乳是天然的食物，母乳喂养对于母婴双方的益处不言自明。相关研究表明，母乳喂养可以促进新生儿的神经发育，减少新生儿感染性疾病和过敏性疾病的发生，甚至有利于降低其成年后的健康风险。同时，母乳喂养对母亲的健康也大有好处，有利于减少母亲产后出血，减少月经失血，迅速恢复孕前体重，减少乳腺癌、卵巢癌，降低肥胖、糖尿病等疾病的发生，改善更年期心血管健康状况。除此之外，母乳喂养可以节约大量公共卫生成本，在一定程度上也能减轻家庭的负担，减轻处理配方粉罐与奶瓶等导致的环境压力，减少人工喂养相关产品生产运输等造成的能源需求。①

世界卫生组织与联合国儿童基金会，向全球母亲发出倡议：婴儿出生后的第一小时内开始母乳喂养；出生至6个月纯母乳喂养（不必要喂水）；6个月之后，添加适当的辅食，持续母乳喂养至两岁或两岁以上。

然而在我国，母乳喂养率一直不高。2019年2月，中国发展研究基金会发布的《中国母乳喂养影响因素调查报告》显示，我国6个月内婴儿纯母乳喂养率仅为29.2%，远低于43%的世界平均水平和37%的中低

---

* 何白羽，中国人民大学社会与人口学院2021级社会政策专业硕士（MSP）研究生。
① 刘喜红：《母乳喂养的研究进展》，《中国当代儿科杂志》2016年第10期，第921~925页。

收入国家的平均水平。

该报告还指出，能否科学成功进行母乳喂养，其影响因素来自多个层面：个体层面，如母婴健康状况和个体对母乳喂养的认知；机构层面，如医疗卫生机构、家庭、工作单位及公共场所等为母乳喂养提供的支持；法律层面，如产假制度及对母乳代用品销售的监管等。

1. 母乳喂养认知不足

根据《中国母乳喂养影响因素调查报告》，对母乳喂养的认知是母亲能否按照科学的方法成功进行母乳喂养的前提，也对纯母乳喂养率的提升有重要影响。同时，与母乳喂养相关的知识是多方面的。这些知识都在一定程度上影响着母乳喂养方式。婴儿母亲对这些知识和方法掌握得越充分、越全面，就越有能力用正确的方式进行母乳喂养。

但由调查结果可知，婴儿母亲对一些主要母乳喂养知识的知晓率仍偏低，并且婴儿母亲们对母乳喂养知识的认知程度存在显著的地区差异。

医疗卫生机构在宣传母乳喂养知识、指导母乳喂养技术方面发挥着重要作用，但保健机构提供的母乳喂养教育的参与率却不高，医疗卫生机构的作用没有得到充分发挥。另外，调查结果还表明，社区、民间机构、互助组织、媒体平台等对于母乳喂养认知的倡导也有积极影响，要充分挖掘它们在母乳喂养倡导方面的潜力。[1]

2. 母乳喂养的环境建设不足

母婴室作为一种在公共场合为哺乳、喂食、清洁排泄物等一系列育儿行为提供便利设施的空间，在日本、美国等国家已有多年的发展历史。它们多设立在机场、商场、公园等人流密集的场所，向携带婴幼儿出行的家庭免费开放。[2] 母婴室的建设可以有效缓解妈妈们在公共场所哺乳的尴尬，让妈妈们有尊严地哺乳。目前我国的公共母婴室还处于非常"缺乏"的阶段。

根据2019年第一财经·新一线城市研究所在高德地图上收集整理的

---

[1] 中国发展研究基金会：《中国母乳喂养影响因素调查报告》，https：//www.cdrf.org.cn/jjh/pdf/mu.pdf，最后访问时间：2023年5月17日。

[2] 《中国城市母婴室白皮书》，https：//baijiahao.baidu.com/s?id=1627398681659924002&wfr=spider&for=pc，最后访问时间：2023年5月17日。

"母婴室"位置信息，中国所有城市总计拥有的母婴室数量仅为2643间，其中只有7座城市拥有超过100间母婴室。若将城市中0至3岁的婴幼儿及其家长作为母婴室的主要使用对象，这几座表现突出的城市中，实际一间母婴室要供2207个家庭共享。与此相对比的是，据不完全统计，中国香港平均298个家庭共享1间母婴室；中国台北每间母婴室只需要118个家庭共享；东京平均1间母婴室只需要供47个家庭共享。级别更低的中国城市面临的挑战更为严峻。在二线及以下级别城市，每座城市平均的母婴室数量都不足10间。并且还有6.67%的二线城市、30.00%的三线城市、65.56%的四线城市和88.37%的五线城市，完全无法在城市内找到母婴室。①

公共母婴室的缺乏会使妈妈在公共场所的母乳喂养陷入窘境，这种尴尬的经历会让妈妈打起母乳喂养的退堂鼓。

3. 母乳喂养的制度建设不足

2001年公布实施的《中华人民共和国母婴保健法实施办法》确立了"国家推行母乳喂养"的基调，明确了医疗、保健机构在推行母乳喂养方面的责任，也对产假之外工作期间的哺乳给予了一定的保障："有不满1周岁婴儿的妇女，所在单位应当在劳动时间内为其安排一定的哺乳时间。"

但随着我国经济、社会的快速发展，人们生活的丰富程度、工作的竞争程度增加，影响"母乳喂养"的因素更加多元，例如，如何在制度层面保障女性在公共场所有尊严地哺乳？如何更新产假制度、生育保险制度，确保劳动力"内卷"日益加剧的情况下，女性仍可保证6个月母乳喂养而不在就业中被歧视，等等。新的社会环境，呼吁出台更加完善的相关制度，为母乳喂养提供保障。

（二）母乳捐赠意识缺乏，母乳库建设过程坎坷

母乳不仅是新生儿最好的营养来源，也是重症患儿的良药。

在国外，母乳库的建设超过了100年历史，妈妈们会把富余的奶水捐

---

① 《中国城市母婴室白皮书》，https://baijiahao.baidu.com/s?id=1627398681659924002&wfr=spider&for=pc，最后访问时间：2023年5月17日。

赠给母乳库,用于重症患儿的救治。世界上最早的母乳库于1909年建于奥地利的维也纳;10年后美国和德国分别成立了另外2家母乳库。20世纪90年代,基于对母乳的安全性及优越性的研究和证据,母乳库的建设再次在全球迅速发展。① 截至2020年,美国和加拿大已分别有28家和3家成功运行的母乳库;欧洲则有248家母乳库,20家正在计划筹建之中;巴西也建立了世界上最大的母乳库网络,共有217家母乳库和162个人乳收集中心。②

我国母乳库的建设过程较为坎坷。20世纪80年代,著名儿科专家、中国医师协会儿童健康专业委员会主任委员丁宗一教授曾致力于建立母乳库,但因为当时思想认识的问题,反对的人很多,最终失败。2007年5月,宁波母乳喂养协会提出建立辐射全国的母乳库的设想,但在筹建了一年多时间后宣告终止。协会秘书长胡敏表示,启动资金没到位是原因之一,但更大的因素是社会环境不成熟,很多新妈妈因为担心身材变形、产假限制等不愿意母乳喂养。③

我国第一家母乳库于2013年在广州市妇女儿童医疗中心成立,但愿意捐赠母乳的妈妈少之又少。母乳库负责人、广州市妇女儿童医疗中心副主任医师刘喜红博士曾经调查过300多个母乳喂养的妈妈,发现愿意捐赠母乳的只有25.1%,如果自家孩子生病,愿意接受别人捐赠母乳的只有百分之八点几。这与母乳能够带来的益处形成了鲜明的对比。

二 "大爱有声·母乳爱"案例描述

(一)案例发起背景

2013年3月20日,初为人母的徐靓捐出了自己的母乳,成为中国第一家母乳库的001号捐赠者。一周后,妇儿中心的外科病房,接诊了10

---

① 刘喜红:《母乳喂养的研究进展》,《中国当代儿科杂志》2016年第10期,第921~925页。
② 《母乳库的发展与历史——庆祝国际母乳喂养周30年》,https://weibo.com/ttarticle/p/show?id=2309404667485994483873,最后访问日期:2023年5月18日。
③ 《母乳库从筹备到现在 一路坎坷一路歌》,https://www.mama.cn/baby/art/20130814/746696.html,最后访问日期:2023年5月18日。

个月大的婴儿小江,小江肠道手术后伤口不能愈合,重度营养不良,被当地医院判了"死刑"。广州市妇儿中心决定尝试母乳喂养。刘博士希望徐靓能组织妈妈来捐献母乳救治小江,于是徐靓通过节目和微博呼吁妈妈们到母乳库献母乳救孩子,开始了一场爱心接力。在喝了无数爱心妈妈捐赠的母乳之后,小江竟然奇迹般地康复了。[1]

没想到母乳不仅能给孩子带来营养,还能拯救生命!凭着一位媒体工作者的直觉,徐靓感到母乳喂养、母乳捐赠是一件好事,而选择母乳喂养、母乳捐赠的妈妈少,是因为宣传上的不足。妈妈们是最有爱心的群体,这件对自己好、对自己孩子好、对其他孩子也好的事情,妈妈们是一定会去做的。

于是,在 2013 年 5 月 20 日,徐靓成立了母乳爱志愿服务队,这是中国第一个致力于倡导母乳喂养、母乳捐赠救治重症患儿、公共母婴室建设的公益项目。

(二)案例简介

为了推广母乳喂养和母乳捐赠,"大爱有声·母乳爱"项目(简称母乳爱)从以下三个阶段开始了自己的公益实践。

1. 第一阶段:公众认知倡导

对母乳喂养存在偏见、缺乏对母乳营养价值的认知是妈妈们不愿进行母乳喂养的主要原因。母乳捐赠的稀缺则主要在于大多数妈妈们都不知晓母乳对于临床救治的作用。因此,母乳爱的第一步就是致力于唤醒公众的认知。

母乳爱志愿者服务队通过开展丰富多彩的倡导活动呼吁大众关注和支持母乳喂养、母乳捐赠。比如,母乳爱每年 8 月,配合国际母乳宣传日活动,开展不同主题的"母乳喂养快闪"活动;每年 5 月"母乳爱"周年庆之际,开展微电影、摄影展及音乐会等系列母乳喂养主题庆祝活动;在大巴车、地铁上投放母乳喂养主题公益广告;将母乳捐献流动车开进了社

---

[1]《520,你知道是什么日子吗?》,https://mp.weixin.qq.com/s/3F2_YkcY_jgJJx9je9H0Hg,最后访问日期:2023 年 5 月 18 日。

区，让妈妈捐母乳像献血一样方便；① 从 2016 年开始，母乳爱每年举办周期长达半年的公益讲堂，邀请专家介绍母乳喂养、科学育儿的专业知识和经验；等等。此外，"母乳爱"还积极组织哺乳期妈妈为患儿捐赠母乳。

母乳爱通过一次次参与性极强的活动、一个个真实救治的个案，让大家认识到了母乳喂养的好处、母乳捐赠的意义，也打消了妈妈们心中对母乳喂养和母乳捐赠的顾虑，越来越多的妈妈加入了母乳喂养和母乳捐赠的行列。截至 2021 年，"母乳爱"已经动员全国万名妈妈，捐赠了超过 8 吨爱心母乳，救治了 4000 多个重症宝宝。

2. 第二阶段：推动硬件设施建设

（1）推动公共母婴室建设

公众场所母婴室建设是提升城市文明程度的重要基础设施，让哺乳期妈妈在公共场合有尊严地哺乳，有利于提升母乳喂养率。但母乳爱研究发现，直到 2016 年，国家层面都还没有关于母婴室建设及配置的统一标准，我国母婴室的数量和质量都远无法满足妈妈们的需求。

2016 年 3 月，母乳爱联合多个爱心媒体，共同发起"寻找羊城十大最美母婴室"的网络票选活动，短时间内通过新媒体征集到了近千名妈妈的签名，支持公共母婴室建设。母乳爱依据妈妈们的信息回复，整理出了母婴室的基本配置需求标准。②

媒体的呼吁引起了广州市有关领导的关注，在广州市妇联的调研推动下，广州开始实施"推进公共场所母婴室建设三年行动计划"。从 2016 年下半年起，母乳爱配合广州市妇联推进该行动计划，组建了全国第一支母婴室监管志愿团队，作为第三方机构参与母婴室的监管评估工作，每年的评估报告都会递交政府作为参考资料。③

截至 2019 年 12 月，广州成为全国第一个重点公共场所母婴室全覆盖

---

① 《捐献母乳可像献血一样方便 首辆母乳捐献车进驻广州》，https://www.163.com/money/article/9E7CDV0900254TI5.html，最后访问日期：2023 年 5 月 18 日。

② 《520，你知道是什么日子吗？》，https://mp.weixin.qq.com/s/3F2_YkcY_jgJJx9je9H0Hg，最后访问日期：2023 年 5 月 18 日。

③ 《广州已建成逾 1300 间母婴室 实现重点公共场所全覆盖》，http://www.chinanews.com.cn/sh/2021/12-04/9622456.shtml，最后访问日期：2023 年 5 月 18 日。

的城市，而到2021年，广州已建成1300多间公共场所母婴室。① 其间，在母乳爱的推动下，广州市评定星级示范母婴室100间，还有近200间母婴室获得联合国儿童基金会"母爱10平方"认证。2019年11月14日，在南非德班召开的世界大都市协会全体大会上，广州市公共场所母婴室建设成为大会"公共空间和人口问题挑战"主题的中国案例。母婴室成为广州市城市文明的重要标志之一。②

（2）支持母乳库建设

在我国，母乳库完全是公益化运营，即母乳由爱心妈妈志愿者无偿捐赠，患儿免费使用。但母乳库的运营成本一直比较高，仅捐献母乳时使用的耗材每套成本就近百元，捐献者健康体检则需要约500元，还有设备的损耗和维护，母乳的检测、储存、消毒和运输，清洁消毒设备的维护等费用，这些运营资金一般要依靠医院负担或社会捐赠。

一直以来，母乳爱都在为母乳库积极筹措运营资金。向身边有影响力的个人、企业筹款，举办慈善音乐会，此外，母乳爱先后参加了"益苗计划"广东志愿服务组织成长扶持行动暨志愿服务项目大赛、央视大型公益节目《社区英雄》，将大赛获得的奖金捐给母乳库。"母乳爱"首任理事长、广州市人大代表雷建威律师还向广州市人大提交了"母乳库由政府财政来支持"的建议。③

截至2022年4月30日，广州市妇女儿童医疗中心母乳库已累计帮助了1772名受捐者，其中，3911231毫升的捐献母乳帮助了1140名NICU患儿。在母乳爱携手社会各界的倡导和推动下，如今已有南京、武汉、南宁、西安等城市建立了共30家母乳库，为因病早产儿及特殊病患儿提供母乳营养治疗。

3. 第三阶段：推动母乳喂养的制度建设

制度是要求人们共同遵守的办事规程或行动准则，是保障组织和社会

---

① 《广州已建成逾1300间母婴室 实现重点公共场所全覆盖》，http://www.chinanews.com.cn/sh/2021/12-04/9622456.shtml，最后访问日期：2023年5月18日。
② 《520，你知道是什么日子吗？》，https://mp.weixin.qq.com/s/3F2_YkcY_jgJJx9je9H0Hg，最后访问日期：2023年5月18日。
③ 《这群志愿者，居然成为立法的推动者！赞！》，https://mp.weixin.qq.com/s/werC8mag4d9VFuTKOTRhCQ，最后访问日期：2023年5月18日。

正常运行的基础。母乳喂养的普及，也必须要有制度的保障。

公众认知倡导和硬件设施建设所带来的成效并没有让母乳爱停下脚步，在一次与有法律背景的志愿者妈妈交流时，徐靓获得了通过立法的方式给母乳喂养提供保障的启发。这颗种子最终在雷建威律师的主导下开花结果。

雷建威认为，"公益的最高层次是政策倡导，促进立法就是最有效最有影响力的政策倡导"，作为广州市人大代表的他希望通过立法调研和代表议案的形式推动母乳喂养立法，为母乳喂养提供制度保障。他们带着这一想法与广州市妇联进行了沟通。2018 年，广州市妇联拨出了一笔专项经费，邀请雷建威的律所团队对促进广州的母乳喂养进行立法调研。

经近三个月调研，立法调研课题小组走访了多地的专家学者，召开了五场不同界别人士的座谈会，通过发放问卷收集了 1500 多人的回馈意见，由此整理了 786 页的调研成果汇编，这当中，还包含了最后随议案提交的《广州市母乳喂养促进条例（草案）》，在提交前，该草案前后修改了十几稿。[①]

2019 年，《关于立法促进母乳喂养的议案》获得通过，母乳爱公益也参与了具体条例内容的多次调研、修改、讨论、意见征集工作，[②] 5 月条例一审通过，9 月二审通过，10 月 29 日三审正式通过《广州市母乳喂养促进条例》。这是中国首部促进母乳喂养的地方性法规，也是一部真正根据民众呼声需求应运而生的有温度的条例。

（三）案例成效

耕耘至今，母乳爱的公益实践对社会问题进行了高度回应，在公众倡导和政策倡导方面也获得了显著的成效。

在认知倡导方面，母乳爱举办公众喜爱、便于参与的公益活动，母乳喂养和母乳捐赠的理念得到广泛宣传，越来越多的家庭开始重视母乳喂养并积极参与母乳捐赠，成功动员了全国万名妈妈，捐赠了超过 8 吨爱心母

[①]《广州为促进母乳喂养立法背后凝聚几多合力推动：中国首部促进母乳喂养的地方性法规有望在明年初实施》，《羊城晚报》2019 年 11 月 4 日，第 A04 版。

[②]《520，你知道是什么日子吗？》，https://mp.weixin.qq.com/s/3F2_YkcY_jgJJx9je9H0Hg，最后访问日期：2023 年 5 月 18 日。

乳，救治了 4000 多个"重症宝宝"①，回应了母乳喂养认识不足和母乳捐赠意识薄弱的问题。

在推动母婴室建设方面，母乳爱通过媒体造势将公共母婴室的社会议题推及政府视野，《广州市推进公共场所母婴室建设三年行动计划（2017—2019 年）》的出台，标志着母乳库建设进入政府工作内容。在政府行政力量的推动下，到 2021 年，广州已建成 1300 多间公共场所母婴室，成为第一个实现重点公共场所母婴室全覆盖的城市，妈妈们的"哺乳尊严"得以实现，回应了母乳喂养的环境建设不足的问题。

在支持母乳库建设方面，母乳爱一方面携手各界积极倡导母乳库建设，到 2022 年为止，全国母乳库的数量已达 30 家；另一方面，通过各种形式为自身的运营筹措资金，包括从一开始就不间断支持的广州市妇女儿童医疗中心母乳库，母乳爱共资助了 8 家母乳库，②为重症患儿提供母乳治疗，回应了母乳库建设不到位的问题。

在制度建设方面，在母乳爱和社会各界的共同推动下，2019 年《广州市母乳喂养促进条例》出台，公益倡导上升至地方性法规，从地方法律的层面为母乳喂养提供保障，回应了母乳喂养制度建设不足的问题。

同时，母乳爱也得到了社会的认可，被称为最有温度的公益行动，母乳爱"小脚丫"家庭志愿服务队承接的"广州市儿童友好城市测评宣传及公共场所母婴室监管项目"荣获 2022 年第六届中国青年志愿服务项目大赛银奖，及广东省"益苗计划"省级示范项目。③母乳爱还曾获得第二届广州市青少年服务项目创意大赛银奖、温暖广东 2014 时尚公益盛典"2014 年度公益团队"、第五届广东志愿服务评选表彰活动集体金奖、第四届中国青年志愿服务公益创业大赛银奖。

---

① 《万名妈妈捐赠超 8 吨爱心母乳》，https：//new.qq.com/rain/a/20220731A02DKN00，最后访问日期：2023 年 5 月 18 日。
② 《万名妈妈捐赠超 8 吨爱心母乳》，https：//new.qq.com/rain/a/20220731A02DKN00，最后访问日期：2023 年 5 月 18 日。
③ 《"小脚丫"获国家级、省级两项公益大奖》，https：//mp.weixin.qq.com/s/bxzh05-PIcauG_231yl1Uw，最后访问日期：2023 年 5 月 18 日。

三 "大爱有声·母乳爱"项目社会价值基本体现

接下来,我们结合友成基金会研发的"三 A 三力"评价原则分析母乳爱的社会价值。

(一)"大爱有声·母乳爱"项目的社会目标驱动力体现

1. 社会使命

据广州市妇女儿童医疗中心母乳库负责人刘喜红博士介绍,母乳对正常婴儿来说是食品,对疾病儿童来说是药品,是没有任何副作用的治疗和抢救措施。[①] 但是我国面临的社会现实是母乳喂养率低和母乳捐赠量少。母乳喂养率低意味着大部分的新生儿都错失了最佳的营养,对于新生儿的成长和妈妈们的产后恢复都极为不利。母乳捐赠意识薄弱、母乳库建设不到位意味着有许多重症患儿可能会因为得不到及时且充足的母乳救治而错失生机。这样的现实问题和我国大力倡导的"优生优育""科学育儿"等观念相违背,与我国生育政策的总体发展趋势不相适应。

究其原因在于,社会上对于母乳喂养和母乳捐赠的认知还相当不足,"很多人被奶粉广告洗脑,认为母乳没有配方奶营养丰富""许多人误认为早产儿、营养不良的患儿应该喝特殊配方奶粉";[②] 母乳喂养的环境建设不到位,母婴室的数量和母乳库的建设都与发达国家和地区相差甚远;母乳喂养的制度建设也是一大空白,缺乏相应的制度保障。因此,母乳喂养的优势需要被了解,母乳捐赠的意义需要被看见,母乳喂养和母乳捐赠的行为也需要得到社会的保障。但在 2013 年以前,全国还没有任何一家机构进行母乳喂养和母乳捐赠的倡导。

2013 年末,"单独二孩"政策正式实施,生育问题再度引发社会的重点关注。与此同时,全球多个国家和地区对奶粉限购,洋奶粉接连出现质

[①] 《母乳爱,给宝宝最高远的爱》,https://ishare.ifeng.com/c/s/v002MXX4BTVzZqME0Ry VgWvCqL-_xAHcOG6jy5CfhH9TM59M__,最后访问日期:2023 年 5 月 18 日。

[②] 《母乳爱,给宝宝最高远的爱》,https://ishare.ifeng.com/c/s/v002MXX4BTVzZqME0Ry VgWvCqL-_xAHcOG6jy5CfhH9TM59M__,最后访问日期:2023 年 5 月 18 日。

量问题。社会大众对于喂养方式的选择变得迷茫，而这正是一个推广母乳喂养的好时机，让老百姓知晓母乳喂养的好处，即其是无法被任何奶粉所替代的。

2. 组织愿景

母乳爱的创立与其创始人徐靓的经历紧密相连。徐靓孕期读到过一本书——玛莎·西尔斯的《母乳哺养完全指南》，书中讲述了母乳喂养的好处，并明确指出"哺乳是最佳选择"，同时全方位介绍了哺乳方法。读完这本书，徐靓把奶粉果断送人，认为自己一定能够实现母乳喂养。但徐靓发现周围的很多妈妈都没有选择母乳喂养，担心喂奶让身材走样，宁愿选择用奶粉喂养，这让徐靓内心萌生了宣传母乳喂养的念头。①

随后，她在医院亲眼见证了一名重症患儿因为及时进行了母乳救治而重获新生，她被母乳的魔力深深吸引，原来母乳不仅是初生儿最好的营养，还能让生命垂危的重症患儿有机会转危为安。但与母乳的功效完全不成正比的是母乳的喂养率和母乳捐赠量，妈妈们对于母乳喂养和母乳捐赠都有太多顾虑。另外，她认为是否重视母乳喂养背后的逻辑是一个城市是否"生育友好"，生育友好"体现的是一个城市的温度，重视妈妈、宝宝的亲子出行问题，让母乳妈妈有幸福感的城市，才会让妈妈'敢'生孩子、成为一个快乐的妈妈"。②

作为一名母亲，徐靓无比关心孩子的健康与成长，她也希望自己的母亲身份可以得到社会的尊重。徐靓由此推己及人，她不愿看到新生儿错失最好的营养，更不愿看到临危的小婴儿因缺少母乳救治而失去生命；同时，她也希望能有一个"生育友好"的社会环境，让妈妈们为自己的母亲身份感到幸福。另外，作为一名新闻人，徐靓也敏感地意识到了推广母乳喂养和母乳捐赠背后的社会意义和传播的欠缺。

由此，徐靓发起了母乳爱志愿服务队。随后，广州妇女儿童医疗中心的刘喜红博士、徐靓在汶川做志愿者时的战友郑子殷先生和雷建威先生、

---

① 《中国捐母乳第一人，8年号召妈妈们捐了3吨母乳》，https：//mp.weixin.qq.com/s/VX--Vtr5gjRNEjHxj94wkg，最后访问日期：2023年5月18日。

② 《"母乳爱"十年：动员万名妈妈捐母乳 见证广州建上千母婴室》，http：//news.sohu.com/a/573350087_161795，最后访问日期：2023年5月18日。

徐靓广播节目的两位忠实听众以及最先报道母乳爱项目的几位媒体朋友都不约而同加入了母乳爱的理事会。经过讨论，理事会成员一致同意以"给宝宝最好的爱"为母乳爱的愿景，以推广母乳喂养和捐赠母乳救治重症患儿为使命。自此，母乳爱开启了这条与爱有关的母乳倡导之路。

3. 资源禀赋

资源是达成使命、实现愿景所必须的条件，而创始人的禀赋则决定了组织达成使命、实现愿景的方式。

母乳爱的创始人徐靓是广东最有影响力的节目主持人之一，曾经获得金话筒奖、中国新闻奖、广东新闻奖等50多个国家和省级大奖。"倡导"是她的长项，这在某种程度上决定了母乳爱倡导型项目的性质，也确保了倡导的成效。

此外，媒体人的身份也让徐靓更容易"破圈"，有机会接触各界资源，并能将这些资源整合运用到母乳爱的公益实践中。无论是母婴室建设还是母乳喂养立法，其中关键的一方就是广州市妇联。徐靓在受邀参与了一次广州市妇联的活动后便主动与妇联建立了联系，并在之后的评选"羊城最美母婴室"活动中主动邀请妇联主席刘梅参与指导，随后更是共同参与了母婴室建设的推广。

徐靓曾用"串珠"来比喻"母乳爱"和各界资源之间的关系[①]："公益机构通上达下，代表了一个群体的呼声……母乳爱就像一根'绳子'，把社会各界的力量串在一起"，而这些力量也成为母乳爱发展的加速器。

除此之外，母乳爱的其他理事也都是各自行业的佼佼者，比如广州市人大代表雷建威先生、广东狮子会的郑子殷会长等，他们都为母乳爱的发展提供了方向指引、资金支持和专业指导。

（二）"大爱有声·母乳爱"项目的解决方案创新力体现

1. 路径创新：整合多元力量，从公众倡导走向政策倡导

为了推广母乳喂养和捐赠，母乳爱将（准）哺乳期的妈妈作为主要目

---

① 《这群志愿者，居然成为立法的推动者！赞！》，https://mp.weixin.qq.com/s/werC8mag4d9VFuTKOTRhCQ，最后访问日期：2023年5月18日。

标人群，通过直接的倡导活动提升她们对母乳喂养和母乳捐赠的认知水平，通过推动公共母婴室建设写入广州市三年行动计划以改善喂养环境，让妈妈们"有尊严的哺乳"，通过支持和倡导母乳库建设让妈妈们的母乳捐赠成为可能，通过政策倡导推动《广州市母乳喂养促进条例》的出台，让母乳喂养有了法律制度的保障。

有希望通过立法来支持母乳喂养的法律人士，有为维护妇女儿童权益发挥桥梁纽带作用的群团组织，有主动介入关注社情民意的媒体，有审时度势依法治理、鼎力支持的立法机关，更有以人民为中心、回应社会诉求的党委和政府，可以说，这项立法行动是社会各方力量共建共治共享的一个鲜活的典型案例。推动母乳喂养的志愿者们拧成一股"绳子"，把社会各界的力量串在一起。

（1）面向公众的活动倡导：改变认知

母乳爱的核心团队不过数十人，如何通过人力资源实现广泛的公众倡导？

一方面，母乳爱充分发挥了创始人徐靓的个人影响力，通过微博、电台等媒体资源积极宣传，吸引了众多哺乳妈妈参与母乳爱的公益活动。线上动员和线下推广相结合的方式，提高了妈妈们对母乳喂养的认知，并愿意开始尝试母乳喂养和母乳捐赠。

另一方面，慷慨捐赠母乳的志愿妈妈们同时也就成了母乳爱的志愿者，并有机会深入参与母乳爱各项活动的组织和执行。母乳妈妈们摇身一变，从活动受众成了活动志愿者，母乳爱的志愿队伍和宣传力量也因此壮大和变强，公众倡导的影响力也如"滚雪球"般日益强大，改变喂养认知的目标也逐渐得以实现。

（2）撬动体制内机构：推动母乳喂养和捐赠环境改善

①母婴室建设

在地铁站、商场、公园、办公场所等，如果孩子需要喝奶，只能躲在角落或者用大衣进行遮挡，尴尬至极又无可奈何。于是，母乳爱很快意识到公共母婴室的建设对于推广母乳喂养的重要性。

一个民间组织如何推动全市公共场所母婴室的建设？显然，光靠母乳爱的力量远远不够。

2016年3月，徐靓以媒体人独特的新闻敏锐度和专业传播手段，策划了一系列"寻找羊城十大最美母婴室"活动，并主动邀请广州市妇联主席刘梅参与指导。正是这次契机，让广州市妇联深刻了解到广州妈妈们的诉求。刘梅和徐靓达成共识，决心带领市妇联团队一同极力推动广州市母婴室的建设。

有了广州市妇联的加入，广州市母婴室的建设进展迅速。广州市妇联在对全市重点公共场所深入调研后，正式召开广州市"推进公共场所母婴室建设专项工作会议"。这次会议之后，广州市人民政府办公厅正式印发《广州市推进公共场所母婴室建设三年行动计划（2017—2019年）》。①

广州市妇联为母乳爱连通了与政府沟通的渠道，带来了项目资金和其他资源，扩大了项目的影响力。同时，广州市妇联借助母婴室建设项目，荣获了媒体颁发的"广州城市治理榜"之"改革创新奖"。通过联合群团组织并利用群团组织的资源和影响力来实现组织力不能及的工作目标，是母乳爱在工作模式上的重大创新。

②母乳库建设

刘喜红是广州市妇女儿童医疗中心（简称"广州妇儿"）临床营养科主任。2013年，她创办了中国第一家母乳库——广州妇儿母乳库，但却面临着无人捐奶的尴尬局面。徐靓的出现打破了这一僵局，正处于哺乳期的徐靓为冷冷清清的母乳库捐献了第一瓶奶。得知母乳库的困境后，徐靓在电台和微博上大力宣传，妈妈们反响热烈。许多妈妈纷纷从外地赶来，捐赠母乳。

但好景不长，母乳库很快又恢复了往日的冷清。同时，母乳库在日常运行中对一次性吸奶器、奶瓶、奶袋等耗材的花费也较大，母乳库面临着缺少经费的困境。②

这一现象让母乳爱深受触动。在2014年的广州市"两会"上，母乳

---

① 《广州为促进母乳喂养立法背后凝聚几多合力推动：中国首部促进母乳喂养的地方性法规有望在明年初实施》，《羊城晚报》2019年11月4日，第A04版。

② 《尴尬的母乳库：用的比捐的还少，别人的奶不能给自己孩子吃？》，https://baijiahao.baidu.com/s?id=1648869906409048261&wfr=spider&for=pc，最后访问日期：2023年5月18日。

爱理事长雷建威就提过"关于由政府财政支持母乳库运行的建议"。同时，母乳爱更是倾其所能帮助母乳库维持正常运转。母乳爱除了对母乳捐赠进行推广和倡导，还积极参与母乳库耗材的捐赠工作。

医院提供场地、技术和人员，母乳爱提供资金并负责宣传和招募"捐奶"的志愿者，母乳库在专业、安全的环境下实现了可持续的发展。

（3）推动政策立法

经过几年的母乳喂养推广，公众对母乳喂养的认知有所改善，但母乳喂养率并没有得到有效提升。母乳爱第一任理事长雷建威先生作为一名资深律师提出用立法促进倡导的建议。

随后，雷建威的律师团队便展开了为期三个月的调研，听取专家学者和各界人士的建议。在众多社会精英人士的共同努力下，雷建威律师最终带领70多名人大代表推动了《广州市母乳喂养促进条例》的颁布。

促进母乳喂养立法比母乳爱以往任何一次宣传活动都具有更广泛的宣传效果、更重大的社会意义和更持续的社会影响，公众对母乳喂养的认同感将会因母乳喂养立法而有极大的提升。

通过社会精英的力量，母乳爱从公众倡导走向政策倡导，用立法的方式实现了母乳喂养的推广。

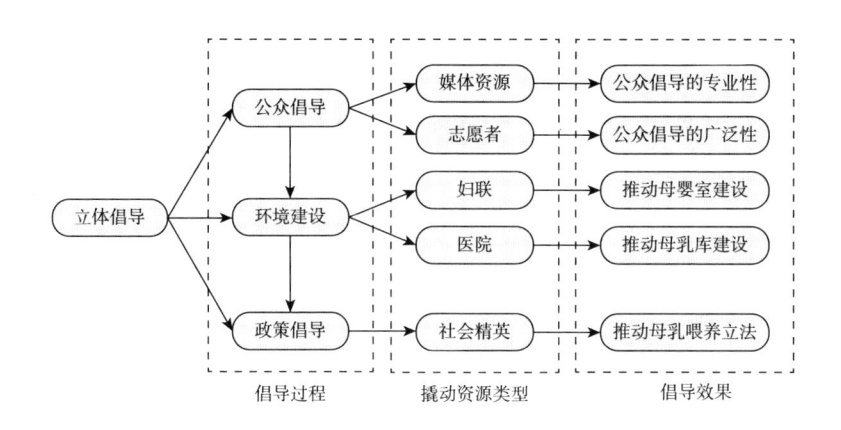

图 1　立体倡导

2. 制度创新：推动广州市母婴室建设标准化

从"既然当时国家层面还没有关于母婴室建设及配置的统一标准，我们就先提出我们的需求"的想法出发，母乳爱在 2016 年 3 月，联合广东广播电视台新闻广播、今日最新闻等多家广东地区的主流媒体，共同发起"寻找羊城最美母婴室"的票选活动，把妈妈们对母婴室需求的呼声，通过媒体传播给大众，同时通过票选整理出母婴室的基本配置需求。[①]

一石激起千层浪，母乳爱关于统一母婴室建设标准的想法受到了广州市政府和市妇联的密切关注，推动了《广州市公共场所母婴室建设指导手册》的发布，同时母乳爱作为第三方监管评估机构，参照统一评估标准及规范化工作流程，为母婴室的安全及优化服务进行监管及评估工作，[②] 加速了母婴室建设标准化的进程。

另外，在母乳爱参与推动的《广州市母乳喂养促进条例》也明确规定：六大类公共场所应当建设母婴室，同时鼓励更多的公共场所及写字楼、工业园区等职场用人单位建设哺乳室，并且对母婴室的基本配置进行了规范要求。同时规定，应建未建母婴室的，将予以警告甚至处罚。[③]

母乳爱吹响了母婴室建设和配置标准化的第一声号角，其根据民意整理出的母婴室基本配置需求是全国首创。母乳爱也是广州市母婴室建设标准制定的重要参与方，与多部门共同研发出了中国首套母婴室评估标准，推动广州将母婴室作为公共场所的标配。

（三）"大爱有声·母乳爱"项目的行动效果转化力体现

1. 项目团队的行动力

如我国绝大多数公益组织一样，"母乳爱"的核心人员结构秉持着"精简"的原则，由理事长、秘书长、财务官、项目督导及项目官约 10 人组成的核心团队，负责着整个机构的运转和多个项目的执行。如此精简的组织，是如何产生如此之大的影响力的呢？

[①] 《寻找支持"母婴室建设安全标准化"的你！》，https://mp.weixin.qq.com/s/6OvxRoTqsSz24JHoxHAWMQ，最后访问日期：2023 年 5 月 18 日。

[②] 《用母爱守护的 1000 天，我们从 2017 年初走到 2019 年末》，https://mp.weixin.qq.com/s/Vvl5ghCjfE7JwG_QRBWp4w，最后访问日期：2023 年 5 月 18 日。

[③] 《用母爱守护的 1000 天，我们从 2017 年初走到 2019 年末》，https://mp.weixin.qq.com/s/Vvl5ghCjfE7JwG_QRBWp4w，最后访问日期：2023 年 5 月 18 日。

（1）项目官：中流砥柱

项目官是每个项目的具体负责人，负责整个项目的策划、执行、宣传等工作。在明确的项目管理流程下，"放权"给项目官，使其在项目中发挥更大的能动性。必要时，项目官可以邀请包括理事在内的项目外成员成为项目顾问，为项目提供灵感和建议；同时，项目官可以招募志愿者成为工作人员，让更多热心公益的妈妈参与项目的执行。项目官的设置，充分调动了机构的人力资源，促进了机构的灵活、高效运转。

（2）理事会：领航者与坚实后盾

理事会是公益组织的最高决策机构，是决定组织发展方向的领航者，也是为组织发展贡献资源和智慧的坚实后盾。母乳爱的发展与理事的深度参与是分不开的。荣誉理事长雷建威先生是母乳爱推动母乳喂养立法的牵头人。律师出身的他一直秉持着"公益的最高境界是立法"的理念，这一重要思想也深深影响了母乳爱的工作方向，推动了母乳爱参与"促进母乳喂养立法"工作。在推动立法过程中，雷建威先生不仅牵头组建团队进行议案调研、法案起草、征求意见，还通过个人的影响力为法案争取支持，最终推动了法案的施行。

广东狮子会的郑子殷会长也是母乳爱的理事之一，他非常关心孩子成长的相关问题，给予了母乳爱许多筹款上的支持。

理事们各自的专业优势也在母乳爱的各项日常工作中得到了发挥。比如，李湛女士曾长期在企业从事人力资源工作，她也投入了较多时间在母乳爱的内部管理工作上，尤其是帮助打造项目官的运营团队。

（3）志愿者：重要依靠

在母乳爱的所有活动中，都可以看到志愿者的身影，志愿者的广泛参与是母乳爱团队的重要特色。成立至今，母乳爱的志愿者队伍也日益发展壮大，目前已拥有志愿者约 2000 名。

母乳爱的志愿者大多数是捐赠母乳的妈妈，也包括受到母乳爱理念感染的爱心人士。哺乳行为的暂时性也导致妈妈们的母乳捐赠不可能成为永久行为。为了让捐赠母乳的志愿者们不会随着宝宝的离乳而逐渐脱离志愿队伍，每当有活动，母乳爱都会在微信公众号和志愿者微信群发布志愿者招募信息，让志愿者们可以在母乳爱的活动中贡献自己的专业能力，或作为参与者体验项目。例如，在母婴室评估项目中，就有志愿者自发当体验官，体验评估附近母婴室的建设情况。

志愿者的加入不仅为项目提供了重要的人力补充，也为扩大母乳爱的影响力发挥了很大的作用。

如此稳定的志愿者队伍却并非源于物质激励，精神上的满足、在团队合作中的自我成长才是志愿者投身于母乳爱的主要原因。

在志愿妈妈的基础上，母乳爱还组建了"小脚丫"家庭志愿服务队，意在用孩子们的"小脚丫"脚步丈量、打卡及亲身体验评测，以孩子们的视角观察并提出自己的想法，为建设更美好的广州建言献策，[1] 以打造一个"儿童友好"的城市。

2. 资金和资源的可持续性

母乳爱主要通过政府采购服务、基金会捐赠项目、企业捐赠和每年的99公益日的社会筹款来筹集资金。

尤其是"99公益日"，它是腾讯公益联合超万家公益慈善组织、知名企业、明星名人、爱心媒体，得到中央网信办、民政部的指导，响应国家9月5日中华慈善日的号召，共同发起的一年一度的全民公益活动。[2] 通过99公益日，可以号召社会全体公民参与公益事业、壮大公益队伍。

除了号召捐款，母乳爱每年也会采取多样的爱心捐赠形式参与99公益日，比如邀请爱心企业共同为母乳爱助力，[3] 捐出物品进行公益认购；通过线上社群义卖和线下市集义卖相结合的形式募集资金等。[4] 目前，母乳爱也在积极尝试网络直播，尽可能拓宽筹集资金的渠道。

而如何实现资金的可持续性也是母乳爱目前正在着重探索的问题。

3. 项目传播影响力

母乳爱发起人徐靓是资深媒体人，因此母乳爱在项目的宣传方面也有

---

[1] 林洁：《"小脚丫"打卡广州图书馆 评测是否对儿童友好》，https://s.cyol.com/articles/2022-08/21/content_k6EPVntG.html?gid=Q3Dl7Br2，最后访问日期：2023年5月18日。

[2] 《2021爱不后退，母乳爱力撑99公益母乳捐赠！》，https://mp.weixin.qq.com/s/WKAbkISDCf0dKzcVTlZ0Jg，最后访问日期：2023年5月18日。

[3] 《满满的感谢送给参与助力99公益的您》，https://mp.weixin.qq.com/s/15Ha5V47pj6tjARvp2vj0g，最后访问日期：2023年5月18日。

[4] 《【公益邀请】送你一朵小红花，99公益日一起"喂爱守护掌心宝宝"》，https://mp.weixin.qq.com/s/4YF6RRUcF0KKGU9DTNAINw，最后访问日期：2023年5月18日。

着出色的表现。

"做公益一定要'出圈'。"① 尤其是对于一直深耕促进母乳喂养领域的母乳爱而言，如果不能"出圈"，不能被公众看到，那将很难实现认知倡导。徐靓作为资深媒体人，具有极高的新闻敏感度。她用新闻媒体专业视角深入挖掘母乳爱的传播价值，广泛运用电台、电视、网络等多种媒体平台，通过线上与线下相结合的方式，多次成功策划颇具影响力和感染力的公益活动，成功带领母乳爱"出圈"。徐靓还曾以母乳爱为例撰写论文《公益行动中的媒体作为——以公益项目"母乳爱"为例》② 以分析媒体人如何在公益项目中有所作为，总结公益"出圈"的成功经验。正如徐靓所言："做媒体这些年的积累和沉淀，全在母乳爱的创立和发展的过程中发挥出了作用。"

通过主动联合媒体资源、借助媒体平台举办公益活动，母乳爱在短期内就迅速获得了较大的热度。尤其是母乳爱联合多家主流媒体共同发起的"寻找羊城最美母婴室"的票选活动，受到了广州市政府和市妇联的重点关注，从而有力助推了广州市母婴室的建设。

另外，"母乳爱"的出现为媒体提供了新鲜的新闻素材，因为在此之前很多人并不知晓母乳对于早产儿、败血症、肠闭锁、低体重儿等急重病童的特殊意义。这个新闻点引起了越来越多媒体的关注，中央电视台、新华社、中新社、南方电视台、广东电视台、广州电视台、香港无线电视台、凤凰卫视、《人民日报》、《广州日报》、《羊城晚报》、《扬子晚报》、《深圳特区报》、《香港南华早报》、《华西都市报》、《南方都市报》等媒体都报道了"母乳爱"行动。③

尤其是在 2018 年，徐靓携母乳爱登上央视《社区英雄》节目的舞台，向全国观众全方位地展示了母乳爱。徐靓在节目中邀请 1000 名女生共舞，希望现在的妈妈和未来的妈妈可以用行为艺术的方式一起为母乳喂

---

① 《广州的她，是母乳爱发起人，也是 2021 年广东"最美妇联执委"!》，https://www.thepaper.cn/newsDetail_forward_16482531，最后访问日期: 2023 年 5 月 18 日。
② 徐靓：《公益行动中的媒体作为——以公益项目"母乳爱"为例》，《南方电视学刊》2014 年第 1 期，第 109~110 页。
③ 徐靓：《公益行动中的媒体作为——以公益项目"母乳爱"为例》，《南方电视学刊》2014 年第 1 期，第 109~110 页。

养发声，希望通过母乳爱千人舞的温情呈现，号召更多人关注母乳喂养、让更多妈妈坚持母乳喂养、让更多的患儿受益于母乳捐赠。《社区英雄》由中央电视台承制，是国内第一档以志愿互助为主题的大型公益节目，具有良好的收视效果和较高的社会关注度。① 母乳爱项目在《社区英雄》节目上的呈现，让母乳爱有机会得到更多人的关注。

在短视频风靡的时代，徐靓也顺应潮流开通了自己的短视频账号，开始尝试新的传播思路。2020年，在刚开通没多久的"牛司令和靓主播"快手、抖音和微信视频号上，徐靓已经获得了全网近700万的播放量。② 在短视频平台，徐靓会分享一些旅游度假景点的咨讯以帮助提振旅游业，也会分享母乳爱的动态，这进一步促进了母乳喂养和捐赠知识的传播。

四　"大爱有声·母乳爱"项目案例总结

（一）案例社会创新因素总结

围绕"母乳喂养率低、母乳捐赠意识缺乏"这一社会问题，母乳爱通过改善公众认知、加强环境建设、推动制度建设，使得母乳喂养率和母乳捐赠量得到了切实提升，母乳爱也实现了由公众倡导走向政策倡导的社会价值。

其中，"三 A 三力"对于该项目社会价值的实现具有重要贡献。一是从社会目标驱动力来看，母乳爱的"社会使命"和"组织愿景"为自身确立了总的目标和方向，是母乳爱的初心所在。而创始人和理事会成员的"资源禀赋"是让母乳爱有能力和资源开展一系列公益实践的重要基础。二是从解决方案创新力来看，母乳爱的"路径创新"和"制度创新"发挥了重要作用。"整合多元力量、撬动多方资源"的路径创新让母乳爱有可能完成单个社会组织原本不可能实现的目标，从而将"立法促进母乳喂养"变为现实。"推动广州市母婴室建设标准化"的制度创新让母乳爱的成功经验可复制、可推广，能在更多的城市和地区发挥作用、产生更广

---

① 皮磊：《母乳爱公益邀千名女生为母乳喂养发声》，http://www.gongyishibao.com/html/gongyizixun/13761.html，最后访问日期：2023年5月18日。
② 《广东新闻广播主持人徐靓：七年公益路的背后是……》，https://new.qq.com/rain/a/20200622A00Z9Q00，最后访问日期：2023年5月18日。

泛的影响。三是从行动效果转化力来看，"发起人的领导力"引领着母乳爱，资深媒体出身的发起人徐靓对公益有独特的理解，也赋予了母乳爱更高的站位。"项目团队的行动力"体现为母乳爱在精简机构的基础上，能够充分发挥项目官的专业能力、充分利用理事会的智慧和资源、充分发挥志愿者"一呼百应"的优势，让母乳爱的公益实践兼具专业视角和战略眼光，同时具有稳定的群众基础。另外，"资金和资源的可持续性"为组织的正常运转提供了保障。而母乳爱的"项目传播影响力"让母乳爱得到政府部门、群团组织和社会大众的关注，为母乳爱引领公众意识、联合政府部门和群团组织共同推动母乳喂养的环境建设和制度建设奠定了基础。

哺乳是生育过程的重要环节，母乳爱的公益实践与营造生育友好的社会环境息息相关。通过广泛的公众倡导，提高全社会而不仅仅是母亲群体对母乳喂养和母乳捐赠的认知，有利于营造生育友好的舆论环境；通过有力的政策倡导，妈妈们的母乳喂养权利，尤其是在公共场所母婴室进行哺乳的权利，得到了法律保障，有利于营造一个生育友好的制度环境。当妈妈们的需求被看到、被回应，妈妈们的幸福感才会提高，生育意愿也才会加强，这也与国家的人口政策发展趋势相契合。

表1 "大爱有声·母乳爱"项目三A三力分析

三A三力		"大爱有声·母乳爱"项目的体现
Aim： 社会目标驱动力	社会使命	承担"推广母乳喂养和捐赠，母乳救治重症患儿"的社会使命
	组织愿景	给宝宝最好的爱；生育友好的社会环境
	资源禀赋	创始人徐靓：丰富的媒体资源和志愿者工作经验，具备共情能力、沟通能力、宣传号召力和倡导工作的专业能力；其他理事：为母乳爱的发展提供方向指引、资金支持和专业指导
Approach： 解决方案创新力	路径创新	通过整合多元力量，实现从公众倡导走向政策倡导
	制度创新	推动广州市母婴室建设标准化
Action： 行动效果转化力	项目团队的行动力	管理运营的高效与灵活，小机构发挥大能量
	资金和资源的可持续性	多渠道筹集资金
	项目传播影响力	被多家主流媒体争相报道；项目传播受到政府关注

（二）案例模式分析与提炼

专业性和系统性是母乳爱最重要的两个特征。专业性贯穿其倡导的全过程，系统性主要体现在其"认知-设施-制度"的系统解决方案。

三 A 三力推动了项目的专业性和系统性。从社会目标驱动力来看，母乳爱的"社会使命"和"组织愿景"使其在整体规划上就体现了系统性思维；"资源禀赋"更是让母乳爱在倡导和立法两方面都加持了专业性。从解决方案创新力来看，"路径创新"让母乳爱的"认知-设施-制度"的系统性方案得以实现；"制度创新"也展现了母乳爱在母婴室建设方面的专业性。从行动效果转化力来看，发起人徐靓的媒体人身份，让母乳爱的公益倡导极具专业性，从而扩大了项目传播的影响力；项目团队覆盖群体广，为母乳爱调动多方力量实现系统方案提供了条件。

正是由于母乳爱的系统性和专业性，项目才能实现由公众倡导走向政策倡导。

母乳爱的系统性是其会选择从公众倡导走向政策倡导的重要动力。母乳爱在面对社会问题时的系统性思维，决定其在"公众认知倡导"方面取得较大成效后不会停下脚步，而是继续"推动硬件设施建设"和"推动制度建设"，从而从三个层面对母乳喂养和母乳捐赠问题做出系统性的回应。

而母乳爱的专业性是其有能力从公众倡导走向政策倡导的重要原因。资深媒体人徐靓带来了公众倡导层面的专业性，用专业手段和思维策划多起关注度较高的公益活动，并利用各种媒体资源和方式对项目进行广泛宣传，让项目真正"出圈"。专业的公众倡导不仅影响到了普通群众，而且得到了广州市妇联的重点关注，为二者随后共同推动广州市母婴室建设奠定了基础。雷建威带来了政策倡导层面的专业性。他作为广州市人大代表，熟悉向市人大提出议案的方式和流程；同时，他带领专业的律师团队运用专业法律知识提出具有专业性的议案，在立法调研的过程中召开了多次座谈会，听取了众多专家和不同行业人士的建议，得到了人民群众的广泛参与。也正因为政策倡导的专业性，促进母乳喂养立法才成功引起了市人大的重视。

系统性让母乳爱"敢想""能想",专业性让母乳爱"敢做""能做",在"敢想敢做""能想能做"的基础上,母乳爱实现了其社会价值。

总之,母乳爱为社会组织和其他社会创新项目实现政策倡导提供了一条值得借鉴的路径。

(三)案例可持续性的展望

新冠疫情发生以来,"防疫"成为政府部门工作的重中之重,其他社会建设的计划、社会服务的提供都受到不同程度的影响。在此背景之下,政府是否进行项目采购充满了不确定性,这也导致母乳爱资金来源变得不稳定,机构运转的可持续性受到冲击。如何"活下去",是母乳爱在此阶段面临的最大挑战。

但是,疫情防控并不意味着母乳爱的工作可以停摆。在缺乏资金和资源的情况下,母乳爱还需维持较高的项目执行能力,从而能在随机性很强的疫情中,随时有能力承接项目并完成交付。如何在逆境中依然保持组织的高效运转是母乳爱面临的另一难题。

为了组织的可持续发展,母乳爱做出了许多改革和突破。在组织架构方面,母乳爱精简机构,并潜心打造以项目官为核心的项目运营团队,从而有效衔接理事会和志愿者等组织资源,在节流的基础上,更高效地发挥团队的执行力和创新性。在公益实践方面,母乳爱认识到仅仅将受众局限在哺乳妈妈很难让志愿妈妈们得到更深刻的成长,极易造成志愿者的流失。从更长远的目标出发,新阶段的母乳爱开始注重妈妈们的个人发展,通过"天才妈妈""唯爱妈妈"等项目为女性赋能,在拓宽受众的同时也让母乳爱找到了实现长远发展的新思路。

面对重重困难,母乳爱并未故步自封,而是将疫情带来的空窗期转化为"修炼内功"的冷静期。通过自我沉淀和反思,积极对机构进行改革,使得母乳爱仍然具备持续发展的可能性。

"源众"："援众"女性保护之路

何白羽[*]

一 引言：社会背景分析

（一）家暴危害大

《中华人民共和国反家庭暴力法》规定："本法所称家庭暴力，是指家庭成员之间以殴打、捆绑、残害、限制人身自由以及经常性谩骂、恐吓等方式实施的身体、精神等侵害行为。"司法解释对家庭暴力行为种类作了列举式扩充，明确冻饿以及经常性侮辱、诽谤、威胁、跟踪、骚扰等均属于家庭暴力。[①]

在家庭中，女性更有可能成为被施暴者。由联合国开发计划署、联合国人口基金、世界卫生组织、世界银行等联合发起的关于全球女性遭受家暴的研究针对全球164个国家和地区的200万名女性展开调查，根据从2000年到2018年开展的366项统计数据，在15岁至49岁的人群中，有27%的人曾遭受过亲密长期伴侣的身体或性暴力；青少年女性和年轻女性更是经常遭受"频繁"家暴，在15~19岁的人群中，约有24%的人至少经历过一次家暴。[②] 根据联合国2017年11月发布的数据，2017年全球至

---

[*] 何白羽，中国人民大学社会与人口学院2021级社会政策专业硕士（MSP）研究生。
[①]《最高法明确：这些行为均属家暴！》，https://mp.weixin.qq.com/s/VMgkPxOYvA4IoJlJfnD--g，最后访问日期：2023年5月18日。
[②]《多个国际组织联合报告：全球超1/4女性遭受过家庭暴力》，https://baijiahao.baidu.com/s?id=1725449672772235026&wfr=spider&for=pc，最后访问日期：2023年5月18日。

少有 8.7 万女性因家庭暴力事件而死亡。① 在中国，全国妇联发布的数据显示，平均每 7.4 秒就有一位女性遭受丈夫殴打，2.7 亿个家庭中，约 30% 的妇女遭受过家暴，每年有 15.7 万妇女自杀，其中 60% 妇女自杀是因为家庭暴力。②

家暴不仅是对女性身心的摧残，还会带来不良的社会影响。在家庭暴力环境下成长的孩子，往往更高概率地表现出情绪和行为异常。同时，家暴也会带来沉重的经济损失。据统计，美国家庭暴力的直接成本每年超过 83 亿美元，经济损失高达 580 亿美元。③

新冠疫情期间，家暴问题变得更加严峻。根据联合国妇女署的报告，由于隔离和社交距离等措施以及本来就存在的性别不平等状况，新冠疫情期间家庭暴力事件猛增。源众的统计数据显示，疫情之后，咨询量增加了 20%。湖北省监利县反家暴公益组织的统计数据也验证了这一点。据媒体报道，"蓝天下妇女儿童维权协会"统计发现，2020 年 2 月其服务的家暴事件有 175 起，是 1 月的近两倍、2019 年同期的三倍多。④

（二）女性维权难

一是许多女性囿于传统观念和家暴特殊性的影响，不敢主动求助。家庭暴力发生时多为外界所不知，除了在场的其他家庭成员，几乎无目击证人。只要当事人不报案，公安机关几乎无法得知。有些受害者为了维系家庭或者避免"家丑外扬"而选择隐忍，有数据显示，受害者平均遭受 35 次家暴后才选择报警。⑤ 还有的受害者同时遭受着精神控制，将对方的

---

① 王诗佳：《行动者李莹：硬核面对家暴，给女性说"不"的权利》，https://mp.weixin.qq.com/s?__biz=Mzg4NTg2MDU1OQ==&mid=2247492994&idx=1&sn=e8c4a544ded8974febd4920253ef9d366&source=41#wechat_redirect，最后访问日期：2023 年 5 月 18 日。
② 《数据背后的家暴现实》，https://finance.sina.com.cn/roll/2020-11-25/doc-iiznctke3106800.shtml，最后访问日期：2023 年 5 月 18 日。
③ 余定猛、王俊：《家暴治理体系中公安机关面临的挑战与应对》，《中国人民公安大学学报》（社会科学版）2018 年第 5 期，第 100~106 页。
④ 《难以反抗的暴力：疫情下的隔离与封锁，升级的家庭暴力》，https://view.inews.qq.com/a/20220612A05C3200?refer=wx_hot&ft=0，最后访问日期：2023 年 5 月 18 日。
⑤ 《平均被虐待 35 次才报警！遭家暴女性，逃离比想象中更艰难》，https://news.bjd.com.cn/2020/12/02/31958t100.html，最后访问日期：2023 年 5 月 18 日。

暴力行为归结为自身的错误；抑或是深陷"萝卜加大棒"的骗局，对施暴者仍抱有幻想，无法从中自拔，甚至放弃求助。还有受害者则会以暴制暴，用极端的方式来解决，最终酿成惨剧。

虽然有少许受害者会选择诉诸法律，但因为家暴行为的隐秘性，往往缺乏目击证人；同时家暴还具有长期性、反复性和突发性，再加上受害者面对家暴常感到恐惧害怕、无取证意识等，让受害者很难有效保留家暴证据。另外，法院也会要求受害者证明自己遭受了多次长期的家暴，对家暴行为的证明标准也比较高。① 如果受害者对家暴的取证和认证不够了解，而没有保留有力证据，那么也很难通过法律伸张正义。

二是部分女性无力反抗。女性在就业市场中的弱势地位使得相当一部分受暴女性在经济上需要依附于施暴者，离开施暴者意味着这类女性可能会面临较大的经济压力。尤其在有孩子的家庭中，如果女性在离婚后获得了孩子的监护权，将承受更大的经济负担。同时，聘用律师提起诉讼也需要一笔不小的费用。② 因此，即使这类女性意识到了家暴给自己带来的伤害，但考虑到沉重的生存压力，只好选择继续隐忍。

三是社会对家暴的认识不足。"清官难断家务事""夫妻床头打架床尾和""打是情、骂是爱"等观念仍在社会上流行，将家庭成员之间的打打闹闹视为一种家庭生活方式，缺乏"家庭暴力"的概念，甚至认为国家公权力不应该干预家庭成员的私生活。民众对家暴行为的纵容态度，也恰恰助长了施暴者的嚣张气焰。③

四是政法系统的支持不够，一线工作人员执行不当。首先，缺乏对受害者的法律援助。其次，警察的处理方式受到警察本人对家暴看法的影响。比如，有些警察也认为家庭暴力是家庭内部的事情或归责于妇女，这类警察往往会消极处理家暴行为，不能解决实际问题，反而造成了受暴妇女的二次伤害。

---

① 《专访丨律师李莹：〈反家暴法〉施行五年，面临适用率低等问题》，https：//baijiahao.baidu.com/s?id=1693645620149186679&wfr=spider&for=pc，最后访问日期：2023年5月18日。
② 吴炜、何进平：《受暴妇女消极维权的法理辨析——兼谈〈反家庭暴力法〉的修改》，《西南民族大学学报》（人文社科版）2016年第4期，第88~91页。
③ 余定猛、王俊：《家暴治理体系中公安机关面临的挑战与应对》，《中国人民公安大学学报》（社会科学版）2018年第5期，第100~106页。

五是现行法律仍有待完善。具体体现在不告不理，不申请不撤销监护权，人身安全保护裁定受限。这些规定看似具有合理性，但考虑到受暴妇女对施暴者的特殊情感，不一定能够遵循自己的想法而起诉施暴者、撤销监护权或申请保护令，这些权限需被进一步拓展。①

为了帮助更多受暴力的女性和儿童，律师李莹在 2011 年创办了"源众"社会组织，并于 2015 年注册为"北京市东城区源众家庭与社区发展服务中心"（简称"源众家庭与社区发展服务中心"或"源众"）。②

二 "源众家庭与社区发展服务中心"案例描述

"源众"从宏观、中观、微观三个角度开启了坚定的"反家暴"实践。③

（一）宏观：法律研究与倡导

要想最大限度地避免家暴的发生或减轻家暴的危害，就必须通过立法的形式为受害者提供保障，并以此对施暴者产生威慑。源众积极投入法律研究的工作，作为其提出政策建议和进行立法倡导的基础。

在研究工作方面源众做了如下几个方面的工作。其一是召开研讨会。比如反家暴干预模式研讨会、儿童性侵害法律问题研讨会、防治职场性骚扰研讨会等，召集行业内和学术界的专家对相应问题展开讨论，群策群力，共同寻找解决问题的可行路径。其二是针对相关法律的内容和施行情况展开了一系列的研究并发布了研究报告。比如《防治性骚扰法律与司法审判案例的研究报告 2019—2021》对我国防治性骚扰在立法和司法实践中所取得的新突破、新成果进行了全面的梳理总结，分析了反性骚扰实

---

① 吴炜、何进平：《受暴妇女消极维权的法理辨析——兼谈〈反家庭暴力法〉的修改》，《西南民族大学学报》（人文社科版）2016 年第 4 期，第 88~91 页。
② 时瑞泽：《人物｜李莹律师：女性拥有的"现在"，来之不易》，https://mp.weixin.qq.com/s?__biz=Mzg4NTg2MDU1OQ==&mid=2247493162&idx=2&sn=6c19c9d5cb876582cb70f815fc596906&source=41#wechat_redirect，最后访问日期：2023 年 5 月 18 日。
③ 《源众特刊｜源众 5 岁了》，https://mp.weixin.qq.com/s?__biz=Mzg4NTg2MDU1OQ==&mid=2247492968&idx=1&sn=1381e427d08885231f60cd10984a9522&source=41#wechat_redirect，最后访问日期：2023 年 5 月 18 日。

践仍面临的挑战并提出相应对策与建议，对于进一步推进法律的实施，以更为有效地保护受害人①具有重要意义。其三是国际考察与交流。与中国大陆相比，一些国家和地区的反家暴工作起步早、发展快。为此，源众参与或组织赴美国、韩国、中国台湾、中国香港、中国澳门进行考察和学习。中国港澳台地区以及其他国家反家暴的成功经验和模式，也为源众后来探索的以法律援助为核心的综合性支持和服务模式提供了思路。

从研究中得到的结论和经验是源众参与立法倡导的底气；而立法也可以最大限度地普及源众所倡导的具有社会性别意识的反家暴观念，从而在法律层面有力维护女性的权益。

几乎每一项与性别暴力或女性权益有关的法律都会得到源众的高度关注，源众通过在中国人大网上提交修改建议的方式参与立法。为了让修改建议得到立法机关的重视，源众积极动员社会力量共同参与。在《中华人民共和国刑法修正案（九）（草案）》征求意见时，源众联合多家妇女儿童保护机构发起修改意见联署，三天内有近两千人联署支持废除嫖宿幼女罪。反家暴法征求意见时，有一千余人参与源众及多家妇女儿童保护机构组成的民间立法倡导小组的修改意见联署。②

在这样的坚持和努力下，源众在立法倡导方面硕果累累：参与反家暴立法，有超过十条建议在法律中得到体现；参与《刑法修正案（九）》的立法，各方力量最终推动取消嫖宿幼女罪；多次提交民法典草案修改建议，有多条意见最终得以体现特别是性骚扰的定义，在最后时刻得以完善；2021 年，积极参与《中华人民共和国妇女权益保障法》修订草案的意见征询，专门召开专题研讨会征集各方意见，共计提出 58 条修改意见。

（二）中观：反家暴制度探索与试点

预防和制止家庭暴力需要多部门的统筹、协调、合作。但各部门之间

---

① 《反性别暴力 16 日系列行动（一）｜源众发布〈防治性骚扰法律与司法审判案例研究报告〉》，https://mp.weixin.qq.com/s?__biz=Mzg4NTg2MDU1OQ==&mid=2247493127&idx=1&sn=1a52d34f322e6bca4bc237e525ec43ec&source=41#wechat_redirect，最后访问日期：2023 年 5 月 18 日。

② 《儿童保护，源众一直在行动》，https://mp.weixin.qq.com/s?__biz=Mzg4NTg2MDU1OQ==&mid=2247492594&idx=2&sn=99dbf44e4b92f9af625947262433bd0f&source=41#wechat_redirect，最后访问日期：2023 年 5 月 18 日。

合作与联动的方式一直是一个值得探索而且没有能够得到有效解决的问题。在此背景下，源众与多地政府合作，开展了近十个反家暴试点项目。其中，在湖南湘潭展开的多机构合作反家暴制度试点得到了九个部门的大力支持，政法委牵头由九部门联合出台《关于依法处置家庭暴力案件的实施办法（试行）》，该办法对于多机构合作、家庭暴力危险评估制度、劝解令制度、家暴预防机制等提出了明确的要求。其中的很多措施，在全国都是率先提出的，具有创新和示范意义，对当时正在制定的反家暴法具有积极的实践参考意义。[①]

（三）微观：综合性支持与服务

（1）受害者：法律支持与服务

对于已经身陷困境并渴望摆脱家暴束缚的女性，源众提供了一系列的支持和服务来帮助她们脱离苦海，并开发了全国首个"家暴求助"小程序，让受害者实现"一键求助"。

一是紧急救助。考虑到受害者在为了人身安全而紧急逃离施暴者时难以携带随身物品，甚至无处可去，源众与诸多机构合作为受害者提供紧急救助。比如，2016年，源众与北京市朝阳区妇联合作，开展了朝阳区"助力·爱的驿站"家暴受害人庇护项目，为受暴妇女提供庇护救助服务；源众与爱德基金会合作在腾讯公益设立了受暴妇女儿童紧急救助金，帮助近600名受暴妇女儿童摆脱暴力；源众在支付宝平台合作开发了紧急救助包，为妇女儿童提供临时的紧急救助，另外针对妇女带着孩子逃出家门的情况，还开发了母子包，放有儿童用品与玩具，为这类受害者提供便利，并将救助包发放到了全国四十多个城市的妇联和社会组织。

二是法律援助。一方面是通过热线咨询。源众曾承接了北京朝阳妇联12338咨询热线的工作，在全国十多个省市建立起约两百人的志愿律师团队。同时，开通了"受暴妇女儿童法律帮助热线17701242202"，已提供

---

① 《湖南湘潭试点多机构合作反家暴 政法委牵头九部门参与》，https://mp.weixin.qq.com/s?__biz=Mzg4NTg2MDU1OQ==&mid=2247492492&idx=1&sn=045b5ad8defb247914ef32c76fa7cbbb&source=41#wechat_redirect，最后访问日期：2023年5月18日。

了6000多人次的法律咨询服务，为全国各地的受暴女性提供法律指导。另一方面是进行案件的法律援助。截至2023年3月，源众代理了近300件涉家暴、性侵害、名誉权纠纷等案件，多次为受害人成功申请人身安全保护令和告诫书，通过法律途径维护了受害者的权利，并让施暴者受到了法律的制裁。

三是心理支持。源众开发并开展受暴妇女团体支持小组系列课程，发挥心理+社工+法律的专业团队优势，还有参加过小组的前组员担任协作者，通过戏剧治疗、心理咨询、介绍社会性别理念和法律维权方式来帮助受暴女性缓解紧张和焦虑情绪，帮她们走出心理阴霾，该项目还获得了开云基金会创业家大奖。①

（2）社会公众：宣传教育

公众对家暴概念模糊和对家暴行为不了解、不重视、不干预，以至于许多女性羊入虎口而不自知，甚至其他本可以选择施以援手的旁观者选择视而不见。因此，通过宣传教育让公众了解家暴行为及其危害是反家暴的思想前提。

源众通过多种形式的公益活动进行反家暴宣传。比如，开展反家暴创意比赛，倡导以"反对家庭暴力、提升性别意识"为主题提交绘画、摄影、诗歌、视频等作品；排练并出演反家暴戏剧，用最接地气的方式引导观众了解家庭暴力并对家暴说"不"；拍摄的微电影《看见淤青·拒绝家暴》热播；在社区开展普法讲座，尤其是为残障女性提供法律宣传；与朝阳区妇联合作开发反家暴宣传动画，用通俗易懂的方式普及法律知识；设计出品了《家庭暴力防护与应对实用手册》，②以更好地促进社会公众对《中华人民共和国反家庭暴力法》（简称《反家庭暴力法》）、家庭暴力概念和特征等基本内容的理解和认识，促进社会反家暴意识的进一步增强。

---

① 《2021年受暴妇女支持小组招募开启啦！》，https：//mp.weixin.qq.com/s?__biz=Mzg4NTg2MDU1OQ==&mid=2247493091&idx=1&sn=6a79dd1ff48ee8d2252d413b2477b99c&source=41#wechat_redirect，最后访问日期：2023年5月18日。

② 《源众2021年总结 | 益路向前 感恩有你》，https：//mp.weixin.qq.com/s?__biz=Mzg4NTg2MDU1OQ==&mid=2247493151&idx=1&sn=2050f7a7c0927fea487280da4b43c58c&source=41#wechat_redirect，最后访问日期：2023年5月18日。

自疫情发生以来，线下活动的开展受到限制。源众积极和多家机构、媒体合作，结合线上线下活动，采用多维度新媒体的传播模式开展宣传。[①] 仅 2021 年，就举办了近十次涉及家暴、社会性别、职场性骚扰、未成年人保护等议题的直播活动；并开设了反家暴公益课堂。

通过线上、线下相结合的方式，推动社会对家庭暴力、性别暴力的认识，对于从源头上遏制家庭暴力行为、保障妇女儿童的身心健康具有重要意义。

（3）对反暴力责任部门和社会组织的培力

反家暴，不能止于立法。立法并不意味着反家暴问题的解决，如何有效吸取各地家暴干预的实践经验、提升反家暴机制和制度的操作性及效果，是反家暴相关法律出台后在实践中面临的重要问题。[②] 要推动《反家庭暴力法》在全国范围内的落实，需要发挥各个地区反暴力责任部门和社会组织的作用，于是源众深入开展相关机构培训工作。

七年多来，源众开展了约 200 场反家庭暴力的相关培训。培训对象包括律师、社会工作者、心理咨询师、妇联工作人员等。源众邀请了各个行业的反家暴专家，包括警察、法官、律师、社会工作专业教授、相关社会组织的专家等共同为学员提供反家暴法、基层工作者如何帮助家暴受害者维权、如何规范处置家暴警情、如何对受害者进行安全评估、如何了解受害者的精神状况等方面的培训。专家学者们结合自身的专业知识和工作经验，通过案例教学全方位地为参与者阐述了反家暴与维权工作的理念和方法。[③]

受疫情影响，源众在开展传统线下培训模式的基础上，积极探索和实践线上沙龙、线上培训和视频交流分享会等创新型培训模式。比如，2022 年源众与联合国妇女署联合举办了社会组织反家暴个案实务培训，通过线

---

① 《源众 2020 年总结｜益路同行，感谢有你》，https：//mp.weixin.qq.com/s?__biz=Mzg4NTg2MDU1OQ==&mid=2247493028&idx=1&sn=01cc0f588637342587b684b85b7ac3e3&source=41#wechat_redirect，最后访问日期：2023 年 5 月 18 日。

② 《反家暴，不能止于立法——防治家庭暴力实务工作经验交流会在西安举行》，https：//mp.weixin.qq.com/s?__biz=Mzg4NTg2MDU1OQ==&mid=2247492576&idx=1&sn=7692aafed436b979d6d29509c54789c6&source=41#wechat_redirect，最后访问日期：2023 年 5 月 18 日。

③ 《源众行动｜连云港市反家暴工作能力提升培训班顺利举行》，https：//mp.weixin.qq.com/s?__biz=Mzg4NTg2MDU1OQ==&mid=2247493018&idx=1&sn=6f51cc7b881f311b9e365de0a2b6ac2b&source=41#wechat_redirect，最后访问日期：2023 年 5 月 18 日。

上培训加督导的形式为来自全国各地的30个社会组织的学员提供指导。①

（四）案例成效

源众的公益实践对社会问题进行了高度回应。针对"家暴给女性甚至整个社会带来了极大的危害，而女性的维权之路尤为困难"这一基本问题，源众从宏观、中观、微观三个层次做出了干预。

宏观层面，法律研究与倡导成效显著，先后发布了《打破沉默，拒绝妥协——中国防治职场性骚扰法律与司法审判案例研究报告》《关于儿童性侵的司法案例数据分析报告》等；并在法律研究的基础上参与立法倡导，有多条修改建议在《反家庭暴力法》、《中华人民共和国刑法修正案（九）》和《中华人民共和国民法典》中得以体现，通过法律倡导的形式表达受害者的诉求、维护受害者的合法权益，从而回应了法律制度不完善、缺乏性别意识的问题。

中观层面，源众在湖南的长沙、湘潭、湘乡、常德，河北的邱县、新乐和贵州的赤水等地开展了近十个反家暴试点项目，与地方政府合作探索了儿童家暴强制报告制度、多机构合作干预家暴联席制度、危险评估制度等重要机制，回应了政法系统支持不够的问题，在全国都具有示范和创新意义。

微观层面，一是为受害者提供全方位的支持与服务，并开发"家暴求助"小程序，让受害者可以一站式解决最紧要的困难。其中，受暴妇女儿童紧急救助金帮助了近600名受暴妇女儿童摆脱困境；紧急救助包发放到了全国40多个城市；在全国建立起了约200人的志愿律师团队；法律咨询热线已提供了近6000人次的法律咨询服务；截至2021年末，源众代理了近300件涉家暴、性侵害、名誉权纠纷等案件……为受害者提供的紧急救助、法律援助和心理辅导对于受害者走出家暴阴影、迎接新生活意义重大，完善的救助措施同时也能激励更多仍处在暴力下的受害者有勇气进行反抗。源众通过对受害者的全方位帮扶，回应受害者面临的经济、法律和心理等方面的困难。二是进行公众认知倡导，仅2021年，就举办了

---

① 《源众行动 | 社会组织反家暴个案实务系列线上培训（一）》，https://mp.weixin.qq.com/s?__biz=Mzg4NTg2MDU1OQ==&mid=2247493180&idx=1&sn=1f19c186ae90ddb56baf41aa7d8b90d60&source=41#wechat_redirect，最后访问日期：2023年5月18日。

近十次相关议题的直播活动。向社会公众普及法律知识、介绍家暴相关知识和社会性别观念，引导社会形成"反家暴"的风气，从而有助于为维护受害者的权益创造良好的社会环境，回应了社会认识不足的问题。三是展开了近200场对反暴力部门和社会组织的培训，提高一线工作人员在处理家暴问题时的专业素养，避免让受害者陷入二次伤害，回应了"执法者不懂法"、工作人员执行不当的问题。

自2015年成立以来，源众的每一步都扎实而坚定，源众的公益实践也得到了社会的广泛认可，先后被评为"4A级社会组织"[①]和"一星社企"[②]。

三 "源众家庭与社区发展服务中心"项目社会价值基本体现

接下来，我们结合友成基金会研发的"三A三力"评价原则来分析源众的社会价值。

（一）"源众家庭与社区发展服务中心"项目的社会目标驱动力体现

1. 社会使命

性别暴力问题由来已久。在封建社会，妻子被看作丈夫的私人物品，丈夫无论用何种方式辱骂、殴打、虐待妻子都会被认为"合情合理"。新中国成立后，确立了男女平等的基本国策，女性的社会地位得到显著提高。但男女平等的曙光并没有完全驱逐性别暴力的阴霾。尤其是在家庭中，家暴仍然在肆虐着女性的身体和心理。受暴女性要想鼓起勇气做出反抗也并不容易，因为她们不仅在身体力量上处于劣势，还可能遭受着施暴者的情感控制、经济封锁，甚至还有死亡威胁。再加上社会对家暴的认识不足、

[①]《源众发布 | 源众获评4A级社会组织！》，https：//mp.weixin.qq.com/s?__biz=Mzg4NTg2MDU1OQ==&mid=2247492895&idx=1&sn=fd873f87b19a1ee987d92ff1e6e73bdf&source=41#wechat_redirect，最后访问日期：2023年5月18日。

[②]《源众行动 | 源众获评一星社企》，https：//mp.weixin.qq.com/s?__biz=Mzg4NTg2MDU1OQ==&mid=2247493118&idx=1&sn=68471e374e55143b40b4f6e5740c86ef&source=41#wechat_redirect，最后访问日期：2023年5月18日。

家暴案件取证和认定困难、法律的普及力度也远远不够、反暴力部门和社会组织对处理家暴问题的经验不足等，让受暴女性的维权之路困难重重。

而《反家庭暴力法》的制定和颁布给受害者们带来了新的希望。

2012年，反家暴法开始进入预备立法；2014年末，国务院法制办将《中华人民共和国反家庭暴力法（征求意见稿）》在官网公布，向社会公开征求意见；2015年，又进行了两次意见征求，反家暴问题得到了社会的空前关注。2016年3月1日，千呼万唤的《中华人民共和国反家庭暴力法》正式施行，对于我国反家庭暴力工作具有里程碑式的意义。

但是，据妇女权益机构的媒体监测，从2016年法律实施至2020年底，有报道的家暴夺命案至少有1101起，致死1436人，其中妇女占比为74.58%，未成年人占比为8.31%。2020年被报道死于家人之手的儿童至少有37人，占比为16.7%，为历年最高；女性（含女童）至少有151人，占比为68.3%。从2016年法律实施至2020年底，我国共核发7918份人身安全保护令，与全国公安机关四年预防制止家庭暴力行为617万余起、2019年全国妇联受理家暴投诉36002件相比，人身安全保护令的核发数量仍极低。北京市千千律师事务所2017年至2020年涉家庭暴力的离婚诉讼判决书数据显示，家暴认定率极低，在全部的1073个案件中，被法院认定构成家庭暴力的仅有6%；80%的案件中家庭暴力没有得到正式回应或被定性为"因家庭琐事发生矛盾"。离婚得到支持的占比为30%，即使在法院认定家暴行为的案件中，仍有24%不准予离婚。

"比起法律本身，当前反家暴工作问题更迫切的在于实施阶段。"轰动全国的拉姆案就是法律落实执行层面做得不够而出现的悲剧。

《反家庭暴力法》出台后，有媒体走访分析认为，公安系统尚未出台统一且明确的应对家暴处理流程，是影响民警涉家暴警情的处理执行力的一个因素。同样的问题在法院也有出现，人身安全保护令的执行协助职责和问责没有划分清晰，使法院在签发时存在顾虑。[①]

"执法者不懂法，如何去执行呢？"基层民警、法官、妇联、民政等责

[①] 《余秀华疑被家暴背后，为何立法再修法我们仍无法实现"零家暴"？》，https://baijiahao.baidu.com/s?id=1737788195812691325&wfr=spider&for=pc，最后访问日期：2023年5月18日。

任部门对家暴的认识和理解还较为落后，对《反家庭暴力法》的学习和了解也远远不够，组织相关人员进行反家暴的学习和培训显得尤为关键。

因此，一个懂法律、能普法、善用法且懂家暴、能倡导、善救助的专业反家暴机构也是社会迫切需要的。与反家暴法相继问世的源众，作为一个专业的反家暴机构，承担起了"构建以法律援助为核心的综合性支持服务体系，打造帮扶弱势人群及社区发展资源平台"的社会使命。

2. 组织愿景

"推动妇女、儿童等弱势人群权益保护，建立一个没有歧视和暴力的世界"是源众的愿景。

年幼的李莹就曾目睹过村里的女性遭受家庭暴力，那时的她便对此感到非常不解。攻读硕士学位期间，李莹进入北京大学法学院妇女法律研究与服务中心担任志愿者，她深深地感受到家暴事件中妇女的维权之难。起初，新人李莹常常陪着求助者一起哭；不停地给求助者塞钱；看到尸检报告，更是整夜无法入睡。李莹出现了"替代性创伤症"的症状。一位女前辈察觉到了李莹的状况，她告诉李莹："一点点钱是救不了这些人的，唯有让受害者得到法律意义上的公正，才能在一定层面上改变她们的人生。"这话让李莹印象深刻，她意识到作为律师，应该以专业为武器来帮助受害者维护权益。

作为一个性别平等的追求者和推动者，同时也作为一个具备专业能力的婚姻家事律师，李莹希望自己也成立一个这样的公益机构，多一些这样的地方，就多一些人受到庇护。[1]

出于这样的内生动力，2011年李莹在离开北京大学法学院妇女法律研究与服务中心后，成立了"源众"社会组织。2015年7月1日，北京市东城区源众家庭与社区发展服务中心注册成立。"源众"也意为"援众"，援助受暴的妇女儿童，开展反性别暴力的倡导、研究、法律援助与法律服务、公众教育等工作，[2] 源众开启了一条"平等多元、专业至善"

---

[1] 《李莹：让更多被家暴者，走出隐秘的角落》，https：//baijiahao.baidu.com/s？id=1739015377155841362&wfr=spider&for=pc，最后访问日期：2023年5月18日。

[2] 《家暴、性侵、自杀：为女性维权18年的律师记忆》，https：//mp.weixin.qq.com/s/dJ8EecRY0yTQxR51GF54Vg，最后访问日期：2023年5月18日。

的"援众"之路。

3. 资源禀赋

创始人李莹具备开展反家暴公益项目的多方资源。在妇女权益保护界打拼多年，李莹结识了众多婚姻家事领域的专家、学者。[①] 同时，李莹还是北京市振邦律师事务所副主任、合伙人，周围集结了一群优秀的专业律师。她还担任了北京市朝阳区第十四届妇联的执行委员。此外，她还积极开展对外交流工作，与国内外关注婚姻家事、妇女儿童权益保护的高校、社会组织等建立了良好的合作关系。[②] 李莹的社会关系网络帮助她为源众链接各方资源、展开多方合作奠定了基础。

源众的禀赋首先体现在其高度的专业性。一方面是创始人李莹的专业能力突出。李莹是北京大学法学硕士，在2002年就加入了北京大学法学院妇女法律研究与服务中心，这是中国第一家专门从事妇女法律援助及研究的公益性民间组织。随后在此工作的九年间，她接触了大量的家庭暴力求助案件，积累了丰富的工作经验。另外，李莹还担任中国法学会会员、中国法学会婚姻法学研究会理事、中国心理学会婚姻与家庭心理专业委员会理事、北京市法学会妇女法学研究会常务理事、多届北京市律协婚姻家庭专业委员会委员、北京大学法学院人权中心课外兼职硕士导师等社会职务，是一名资深的妇女儿童权益保护律师[③]。另一方面是源众的团队也具备专业性。专家顾问团队成员均是来自各行业的精英，志愿者团队也由专业的律师和心理咨询师组成，有能力为受害者提供专业的法律援助和心理辅导。

源众的禀赋还体现在李莹的社会影响力。李莹多次代理轰动全国的性别暴力案件，其出色的专业能力和对公益事业的热忱与贡献也早在源众创立之前就得到了社会的认可，例如，她荣登2005年9月的《法制日报》

[①] 李天琪：《一位公益律师的反家暴情结》，http：//www.mzyfz.com/cms/benwangzhuanfang/xinwenzhongxin/zuixinbaodao/html/1040/2016-03-07/content-1181545.html，最后访问日期：2023年5月18日。

[②] 资料来源：https：//baike.baidu.com/item/%E6%9D%8E%E8%8E%B9/49869664?fromModule=lemma_sense-layer#viewPageContent，最后访问日期：2023年5月18日。

[③] 资料来源：https：//baike.baidu.com/item/%E6%9D%8E%E8%8E%B9/49869664?fromModule=lemma_sense-layer#viewPageContent，最后访问日期：2023年5月18日。

中国律师风云榜；2007年8月被第四届中国公益事业发展大会授予"公益楷模"称号；[①] 获得2010年度北京律协十大公益律师等诸多荣誉。除此之外，李莹还多次参与央视《新闻调查》、北京广播电视台、北京广播电视台交通广播频道、中央人民广播电台等相关法律节目的录制，被《人民日报》海外版、《中国青年报》、《法制日报》、《北京晚报》、《三联生活周刊》《南方都市报》、《法律与生活》、《南方人物周刊》等众多媒体报道。[②] 李莹本人的行业地位和社会影响力赋予了源众一定的权威性，也让公众更容易对源众产生信任。

除了上述几个方面，李莹对受暴女性的共情能力、对性别平等的坚定追求、对维护女性权益的强烈使命感等个人特质也是促使李莹成立源众并在这条公益道路上坚定前行的重要禀赋。

（二）"源众家庭与社区发展服务中心"项目的解决方案创新力体现

源众的产品和服务创新就在于其解决方案的系统性，并将这种系统思维贯穿始终。

1. 产品与服务创新：系统性解决方案

从整体来看，源众将"反家暴"看作一项系统性的工程，将倡导和服务相结合，从宏观、中观、微观三个维度进行全方位的干预；从局部来看，宏观、中观、微观这三个维度内部也体现了明显的系统性特征。

（1）整体方案的系统性

家暴发生率如此之高、受害者维权如此之难与多个维度的社会机制存在缺陷有关，这些机制主要包括宏观层面的法律法规、中观层面的反家暴制度以及微观层面的支持和服务。如果将反家暴机制看成一个整体的系统，上述三个维度就构成系统中的三个要素，系统内部各个要素各司其职、不可替代，任何一个要素的缺失都会影响系统作用的发挥。

[①] 李天琪：《一位公益律师的反家暴情结》，http：//www.mzyfz.com/cms/benwangzhuanfang/xinwenzhongxin/zuixinbaodao/html/1040/2016-03-07/content-1181545.html，最后访问日期：2023年5月18日。

[②] 资料来源：https：//baike.baidu.com/item/%E6%9D%8E%E8%8E%B9/49869664？fromModule=lemma_sense_layer#viewPageContent，最后访问日期：2023年5月18日。

为了达到有效预防和制止家暴的效果，源众从整体出发，以系统性的思维对各个维度展开介入。

在宏观层面，进行立法倡导。法律是社会生活的准绳。相关法律制度的完善，尤其是《反家庭暴力法》的出台，为公权力介入家庭暴力提供了法律依据，为受害者提供了法律保障，也能对施暴者起到强有力的威慑作用，对于反家庭暴力意义重大。要牢牢把握法律对于保护妇女权益的根本性作用，必须继续推进相关法律法规的制定和完善。因此，源众将法律研究和倡导作为机构在宏观层面的重要工作任务。源众在组织专家对相关法律制度和司法实践进行深入探讨和研究的基础上，对多项法案的制定或修改提出了详细的建议，并有多条建议在最终法案中得以体现。通过推动立法，源众实现了在宏观层面对受害者的权益保护。

在中观层面，进行机制探索与试点。虽然家暴问题由来已久，但真正被社会关注的时间并不长，各地政府部门作为反家暴的主要力量却大都缺乏处理家暴案件的经验。相关部门不合理的处理方式不仅不利于受害者权益的保护，还会给受害者带来二次伤害，甚至会打击受害者再次求助的勇气。没有经验，那就只能探索经验，源众将反暴力制度的探索作为中观层面的主要行动。源众在探索的过程中发现，反家暴工作涉及多个部门，如何调动各部门的力量成为一大难题。于是，其与政府部门一起推动多机构合作反家暴制度试点，探索各部门在反家暴工作中的合作方式，明确了各部门的职责职能和处理程序，丰富了我们国家反家暴的本土化经验，在全国都具有创新引领作用。

在微观层面，提供多元服务。虽然政府部门是反家暴的核心力量，但始终只能在受害者进行求助后再采取相关行动。而受害者的家人、朋友、邻居、社会工作者、相关社会组织成员是除了受害者本人外，最可能在第一时间了解受害者情况的群体，他们是反家暴行动的重要依靠力量。另外，有了法律保障的受害者也仍然存在诸多顾虑：紧急出逃的受害者该往何处去？受害者该如何运用法律来维护自己的权益？摆脱家暴后又该如何走出心理创伤？可见，仅仅依靠宏观和中观层面的措施，还难以达到预期的效果。因此，源众在微观层面"打通最后一公里"，一方面将社会力量动员起来为受害者提供帮助；另一方面直接为受害者提供经济支持、法律援助和心理辅导，解决受害者反抗家暴的后顾之忧。

（2）局部层面的系统性

系统与要素是相对的，在一定条件下，系统是其他更大系统的组成部分，而要素在研究某些局部问题时，又可被视为独立的系统。具体到本案例中，宏观、中观、微观三个要素在处理内部的问题时，其实也是一个独立的系统。而这三个系统内部的解决方案也体现出了整体的思维。

①宏观层面系统性：研究、动员与倡导相结合

虽然源众有强大的律师团队做后盾，但立法绝非小事，法律倡导也绝非易事。源众的建议何以在全国数以万计的立法建议中脱颖而出？那就不能把法律倡导看作单一的行动，而是要看作一个完整的系统。要想实现系统的功能，还需要多个要素的配合。

首先，空穴来风的法律建议无法让人信服，法律倡导得有依据。源众的立法建议是基于妇女儿童权益保护领域专家的深入研讨的，专家们会根据我国的实际情况和他们在工作中掌握的经验以及其他国家的相关条款就法律草案进行极为细致的讨论，并最终由源众将修改意见的建议稿提交全国人大常委会。[①]

其次，法律是广大人民的意志和利益的根本体现，立法得有群众基础。源众通过社交平台向社会大众发起对修改建议的联署，并多次在两三天内征得上千份有效联署，体现了修改建议所反映的群众心声。尤其是2014年《中华人民共和国反家庭暴力法（征求意见稿）》公布后，反家暴立法进入为期一个月的公开征求意见阶段。[②] 源众组织全国各地的广场舞大妈用舞蹈呼吁反家暴立法，吸引公众共同关注家庭暴力问题，希望更多的家庭能够一起关注并参与反对家庭暴力法的立法进程。她们喊出了"不要暴力，好好爱，反家暴法快出来""消除性别暴力，反对家庭暴力"

[①] 《源众行动｜召开"刑法第十一次修正案（草案）修改意见"线上研讨会》，https：//mp.weixin.qq.com/s?__biz=Mzg4NTg2MDU1OQ==&mid=2247492975&idx=1&sn=4cc50b717508c0b23f422eae9bf84b08&source=41#wechat_redirect，最后访问日期：2023年5月18日。

[②] 《全国各地广场舞大妈共舞反家暴 呼吁民众关注反家暴立法进程》，https：//mp.weixin.qq.com/s?__biz=Mzg4NTg2MDU1OQ==&mid=2247492448&idx=1&sn=c64aad9a61acba358e12d43441cf765d&source=41#wechat_redirect，最后访问日期：2023年5月18日。

的口号，无疑是对推动中国反家暴法立法进程的一次绝妙的配合与呼应。①

最后，法律的制定不可能一劳永逸，法律颁布后的实施情况需要进行总结。源众将法律倡导作为组织的重要目标，就必须对法案的实施效果、法条的适用性等进行持续的关注。为此，源众通过大数据检索、统计和分析对相关法律法规和司法审判案例展开研究，在此基础上指出现行法律法规和政策的不足并提出修改意见。紧跟最新法律法规且脚踏实地的研究也是源众进行法律倡导的重要基础。

在这样的系统性思路下，源众将研究和倡导相结合，多次成功地实现法律倡导。

②中观层面系统性：多机构、跨部门联合响应机制

一个家暴案件往往涉及报警、求助、就医、伤情鉴定、庇护、人身安全保护、法律援助等方面，需要多部门的协调合作。既需要发挥好各个部门的职能，也需要各部门之间打好配合，这样才能发挥好整个系统的功能。因此，源众在全国多地开展多机构联合响应机制的试点。当接到家暴求助后，政法委、法院、检察、公安、司法、民政、教育、卫生与计划生育、妇联等部门共同响应，针对受害者可能存在的困难进行全方位回应。

这一机制将反家庭暴力看作社会系统工程，既强调各司其职，又重视共享信息、集思广益、通力合作，实现了各部门之间的高效联动，从而能在较短的时间内帮助受害者解决各个方面的困难。

③微观层面系统性：综合性支持与服务

如果说宏观系统和中观系统是对"反家暴工具"的干预，那么微观系统是对有可能运用"反家害工具"的"人"的干预，包括受害者本人和每一个有可能为受暴者提供帮助的个体或群体。所有社会成员都有可能成为反家暴系统中的要素。首先，受害者本人要有勇气站出来对家暴说不，否则再完美的援助措施也无法生效。其次，虽然家暴事件具有隐秘性，但也绝非无迹可寻。受害者周围的亲朋好友最有可能从中察觉出异样，他们对家暴的认知将会对受害者的处境产生极大影响。最后，

---

① 《广场舞大妈玩转"快闪"呼吁民众关注反家暴立法进程》，https：//mp.weixin.qq.com/s？__biz＝Mzg4NTg2MDU1OQ＝＝&mid＝2247492448&idx＝2&sn＝0f90ee90818b2ff160f8573e6f7dd4ef&source＝41#wechat_redirect，最后访问日期：2023年5月18日。

受害者在求助后所接触的一线工作人员如果缺乏对家暴相关知识和《反家庭暴力法》的了解，受害者的权益保护将大打折扣。如果上述要素不能发挥作用，宏观系统和中观系统都将于事无补。因此，不能忽视微观系统中任何一个要素，只有所有人都嫉"暴"如仇，家暴才会无处遁形。

其一是受害者支持与服务。源众为受害者提供了全方位的支持和一站式的服务：为紧急出逃的受害者提供紧急救助包、紧急救助金，甚至在北京还可以提供紧急庇护的住所；为需要法律援助的受害者提供免费电话法律咨询服务，并进行案件代理，帮助受害者申请人身安全保护令和告诫书；开发了受暴妇女团体支持小组系列课程，帮助受害者早日走出心理阴霾。这一系列的支持和服务全都可以在源众开发的全国首个"家暴求助"小程序上实现，为受害者提供了极大的便利。李莹律师希望依托社会组织的形式，联结多方力量，尝试探索建立一个以受害人需求为本，集庇护、心理、法律、社工等一体化服务的救助模式。[1]

其二是社会认知的倡导。源众通过戏剧、微电影、出版知识手册、举办普法讲座、线上授课等多种形式对家暴相关知识和《反家庭暴力法》进行宣传，提高人们对家暴的认知水平并了解如何运用法律保护自身权益。社会认知的整体改善，对于扼制家暴的发生相当重要。

其三是反暴力责任部门和社会组织的培训。《反家庭暴力法》的出台仅仅是反家暴的第一步，如何推动其在全国范围内的落地才是关键。作为反家暴的专业机构，源众对可能接触到家暴案件的一线工作者，包括警察、律师、社会工作者、心理咨询师、妇联工作人员等展开培训。只有一线工作者掌握了相关知识和技能，相关法律制度的落地才有保障。

2. 路径创新：多机构跨部门联合响应，构筑受暴人保护网

多机构联合响应机制是其他国家在反家暴工作中总结出来的先进经验，源众将其引入我国，并结合我国的社会现实开启了本土化实践的探索，开创了中国化的多机构联合响应机制。

---

[1] 时瑞泽：《人物｜李莹律师：女性拥有的"现在"，来之不易》，https://mp.weixin.qq.com/s?__biz=Mzg4NTg2MDU1OQ==&mid=2247493162&idx=2&sn=6c19c9d5cb876582cb70f815fc596906&source=41#wechat_redirect，最后访问日期：2023年5月18日。

"源众"："援众"女性保护之路 | 155

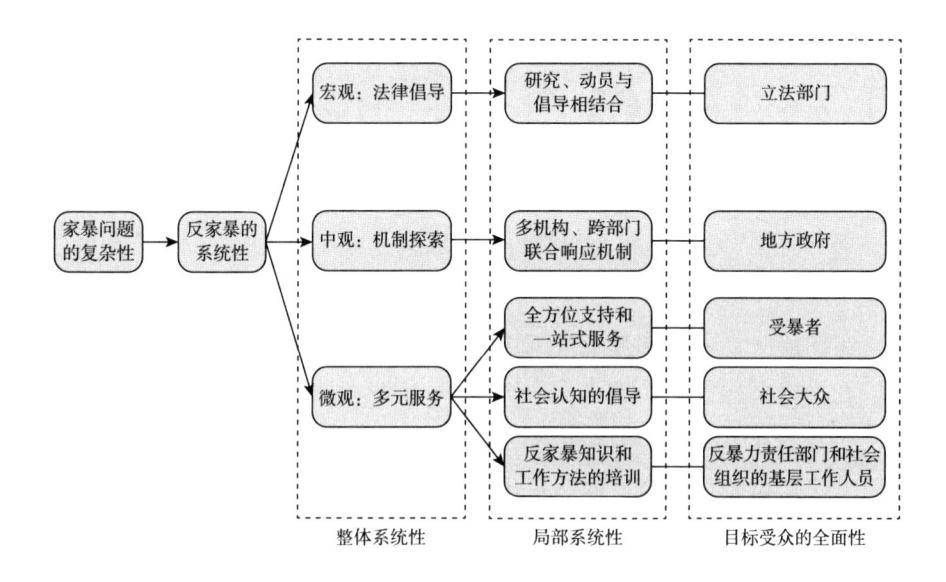

图1 多元主体参与的系统性解决方案

具体措施包括：第一，组建多机构合作反家庭暴力信息平台，各部门通过信息平台讨论具体家暴个案的解决途径，交流和分享反家暴的经验和成果；第二，建立家庭暴力危险评估制度，评估家庭暴力案件的危险程度，并在24小时内将评估结果和案件基本信息发布到"多机构合作反家庭暴力信息平台"，以筛查高危案件，并对全部家庭暴力案件进行分级管理和干预；第三，建立家暴高危案件联席会议制度，针对经评估被列为"高危险"等级家暴的案件，召开多机构联合处置的专门会议；第四，推出劝解令制度，案件发生地派出所将会同人民调解组织、妇联组织、基层群众性自治组织、社会组织一道，向加害人呈送《家庭暴力劝解书》；第五，建立系统化家暴预防处置机制，包括培训制度、家庭暴力案件统计制度、跟踪回访制度等。①

为了验证这一机制是否能在中国行之有效，源众希望在地方展开试点。在这个过程中，妇联发挥了牵头作用。"反家暴"是妇联的重要工作

---

① 《湖南湘潭试点多机构合作反家暴 政法委牵头九部门参与》，https：//mp.weixin.qq.com/s?__biz=Mzg4NTg2MDU1OQ==&mid=2247492492&idx=1&sn=045b5ad8defb247914ef32c76fa7cbbb&source=41#wechat_redirect，最后访问日期：2023年5月18日。

职责，妇联对于"反家暴"工作的开展具有较高的积极性；同时，妇联具有灵活的工作机制，有利于其调动和协调相关部门共同参与"反家暴"工作，妇联有能力促成多部门之间的联动。源众与多地妇联建立了友好合作关系，在源众能够提供技术和资金支持且不会增加妇联额外工作负担的情况下，多地妇联都有非常高的意愿参与多机构联合响应机制的试点工作。项目的成果也会转化为妇联的工作成绩，源众在与地方妇联合作的过程中实现了双赢。

实践证明，多机构联合响应机制可以大幅提高解决家暴问题的效率。在一个案例中，受害者是一名残障女性，她表达了自己在解除婚姻、生计就业、子女心理保护等方面的诉求。为了解决这个案子，各部门召开了联席会议，公安部门提出了对施暴者的处理措施；民政部门负责衡量是否需要给受害者提供经济支持；教育部门着手去和学校老师沟通，关注孩子的心理状况并注意保护未成年人的隐私；司法部门表示可以提供一名婚姻家事领域的法律援助律师；法院提出可以为受害者提供绿色通道，尽快帮她处理相关问题。一个多月后，在召开第二次联席会议时，受害者的离婚调解就已经得到判决，她所面临的问题也都一一得到了解决。

多机构联合响应机制试点的顺利开展，得益于源众、妇联、地方政府部门这三大主体的密切合作。源众作为试点工作的重要发起方，在多机构联合响应机制正式运行前，源众主要负责联络试点地点、展开试点指导、并组织专家对基层反暴力部门工作人员进行培训；在机制运行的过程中，源众会联合试点城市的反家暴社会组织，及时为受害者提供经济支持、法律援助、心理辅导等服务。妇联是源众与地方政府之间的沟通桥梁，是各地试点工作的重要牵头方，负责组织和协调地方各部门参与联合响应机制。而地方政府部门（包括公安、司法、民政、教育等）的通力合作，使其利用政策和制度为受害者提供了全方位保障，是机制得以落地的重要一环。

这一机制虽然在多地开展了试点，但还尚未在全国范围内推行。不过，已有多个省市将多机构联动的联席会议机制写入了《反家庭暴力法》的实施办法中。

（三）"源众家庭与社区发展服务中心"项目的行动效果转化力体现

1. 项目团队的行动力

源众是一家"小而美"的组织，人员构成颇为精简（3人组成的理事会和8人组成的核心执行团队），项目的执行和沟通协调主要由执行团队来完成。另外，源众还拥有强大的外围团队，一是专家顾问团队，包括来自大陆和台湾、香港、澳门地区的法律、心理和社会工作方面的专家三十余人，专家们主要提供技术支持、为案件办理提供指导，并参与源众组织的培训和论坛活动；二是志愿律师团队和志愿心理咨询师团队，源众拥有二百余名志愿律师和十余名志愿心理咨询师，志愿律师主要提供法律咨询和法律援助，志愿心理咨询师为受害者提供心理辅导。在精简的内部核心团队和强大的外围团队的共同努力下，源众既保持了管理运营的高效率，也充分发挥了项目团队的专业性。

无论是专家顾问还是志愿者们，都被源众多年的坚持所感动；同时，他们也都拥有扶弱济贫的情怀，希望能用自己的力量帮助到其他人，这是他们加入源众的重要原因。

为了维系组织中人数最多的志愿者团队，源众也采取了一些机制。一是召开高规格的志愿律师年会暨论坛，评选优秀志愿律师，邀请专家共同参与对相关问题的讨论，开阔了志愿律师的眼界；二是每年举办3~4次律师沙龙，针对社会热点问题进行探讨；三是每年进行2~4次的志愿律师培训，提高志愿律师的性别意识和办案水平，也增加了彼此之间的黏度；四是机构也会提供一定的经济补贴；五是提供志愿律师直接参与办理案件和法律咨询的实践机会，志愿心理咨询师们也能拥有更多接触个案的机会，对于他们而言这是非常好的历练；五是行业协会也鼓励律师参与志愿活动，志愿时数可以抵扣税款，而源众刚好可以为律师们提供参与志愿活动的平台；六是定期在北京进行团建。因此，志愿者们可以在源众收获与行业大咖交流的机会、丰富的专业学习资源、宝贵的实践经验、多种类型的经济支持和一群志同道合的朋友，而志愿者们也在源众的公益实践中发挥了重要作用。

2. 资金和资源的可持续性

源众通过多种渠道来筹集资金，包括政府购买服务、在网络上进行众筹、接受月捐和企业的支持。比如：针对受暴力妇女儿童的紧急救助基金就是通过在腾讯公益平台众筹和开启月捐来筹集资金；以女性为主要消费群体同时具有社会责任感的企业——雅芳，也对源众提供了支持。

为了增强资金的可持续性，源众申请成为社会企业，并得到了"一星"认证，可以作为其新的资金来源渠道。在未来，源众也希望能推动更多的基金会关注社会性别议题，从而能为其提供相关支持。

3. 项目传播影响力

公众传播是源众的主要业务之一，传播渠道和方式也颇为多元，传统媒体、新型社交媒体，视频、直播，让反家暴的理念和专业知识得到了广泛的传播，也提高了源众的知名度和影响力。

源众开通了受暴妇女咨询热线，为受暴女性提供了保护自己的法律武器，这也成为源众普法的重要窗口。

此外，源众还充分运用各种社交媒体（如微博、微信公众号、小红书、抖音、B站、知乎等），尽可能覆盖更多的受众。在社交平台上，源众用图、文、视频并茂的方式普及法律知识和反家暴常识、提供救助方式、发布最新活动公告和研究报告，让不同身份的人群都能从中收获满满干货。

为了提高服务对象的可触达性以及提供更为及时、快捷的服务，源众还开发了全国首个"家暴求助"小程序，上线五天内，就达到了上万次的使用量，取得了非常好的传播效果。这不仅让更多受害者了解到源众，更重要的是，可以让更多受害者有机会获得源众的帮助。

源众与传统媒体也建立了友好关系。源众参与的有影响力的案件都会得到媒体的宣传；当出现涉及性别暴力的社会热点问题时，媒体也热衷于对创始人李莹进行采访。在与妇女和儿童有关的重要节日或纪念日中，源众都积极地在主流媒体上发声，包括新京报、澎湃新闻、红星新闻、央视、北京电视台、中央人民广播电台、北京人民广播电台等。另外，源众还和《三联生活周刊》、《嘉人》杂志合作过反性别暴力的专题，《时尚芭莎》杂志在庆祝中华人民共和国成立70周年评选70位优秀女性时也将创始人李莹列入其中。

一方面，源众在新兴社交平台上建立账号并精心耕耘；另一方面，也与有影响力的传统媒体积极展开合作，通过多元化的传播途径，提高了源众的知名度和影响力。

四 "源众家庭与社区发展服务中心"案例总结

（一）案例社会创新因素总结

表1 "源众家庭与社区发展服务中心"项目三A三力分析

三A三力		"源众家庭与社区发展服务中心"项目的体现
Aim： 社会目标驱动力	社会使命	构建以法律援助为核心的综合性支持服务体系，打造帮扶弱势人群及社区发展资源平台
	组织愿景	推动妇女、儿童等弱势人群权益保护，建立一个没有歧视和暴力的世界
	资源禀赋	具备调动多方资源的能力；专业程度高；社会影响力强
Approach： 解决方案创新力	路径创新	多元主体参与的系统性解决方案
	制度创新	多机构跨部门联合响应机制
	产品服务创新	开发全国首个反家暴小程序
Action： 行动效果转化力	项目团队的行动力	精简的核心团队与强大的外围团队的组合
	资金和资源的可持续性	多渠道筹集资金
	项目传播影响力	多元化的传播方式

（二）案例模式分析与提炼

面对"家暴危害大且发生率高"的社会现实，由于受害者自身能力和意识的欠缺、公众认识落后、公权力介入不够、法律制度的不完善等复杂情况导致大多数受害者都难以维护自身的权益。源众站在全局的高度，意识到受害者所面临的困境来自社会的方方面面，是由多个因素甚至是多个层面的因素共同导致的，即家暴问题其实是一个系统性的问题。因此，反家暴也必须在各个层面采取相应的措施，必须采取系统性的解决方案。在深入了解并分析社会问题的基础上，源众将深刻的认识转化为深入的实践，运用创新手段从宏观、中观、微观三个层面对家暴问题进行了系统性的回应，让受害者在各个环节、各个层面都能得到有力的支持，从而为受害者提供了全方位的援助。

另外，源众的专业性保障了其系统性解决方案的实现。在宏观层面，组织"专业"的学者进行法律研究，并对相关法律的制定提出"专业"的建议。在中观层面，借鉴国外"专业"的反家暴制度并与"专业"的组织进行合作开展多机构联合响应制度的试点。在微观层面，为受害者直接提供"专业"的法律援助、心理辅导等一系列服务；对基层一线反家暴工作者进行"专业"的培训和指导；对社会大众进行"专业"的法律宣传和倡导。"专业性"极大地提高了"系统性"解决方案的质量，让"系统性"更具可行性。"专业性"和"系统性"合二为一，不仅有利于切实保障受害者的权益，也让源众实现了自身的社会价值。

（三）案例可持续性的展望

源众成立七年，李莹一直在探索公益律师的职业化路径。但在公益律师还没被认可的当下，这条路径的探索是无比艰难的。在中国，公益律师是个极为小众的群体且多为民间力量，激励机制、人员、平台乃至社会认同等各方面都存在着不足。经费、人力往往是摆在公益律师面前最大的门槛。新冠疫情的发生更是让源众雪上加霜，甚至面临生存危机。面对无法预料的疫情发展形势，源众的目标就是活下去，只要活下去就有希望。[①]因此，如何化解疫情危机、如何在公益精神不足且资金和激励机制缺乏的环境下吸引和留住更多专业性人才加入公益是源众所面临的挑战。[②]

[①] 张旭：《公益律师李莹：不是所有人都愿意勇敢》，https://baijiahao.baidu.com/s?id=1680211420731405112&wfr=spider&for=pc，最后访问日期：2023年5月18日。

[②] 《乘风破浪"她力量"——李莹：维护妇女权益》，https://weibo.com/ttarticle/p/show?id=2309404612419090514107，最后访问日期：2023年5月18日。

近年来，家暴问题愈发得到社会的重视，尤其是反家暴法的出台为受害者的权益维护提供了法律依据。随着社会意识的觉醒和各项反家暴制度的完善，社会也更需要像源众这样的社会组织来提供高度专业的服务，帮助受害者利用法律武器维护自身权益。社会的巨大需求也体现了源众存在的必要性，尤其在疫情防控期间，隔离和封锁会带来更高的家暴发生率。正如李莹所说："这么多现实问题，总得有力量去推动、去倡导。"

面对新一阶段的挑战和机遇，源众也在积极探索破局之路。对于资金缺口，创始人李莹希望能让"受暴妇女支持小组"这个项目更加标准化，甚至以商业思维去用心打磨，这样一方面能让更广泛的女性受益，另一方面也能以"自我造血"的模式为公益提供更多资金。[1] 同时源众也申请了"社会企业"，在未来将进一步拓宽资金的来源渠道。对于疫情的限制，源众积极尝试线上的模式。比如，开展线上直播，介绍与妇女儿童权益保护相关的议题、普及法律知识，源众依然发挥着引导公众认知的作用；携手联合国妇女署，线上开展社会组织反家暴个案实务培训，教授一线人员反家暴基本原则、基础知识、个案流程及数据收集和分析的知识，以提高其反家暴个案实务的技巧，收到了热烈的反响；开发了线上"家暴求助"小程序，极大地便利了受害者的咨询和求助。

鉴于源众项目本身对社会问题的高度回应、解决社会问题的创新性、显著的社会影响力和其在面对挑战时的积极探索和坚定信念，该项目具备可持续发展的可能性，并值得借鉴和参考。

---

[1] 时瑞泽：《人物｜李莹律师：女性拥有的"现在"，来之不易》，https：//mp.weixin.qq.com/s?__biz = Mzg4NTg2MDU1OQ = = &mid = 2247493162&idx = 2&sn = 6c19c9d5cb876582cb70f815fc596906&source = 41#wechat_redirect，最后访问日期：2023 年 5 月 18 日。

"圆梦助残"：圆有爱无碍的出行之梦

吴昕阳[*]

一 引言

2016年7月28日，习近平总书记在河北省唐山市考察时指出"中国有几千万残疾人，2020年全面建成小康社会，残疾人一个也不能少"。当前，我国社会主要矛盾已经转化为人民日益增长的美好生活需要和不平衡不充分的发展之间的矛盾。在经济发展水平提升、物质资料生产充分、人民的生活质量提高的背景下，弱势群体的发展需求也受到更多关注。旅游是残疾人群体具有的、但长期被忽略的一项需求，对于健全人来说，只要在经济条件范围内，旅游是一项平常的休闲活动，但是对残疾人来说，却是难以实现的梦想。许多残疾人都怀抱着走出家门以及远行旅游的梦想，但现有的无障碍旅游产品和无障碍环境建设无法满足残疾人需求，导致大部分残疾人将自己封闭在家中，这加重了他们与社会的隔阂和脱节问题，也不利于社会公平与和谐发展。

党和国家近年来也对无障碍环境建设和无障碍旅游给予了更多关注，2008年，《关于促进残疾人事业发展的意见》出台和《中华人民共和国残疾人保障法》修订，在此影响下，全国各地景区开启了一轮无障碍改造。2013年，国务院发布《国民旅游休闲纲要（2013—2020）》，对加强无障碍建设，为残疾人旅游休闲提供保障做出了具体规定，从公共服务、休闲环境等多方面提出要求。2020年9月，习近平总书记在湖南考察时指

---

[*] 吴昕阳，中国人民大学社会与人口学院2021级社会政策专业硕士（MSP）研究生。

出:"无障碍设施建设问题是一个国家和社会文明的标志,我们要高度重视。"2021年,为贯彻落实习近平总书记关于残疾人事业的重要指示批示精神和党中央、国务院决策部署,进一步保障残疾人民生、促进残疾人发展,中国残联、住房和城乡建设部等13部门联合印发了《无障碍环境建设"十四五"实施方案》。2021年12月,国务院印发《"十四五"旅游业发展规划》提出要充分考虑特殊群体需求,健全无障碍旅游公共服务标准规范,加强老年人、残疾人等便利化旅游设施建设和改造,推动将无障碍旅游内容纳入相关无障碍公共服务政策。

尽管无障碍旅游对残疾人群体和社会公平都具有重要意义,但目前我国的无障碍旅游仍面临一些困境,主要有以下三点。

(1) 无障碍旅游需求大,但无障碍旅游产品缺乏

无障碍旅游是指通过一系列政策、措施等减少或消除老年人、残疾人、孕妇、儿童等弱势群体在旅游过程中的行为及认知障碍,使其能够独立自主、有尊严地融入社会生活、参与旅游活动。[1]"圆梦助残"项目在调研工作中发现,在我国现有的八千多万残疾人中,将近90%的残疾人从未外出旅游过,近60%的残疾人具有强烈的旅游愿望,11.7%的残疾人具备足够的经济能力出游,涉及家属的潜在残疾人无障碍旅游需求市场超过1亿人,潜在市场巨大。除了残疾人群体,老年人群体也是无障碍旅游消费的一大主体。大量退休老年人具有强烈的旅游意愿,并且具备足够的时间和经济条件,但由于老年人的生理特点,其旅游需求与年轻人不同,对无障碍设施的依赖程度较高。随着中国老龄化问题加剧,越来越多的人将要面临各种障碍。此外,还有孕妇、慢病体弱和肥胖超重等人群,也对无障碍旅游具有一定需求。据统计,无障碍旅游总需求人口超过4亿人。[2]

无障碍旅游具有庞大的需求群体,但无障碍旅游产品仍较为缺乏。残疾人和老年人等群体所需要的旅游产品和普通人有显著差异,但多数旅行社的产品仍然使用大众旅游产品设计的思路,较少有专门为残疾人设计的旅游线路和产品。一方面,大部分旅行社缺乏相关专业知识和经验,不了

---

[1] 严莹、王烨、陈从建:《新型村镇建设及人口老龄化背景下无障碍旅游环境建设研究》,《建筑与文化》2021年第5期,第172-173页。
[2] 数据来源:国家统计局网站。

解残疾人旅游需要，以及与残疾人相处的工作要点等，难以开发出专业的无障碍旅游产品。另一方面，由于残疾人、老年人等弱势群体具有一定脆弱性，多数旅行社认为承接相关旅游服务会面临更大的风险，因而不愿开发和运营无障碍旅游产品。除此之外，一些景区并未严格执行各类残疾人优惠政策，或未按要求配备相关无障碍设施，也致使本就稀少的无障碍旅游产品面临困境。

（2）现有无障碍环境建设滞后

无障碍环境是充分保障残疾人、老年人以及全体人民平等参与和平等发展权利的前提条件，也是残疾人、老年人等特殊群体实现无障碍旅游的必要保障。无障碍环境包括：硬件无障碍、信息无障碍和服务无障碍。1989年，我国第一部无障碍建设设计标准颁布实施，我国无障碍环境至今已有三十多年的发展历程，取得了多方面的成果，为保障残疾人等弱势群体平等享有社会权益和共享经济社会发展成果起到了重要作用，但我国无障碍环境建设仍有许多不足之处。主要体现在以下三个方面。

第一，全社会无障碍意识较薄弱。社会成员对无障碍环境内容和作用的认识不足，不少社会成员认为无障碍设施是对残疾人、老年人等群体的额外照顾。[1] 同时，多数社会成员对无障碍环境建设的认识停留在硬件无障碍层面，缺乏对信息无障碍和服务无障碍的了解。

第二，无障碍环境建设缺乏系统性。我国无障碍建设大多处于试点阶段和散点建设阶段，没有形成系统性。[2] 在建筑和城市建设的工程中，没有充分融入无障碍设计的理念，导致很多地方无障碍设施均为后期临时增添或改造的，无障碍设施和周围环境的适配性较低。同时，也造成道路与道路或建筑与建筑之间衔接处无障碍设施的缺乏，无法形成系统化、有效衔接的有机整体。

第三，无障碍环境监管和维护不到位。我国现行的无障碍相关国家标准有两部，即2012年发布的《无障碍设计规范》和2022年发布的《建

---

[1] 张东旺：《中国无障碍环境建设现状、问题及发展对策》，《河北学刊》2014年第34卷第1期，第122~125页。
[2] 谢宏忠、叶惠恋：《我国无障碍环境建设的现状与问题述略》，《中共福建省委党校学报》2014年第4期，第76~79页。

筑与市政工程无障碍通用规范》。但在实际建设过程中，由于监管力度较弱，大量无障碍设施不达标。同时，部分已建好的无障碍设施，由于缺乏有效的维护，也出现年久失修、无法使用等情况。监管和维护的不到位，对无障碍环境建设的效率和效果都产生了负面影响。

总体来看，根据《中国无障碍环境发展报告（2021）》，目前我国无障碍环境建设整体上解决了"有没有"的问题，但不标准、不好用、质量不高、缺乏系统性等问题还有待解决。对比西方发达国家，我国无障碍环境建设仍然处于滞后状态，滞后的无障碍环境建设也制约了无障碍旅游的发展。

（3）无障碍旅游标准缺失

标准化是维护服务对象权益、提升管理水平与服务质量的重要技术手段，我国的标准按级别可划分为国家标准、行业标准、地方标准、企业标准和团体标准，前三类属于政府标准，由政府主导制定，后两类属于市场标准，由市场主导制定。无障碍旅游相关标准对促进无障碍旅游规范化发展具有重要意义，但目前我国与残疾人无障碍旅游服务直接相关的国家和行业标准处于空缺状态。现存的国家和行业标准，一方面是直接针对无障碍环境建设的，例如 2012 年发布的《无障碍设计规范》和 2022 年发布的《建筑与市政工程无障碍通用规范》等；另一方面是针对全体人群旅游的，例如 2011 年发布的《旅游景区服务指南》，2017 年发布的《城市旅游服务中心规范》和 2019 年发布的《旅行社旅游产品质量优化要求》等，其中只有少数标准的个别条款提及了针对残疾人等弱势群体的便利服务的基本要求。现存标准主要是围绕无障碍环境建设以及普通群众旅游服务的规范要求制定的，对满足残疾人等特殊群体的服务需求方面的内容体现较少，无障碍旅游标准的确成了无障碍旅游实施和发展的阻碍。

二 案例描述

（一）发展历程

1. 起源

"圆梦助残"项目的创始人熊红霞早年成立四川省依然旅行社有限责

任公司（简称依然旅行社），其提供的服务和其他旅行社大致一样。在一次为成都市残联外出考察提供服务的过程中，熊红霞与成都市残联结识。后来在 2013 年，一帮残疾人朋友找到成都市残疾人福利基金会理事长廖国龙，表示他们很想出去旅游，希望能为他们介绍一家旅行社，因为其他旅行社都不愿意接待他们。基于之前的结识，廖国龙理事长找到熊红霞，希望她能为这帮残疾人朋友提供旅游服务。熊红霞与她的两位同学三人是同年同月同日生，彼此都觉得很有缘分，一直希望能够一起做一些有意义的事，但毕业后，大家有了各自的事业，三人一直没有找到契机共同来做一件事。正好，在廖国龙理事长找到熊红霞的当天，三人约好了一起吃饭，在饭局上说起这件事时，三人一拍即合，认为这件事很有意义，于是决定每人拿十万块钱出来，一共花三十万去帮助这些残疾人朋友，也当为自己过一个有意义的生日。从此，熊红霞踏上了服务无障碍旅游的道路。

2. 第一次：九寨沟之旅

在此背景下，熊红霞和两位同学开始筹备为这帮残疾人朋友提供旅游服务。一开始，熊红霞找到很多业内人员和残疾人了解相关事项，他们建议虽然这是公益性质的活动，但不能全部免费，活动的名额是有限的，如果全部免费，就很难去界定谁能来。于是他们最后决定，以每人 298 元的价格，为 300 位残疾人提供一次去九寨沟的旅行服务，如果按照面向大众的标准设置，大约需要每人 1000 多元。短短三天时间，300 个名额就报满了。名额报满后，有一位眉山的残疾人每天给熊红霞办公室打电话，希望能增加一个名额，那位残疾人哭着向熊红霞讲述自己已经 20 年没有出过家门了，这对熊红霞产生了巨大的震撼。熊红霞半信半疑和两位同学去拜访了那位残疾人。去了之后了解到，那位残疾人 20 岁时摘果子从树上摔下来造成残疾，男友也离她而去，她在床上躺了 15 年，后来政府修路为她派发了一个轮椅，但是农村道路上根本推不动轮椅，她就这样在家待了 20 年。和人交流时，她的目光很呆滞，语言功能也有一些丧失。熊红霞深受触动，决定为她增加一个名额。为了更好地为这些残疾人提供旅游服务，2013 年 2 月，熊红霞和几位同事前往九寨沟实地考察，一路上发现食、住、行等各方面都存在很大问题。首先，因为没有无障碍大巴车，到达景区后，需要将每一位残疾人抱下大巴车。其次，九寨沟大巴车停放点离景区具有一定距离，且地形崎岖，不少景点轮椅难以通行。熊红霞第一次感到有些崩溃，但她还是咬牙坚持下来。幸运的是，他们收获了当地的多方支持，阿坝大九旅集团公司主动提出减免观光车费用，观光车还可以直接从酒店接人到景区。另外，九寨沟民族歌唱家容中尔甲把剧场前排最好的位置留给这些特殊的游客，并且免收门票。当地办篝火晚会的扎西德勒藏家老板马老二自掏腰包，带着残疾人朋友一起点篝火、烤全羊，并表示"圆梦助残"项目办多久，他就支持多久。在熊红霞一行人的努力以及各方的支持下，"圆梦助残"项目第一次九寨沟之旅正式成行。许多残疾人朋友在看到九寨沟风景的那一刻都激动流泪，熊红霞也表示此次带这些残疾人的团比以往带3000人的团压力更大，但极有意义。

3. 第二次：草原之行

第一次九寨沟之旅参与的都是肢体残疾人士，后来一群视力残疾人朋友找到熊红霞，希望也能出去旅游一次。熊红霞和两位同学最初拿出的三十万元，在第一次九寨沟之旅中，因为受到了各方支持，最后只花了十多万元，于是他们决定利用剩下的钱再帮助100位视力残疾人圆旅游梦想。由于视力残疾的特殊性，100位视力残疾人就需要100名志愿者陪同，当时正处七月旅游旺季，熊红霞的团队抽不出人手，她只能发朋友圈招募志愿者。考虑到经费问题，志愿者也需要交500元费用，第二天100名志愿者的名额就报满了，其中70名是本地志愿者，还有30名省外志愿者自费坐飞机来参与此次活动。这次旅行是去草原，视力残疾朋友们在草原上骑马、唱歌、跳舞，深深触动了所有志愿者。经过2013年的两次旅行，熊红霞认为帮助残疾人是件很有意义的事，也希望能更长久地做下去，于是将以前的旅行社业务进行转型，专注于无障碍旅游，也象征着"圆梦助残"项目正式成立。此后，"圆梦助残"项目的无障碍旅游线路和产品也逐渐丰富起来。

4. 逐步纳入更多主体

转型专注无障碍旅游后，熊红霞意识到仅凭一家企业的力量十分有限。2014年5月，熊红霞号召全国100多家旅行社成立了"中国残疾人旅游同盟"。一年之后，出现了很多问题，熊红霞和团队成员们意识到，光靠旅行社的力量是不可持续的，要实现可持续发展的关键是要具备

"造血"功能。2015 年,"圆梦助残"项目团队联合四川省肢残人协会和重庆市肢残人协会共同主办了"首届全国无障碍旅游发展论坛"。旅行社、景区、酒店等相关产业链的各个主体都参与了此次论坛,希望能共同打造无障碍旅游的生态圈。[①] 到 2015 年底,"圆梦助残"项目基本达到了收支平衡,能够实现常态化发展。在正式走上发展正规之后,"圆梦助残"项目团队也意识到,仅依靠市场的力量是不行的,需要在全方位的规划布局中纳入更多主体,于是逐步将市场、公益、学术、政府、媒体等板块的主体融合起来,形成了较全面的"产学研结合"的"政、社、企、校"四方联动布局结构,同时灵活运用媒体资源。

(二)"圆梦助残"项目现状

经过前期探索,"圆梦助残"项目已经孵化出较成熟的无障碍旅游产品,完成了产品的打版工作。在政、社、企、校加上媒体全方位布局的基础上,"圆梦助残"项目的影响力逐步扩大,下一步的工作便是希望能在全国复制无障碍旅游产品。目前"圆梦助残"项目继续为残疾人提供旅游产品服务,并积极促进无障碍旅游的推广与发展,同时拓展和帮扶残疾人相关的其他业务板块。

1. 无障碍旅游相关标准制定

为了实现无障碍旅游的有效推广和发展,"圆梦助残"项目目前一项新的工作重点是推动无障碍旅游相关标准的制定起草。"圆梦助残"项目创始人熊红霞一直致力于更高效率地推广无障碍,因为她一直怀抱的目标是"希望有一天没有熊红霞这个人做这件事情之后,无障碍旅游也能够常态化地发展下去。希望每个残疾人想去旅游时,都清楚知道哪里能找到合适的旅行社去报名。希望为每一个残疾人都带去出行的机会"。通过制定标准,能够实现在更广范围、更高效率地促进和规范无障碍旅游发展。

"圆梦助残"作为一个民间企业发起的项目,要推动一项标准的制定,首先,自身必须在这个行业中有一定权威性,获得行业、政府以及服务对

---

① 《首届全国无障碍旅游论坛举行 专项旅游为残障人士送福利》,http://sc.cnr.cn/sc/2014lv/20150512/t20150512_518537747.shtml,最后访问日期:2023 年 4 月 23 日。

象的认可，才有可能去做标准的制定者。其次，仅依靠"圆梦助残"项目团队自身的力量无法推动标准的制定，该项目构建出的市场、政府、社会组织、高校和媒体联动的布局结构是制定无障碍旅游标准的重要基础。

2022年，"圆梦助残"项目团队完成《残障人士旅游服务规范》起草工作并申报四川省地方标准，在起草该标准时，项目团队采取的具体方法是，先设立明确的目标，即获得无障碍旅游地方标准立项，目标确立后深入了解标准制定和出台的流程和要求，然后根据要求倒推前期需要完成的工作以及需要整合的资源，做好以上准备后正式开始工作。"圆梦助残"项目团队先找到市场监督管理局了解地方标准制定和出台的具体流程，然后需要确定一个主管单位。"圆梦助残"项目找到了四川省文旅厅，文旅厅对地方标准的把握更深刻，也非常支持，为"圆梦助残"项目提供了很多地方标准的模式、流程、申报要求等具体信息。四川省文旅厅提供的信息帮助"圆梦助残"项目梳理出了制定地方标准的全部流程，以及流程中每个环节需要的材料及具体要求，"圆梦助残"项目团队便可据此流程逐项准备。在具备了流程框架之后，每个环节、每项材料也并不是盲目的准备，"圆梦助残"项目本身积累了大量素材，但在素材整合和材料撰写方面，有学者和专家的协助能够避免出现虽然准备了大量材料但质量不过关，使工作白费的情况。"圆梦助残"项目团队在明确流程框架后，立即向无障碍旅游领域多位专家和学者咨询，其中有团队主动请的专家，也有文旅厅介绍的专家。在"圆梦助残"项目自身积累的大量素材基础上，加上文旅厅和专家等各方的协助，最终"圆梦助残"项目团队完成了《残障人士旅游服务规范》的起草，以四川省残疾人无障碍环境建设促进会的组织名称提交申报四川省地方标准审批并于2022年6月获得立项。另外，"圆梦助残"项目同年还采取类似的方法完成了《无障碍旅游从业人员培训指南》和《无障碍旅游线路设计指南》的起草工作，申报旅游行业标准，并于2022年10月获得立项。

2. 残疾人相关业务板块

当前阶段，制定无障碍旅游相关标准是"圆梦助残"项目促进无障碍旅游推广发展的主要方式，同时，"圆梦助残"项目积极拓展残疾人相关业务板块，主要包括：为残疾人提供职业介绍、就业技能培训；为企业提供残疾人用工宣讲及培训；承接政府购买服务等。在搭建资源布局的过程中，"圆梦助残"项目形成了丰富多元的组织形态，根据每个业务板块工作的具体需要，选择合适的组织形态开展工作。各业务板块之间也不是割裂的，各板块和无障碍旅游板块形成有机互通的整体，共同从多元渠道满足残疾人需求，提升残疾人生活质量，促进社会对无障碍环境建设和残疾人事业的关注。

（三）"圆梦助残"项目成效

目前"圆梦助残"项目已形成一套促进无障碍旅游发展、多渠道满足残疾人需求的解决方案。第一，"圆梦助残"项目通过积累的大量经验和几年时间的孵化，形成了较成熟的无障碍旅游产品，并推广到更多旅行社，满足残疾人旅游愿望，填补了旅游市场无障碍旅游产品的空缺。第二，该项目通过与政府和高校等主体合作，提升政府和学术界对残疾人需求及无障碍环境建设的关注，推动更多相关政策的出台和相关研究的进行。第三，开展无障碍环境建设现状及其他相关调研，形成调研报告，增强全社会无障碍环境建设意识，促进无障碍环境建设水平的提高。第四，在前三点工作积累的基础上，制定无障碍旅游相关标准，促进无障碍旅游高效规范发展。第五，拓展其他业务板块，拓宽收入渠道，实现商业与公益有机互动，充分发挥自身造血功能，从而实现可持续发展。

"圆梦助残"项目曾多次被媒体报道，例如：中国网、中国旅游报、四川日报等，并获得各类奖项荣誉累计一百多项（中国公益慈善项目大赛社会创新项目金奖、第三届中国青年志愿服务项目大赛金奖等）。

从项目具体成效上看，目前"圆梦助残"项目通过直接提供无障碍旅游产品，帮助20多万人次残疾人圆了旅游梦，旅游线路多样，疫情前还有欧洲旅游线路。除了直接为残疾人提供无障碍旅游产品，"圆梦助残"项目推动了全国上百个景区进行无障碍设施改造，并出版全国第一本景区无障碍手册《成都无障碍手册》。同时，"圆梦助残"项目在成都开展多次无障碍环境发展现状调研，并出具详细调研报告，供政府相关部门参考。2022年，由"圆梦助残"项目团队以四川省残疾人无障碍环境建设促进会为名负责起草的《残障人士旅游服务规范》获得地方标准立项,《无障碍旅游从业人员培训指南》和《无障碍旅游线路设计指南》获得行业标准立项,后续"圆梦助残"项目仍计划着手制定更多无障碍旅游相关标准。

三 "圆梦助残"项目社会创新性分析

下文将结合友成基金会研发的"三A三力"评估指标体系分析"圆梦助残"项目的社会创新性。

(一)"圆梦助残"项目社会目标驱动力体现

1. 社会使命

残疾人因其生理上的弱势特征,是社会高度关注的一类群体,社会政策对残疾人地位改善和生活水平的提升具有重要意义,社会政策不仅能够为残疾人提供一定的政策支持和一定质量的服务,还以一种社会的意识形态和社会价值影响着对残疾人的社会支持。[1] 新中国成立以来,中国残疾人社会政策主要经历了三个阶段:第一阶段是1949年至1988年,这一阶段的残疾人社会政策以建立居养机构为主,保障水平较低;第二阶段是1988年至2008年,这一阶段的残疾人社会政策以残疾人自立为目标,制定一系列庇护性政策,在一定程度上提高了保障水平;第三阶段是2008年至今,这一阶段重点是建立发展性社会政策,促进残疾人融入社会。[2] 由此可见,当前的残疾人社会政策不应只是满足残疾人基本生存需求的政策,保障残疾人平等权利、促进残疾人平等发展同样应被纳入残疾人社会政策的构建中。保障残疾人各项权利,使残疾人共享社会发展成果,是社会公平的重要体现,也是共同富裕的基本要求。要将残疾人纳入共同富裕进程,缩小残疾人经济和社会地位与社会平均水平的差距,基本路径是各

---

[1] 王思斌:《社会政策时代与残疾人事业的发展》,《中国残疾人》2004年第8期,第29~31页。
[2] 杨立雄:《中国残疾人社会政策范式变迁》,《湖北社会科学》2014年第11期,第42~47页。

方面的去障碍。①

出行是残疾人面临的一大主要障碍，残疾人出行很大程度上依赖于无障碍环境，不完善的无障碍环境阻碍了残疾人走出家门，长期以来，残疾人无法像健全人一样独立出行，他们独自在家附近买菜、购物，满足基本生活需要都会面临很多困难，更不可能去更远的地方旅游。残疾人的旅游及其他发展需求在很长时间内都被社会遗忘了，与之相伴的还有残疾人生活幸福感低、与社会隔阂加重、加剧社会不公平等诸多问题。在此背景下，"圆梦助残"项目以"帮助残疾人走出家门、融入社会、推动无障碍环境建设的发展"为使命，致力于促进无障碍旅游发展和推广，这有助于提升社会对残疾人处境的关注，满足残疾人现实需求、提升残疾人福祉，同时也是顺应残疾人社会政策关注点的发展趋势。

2. 组织愿景

"圆梦助残"项目的愿景是"让每一位残疾人都有出行机会"。"圆梦助残"项目发起的原因是创始人熊红霞通过亲身接触残疾人，了解到他们的出行困难和旅游梦想难以实现，希望帮助他们实现出行的愿望。在最初的两次活动后，熊红霞亲眼见证了实现旅游梦想后残疾人的巨大改变，这使她深刻意识到旅游和出行对残疾人的意义。于是，她决定舍弃过去从事的常规旅游业，专注于发展无障碍旅游，改变残疾人的出行困境，实现残疾人的旅游梦想。依然旅行社最初做常规旅游业时，每年能有上百万利润，但决定转型专注且长期发展"圆梦助残"项目后，以前的盈利产品都必须要舍弃，并且要花费大量精力和时间在新的领域探索。但熊红霞和"圆梦助残"项目团队都认为从长期来看，无障碍旅游是很有意义的事业。"圆梦助残"项目孵化无障碍旅游产品，制定无障碍旅游标准，还有依托社会企业四川一二三圆梦科技有限公司拓展出的残疾人就业创业、残疾人居家无障碍改造等业务领域，无一不围绕"圆梦助残"项目的初心使命，以改善残疾人出行问题、提升残疾人生活水平为目标。

3. 资源禀赋

"圆梦助残"项目的前身为专业从事旅游行业的四川省依然旅行社，

---

① 关信平：《当前我国推动残疾人共同富裕的社会政策主要议题》，《残疾人研究》2022年第2期，第12~21页。

其具有丰富的旅游业资源，是"圆梦助残"项目孵化无障碍旅游产品，实现残疾人旅游愿望的基础。但要实现"让每一位残疾人都有出行机会"的愿景，"圆梦助残"项目需要将多方面资源加以整合，借助多种力量。

那么"圆梦助残"项目是如何寻找、吸纳并利用资源的呢？首先，"圆梦助残"项目并不是盲目地去寻找资源，而是根据项目发展阶段和实际需要去寻找相应的资源，通过各种渠道，不断整合新的资源，来满足项目发展的需要。从最初的"圆梦助残"项目单打独斗，到上百家旅行社形成的"中国残疾人旅游同盟"，发展成为旅游产业链上多个主体共同打造无障碍旅游生态圈，再到"政、社、企、校+媒体"的资源布局结构，要利用好这些资源，"圆梦助残"一直秉持一种理念，即纯粹利他不可持续，纯粹利己也不可持续，只有在双赢或者多赢的局面下才能实现可持续。例如，从学术资源的角度看，"圆梦助残"项目团队在起草行业标准时，如果没有学术参与，在理论支撑和文字撰写方面会有所欠缺，就需要专家学者帮助。而对高校学者来说，参与行业标准起草对其收集研究素材和评职称都有帮助，因此专家学者也十分愿意合作。从政府资源的角度看，"圆梦助残"项目需要政府的支持，在做出一定成效后，把成果交给政府，为政府增添了政绩，因此政府也愿意提供支持。"圆梦助残"项目的一大理念是"整合资源、善用资源、分享资源"，首先明确自身需求，然后找准资源方的需求，在整合资源的过程中，去寻找二者需求中的交叉点，从交叉点切入，在满足自身需求的同时，也满足了资源方的需求，从而与各个资源方构成互惠互利的关系。

熊红霞作为团队的牵头人，具备深厚的专业能力和极强的资源整合能力，这两样特质对"圆梦助残"项目的发展有着至关重要的影响。

在专业能力方面，熊红霞在旅游的各个环节都有工作经验，她曾经从事过旅行社导游、计调和外联岗位的工作，在国内、国外、包机和专线等方面都有丰富经验，对于旅游的所有环节都十分熟悉。这为完成体系化的产品研发奠定了基础。在转型专注发展无障碍旅游后，熊红霞广泛进行无障碍领域的学习和研究，对无障碍旅游史和无障碍环境建设标准等都有十分深入的了解，对无障碍旅游的每一环节都精益求精，力求在每一个环节做到专业。熊红霞的口头禅之一便是"你们需要时，我们刚好专业"。

在资源整合方面，对自己本身业务达到精通的水平是整合资源的基础，但同时综合素质也十分重要。熊红霞对企业、高校、政府、社会组织均有一定的了解，这也使得她能够高效整合所需的资源。熊红霞认为，一些做企业做得好的人不一定能整合到政府资源，一些能整合政府资源的人不一定懂学术的价值，无法整合到高校资源，只有具备综合素质，才能够整合到各方资源。

（二）"圆梦助残"项目解决方案创新力体现

1. 产品和服务创新

"圆梦助残"项目在前期通过孵化无障碍旅游产品，弥补了旅游市场中无障碍旅游产品缺失的问题，实现了产品创新。在产品创新和搭建资源布局结构的基础上，"圆梦助残"项目希望实现无障碍旅游产品在全国范围内的可复制。为实现无障碍旅游高效、规范的推广，"圆梦助残"项目对以往的服务方式进行创新，当前阶段将制定无障碍旅游相关标准作为重要方式。

"圆梦助残"项目最初进行产品推广采取的方法是：针对无障碍旅游产品制作一整套课件，在多个城区，为几百家旅行社进行经验分享和培训。全国有数以万计的旅行社，如果要扩展到全国范围，通过课件培训的方式，效率会非常缓慢。如果能够形成标准规范，从地方标准再到行业标准，就能有效引领和带动更大范围内无障碍旅游的发展，这是最简洁，也是最有效率的一种方法。如果靠"圆梦助残"项目团队去做无障碍旅游，四川以外地区的残疾人可能需要十年、二十年，才能实现旅游梦想，获得比较好的无障碍旅游服务。但如果通过制定标准去引领，再配备上详细的课件作为操作指南，就更容易推广，可能三年到五年就能在全国更大范围复制无障碍旅游项目。

2. 路径创新

"圆梦助残"项目清晰的、逐步纳入更多主体的发展历程，每一步都是有计划、有针对性的。在意识到一家企业的力量不足后，"圆梦助残"项目团队开始与旅游市场中的多个主体合作，然而，他们发现仅依靠市场的力量是不够的。因此，他们制定了全方位的规划布局，并纳入了更多的主体，形成了"产学研结合"的"政、社、企、校+媒体"布局结构。通过这种结构，他们开拓创新了无障碍旅游推广与发展的路径。

市场板块。依然旅行社仍然被保留下来，继续负责旅游相关的专业服务。2015年，四川一二三圆梦科技有限公司成立，并且已通过社会企业认证，其作为市场板块的一大主体对无障碍旅游产品进行孵化，并且逐渐开发出残疾人就业创业等更多领域的服务。

公益板块。社会组织与企业相比，最大的优势在于能够利用更多公共资源，具有影响力，其专业性和平台优势能够在"圆梦助残"无障碍旅游项目的发展中发挥重要作用。2015年4月，"四川圆梦助残公益服务中心"成立，希望借助公益的平台帮助"圆梦助残"项目链接更多社会资源。随着"圆梦助残"项目越来越成熟，也在无障碍领域打出了一定的知名度，团队的专业度也逐渐受到认可。"四川省残疾人无障碍环境建设促进会"和"成都市无障碍环境促进会"在2020年和2021年相继成立，均由熊红霞担任会长，促进会的成立也为"圆梦助残"无障碍旅游项目带来了一定的助力。

学术板块。2015年7月，"圆梦助残"项目和四川师范大学历史文化与旅游学院共同发起成立了"无障碍旅游研究与发展中心"，希望引领更多专家和学者来研究无障碍旅游领域。该中心成立后，出版了全国第一本无障碍旅游学术专著《残障人士无障碍入华史及其发展》，也使得无障碍领域不仅在学术范围，而且在政府和社会范围都获得了更多关注。

政府板块。"圆梦助残"项目团队深刻地认识到政府对推动无障碍旅游发展的重要作用，2019年，在项目团队的推动下，成都市残疾人联合会和成都市文化广电旅游局共同主办了"成都无障碍旅游发展研讨会"，此次研讨会的召开象征着"圆梦助残"项目团队所做的无障碍旅游从民间走向了官方，并且将无障碍旅游服务纳入了政府的购买服务范围。同时，"圆梦助残"项目团队一直积极整合政府各部门无障碍旅游的相关资源，包括：成都市残联、成都市文旅局、共青团四川省委、四川省残联、四川省文旅厅等。

媒体板块。"圆梦助残"项目创始人熊红霞十分重视项目的宣传工作，她认为"让别人知道你做的事情是非常有必要的，这不是为了吹嘘或者虚荣，让别人知道你在做什么，才能受到肯定、获得支持，进而做得更加长久"。因此，"圆梦助残"项目将媒体板块也纳入规划布局，借助媒体对自身各项活动和工作的报道，进一步扩大了自身知名度，获得了更广泛的资源支持。

3. 制度创新

"圆梦助残"项目的制度创新也体现在对内和对外两个方面。

第一，对内"圆梦助残"项目团队形成了一整套在内部开展工作的标准化方法，这套方法使得项目具备成效，并可复制。"圆梦助残"项目开展工作时，总是先确立明确目标，然后依次向下分解多级目标，并以此开展具体的工作内容。从宏观整体上看，"圆梦助残"团队在开展工作前首先会思考工作的目的是什么，他们的最终目的是希望每一个残疾人都能有出行机会，然后以此倒推需要开展什么工作。首先，如何实现每一个残疾人都有出行机会的目标呢？这就需要有大量旅行社为残疾人提供无障碍旅游产品。其次，如何在更短的时间内让更多旅行社知晓并认可"圆梦助残"项目的无障碍旅游产品呢？就需要通过孵化出成熟的商品和商业模式，并且通过制定标准进行高效、广泛的推广。然后再继续向下分解，分为一级、二级等成梯队的目标，每一级目标下有相对应的工作任务需要完成，并且每一级工作都有预案以应对各种障碍，例如，在寻找地方标准主管单位、向一些单位求助时碰壁，便立即启动预案向文旅厅寻求支持。最后，将每一个细分的工作任务做实，通过完成一个个细分任务，最后实现"圆梦助残"项目的总目标。在目标向下细分的过程中会对团队产生新要求，"圆梦助残"项目会根据具体情况具体应对，第一类方法是调整自身结构、拓展布局，例如：成立四川圆梦助残公益服务中心、四川一二三圆梦科技有限公司，拓展社会组织和社会企业组织形态；第二类方法是获取其他主体支持，例如：与政府部门和高校开展交流合作。制定无障碍旅游地方标准是"圆梦助残"项目宏观体系中的一级细分目标，但这一目标仍采用相同战略，继续向下细分，具体过程已在上文有所阐述，不再赘述。

第二，对外"圆梦助残"项目推动了外部的标准文件和相关政策的出台。"圆梦助残"项目现阶段以制定无障碍旅游相关标准为战略目标，地方标准《残障人士旅游服务规范》聚焦残疾人旅游服务需求，立足旅游"吃、住、行、游、购、娱"等服务功能和服务内容，细化残疾人旅游服务的组织要求、设施建设、设备配置、人员要求等，明确安全与应急、服务评价与改进等管理规范，对在四川省范围内无障碍旅游的推广和规范起到了很大作用，促进了四川省对无障碍旅游其他配套政策的重视，同时也对全国其他省份无障碍旅游相关标准的制定和出台提供了指引和参考。①《无障碍旅游从业人员培训指南》提出了无障碍旅游从业人员的培训机构、培训内容、培训形式、效果评价和改进的指导框架，为加强结构合理、素质较高的无障碍旅游人才队伍建设提供了重要支撑，对于提升无障碍旅游服务品质、推动无障碍旅游服务的规范和健康发展具有重要意义。《无障碍旅游线路设计指南》提出了无障碍旅游路线设计原则，以及旅游目的地选择、无障碍旅游影响要素的考虑和控制、路线的编排和优化改进等方面的指导框架，对促进旅游细分市场的发展、保障残障人士等特殊群体安全、舒适地旅游具有重要意义。②"圆梦助残"项目还在充分研究的基础上，勾画出无障碍旅游标准体系，体系框架由通用基础，无障碍旅游产品实现，服务提供、管理与保障三个子体系组成。未来，"圆梦助残"计划根据体系框架规划内容，逐步制定更多无障碍旅游相关标准，将标准体系填补完整，通过标准文件在全国范围内引领和规范无障碍旅游发展。

（三）"圆梦助残"项目行动效果转化力

1. 项目团队的行动力

"圆梦助残"项目目前有三部分团队对项目的运营和发展具有重要作用：核心专职团队、专家库和志愿者。

在核心专职团队方面，"圆梦助残"项目的专职工作人员几乎都有旅游业从业经验，在旅游方面比较专业。"圆梦助残"项目从最初只在旅游

---

① 《〈残障人士旅游服务规范〉喜获地方标准立项》，https://mp.weixin.qq.com/s/sDJprxeXqsNlvN-kwxkIQg，最后访问日期：2023年4月23日。
② 《喜报！四川省两项无障碍旅游业标准喜获立项》，https://mp.weixin.qq.com/s/rNMplIMDPoCuVMNDnLKl7w，最后访问日期：2023年4月23日。

方面专业逐步拓展到在无障碍领域也具有较高专业性，这得益于"圆梦助残"项目对团队和专业人才的培养。创始人熊红霞非常重视专业性，她一直认为"专业的人做专业的事"。开始从事无障碍旅游的时候，熊红霞搜集了各种文献进行阅读，发现几乎都是来自国外的英文文章，后来发现其中一篇来自中国台湾，于是她联系上那篇文献的作者吴言濬教授，并专门到台湾拜访吴教授，向其请教学习。熊红霞采取这样的方式不断学习，同时推动团队成员去多方面学习，使得"圆梦助残"项目团队越来越专业。后来，"圆梦助残"项目团队发现无障碍旅游实际上和社会工作是结合在一起的，团队成员就通过考取社工证的方式，提升社工专业能力。目前，"圆梦助残"项目主要采取"理论+实践"培训的方式，不断提升自身在无障碍领域的专业性。理论板块主要是邀请专家学者为团队成员授课，实践板块主要由团队成员亲身参与无障碍旅游活动、无障碍环境实地调研等。当然，根据团队成员自身情况不同，每位成员的学习效果有所差异，但一个团队也需要各种人才，团队里一些成员在无障碍领域可能不是特别专业，但在动员和管理志愿者方面能力很强，或党建工作做得非常专业。因此，"圆梦助残"项目也重视将合适的人放到合适的位置，使得每位成员在其位置上充分发挥自身专业性。

在专家库方面，创业之初就获得了IBM公司高层的认可，专门派遣了一批国际专家入驻机构对"圆梦之旅——无障碍旅游"进行了为期三个月的无偿指导，让"圆梦助残"项目的商业模式、管理机制等更加专业化、国际化。此外"圆梦助残"项目建立了长期的、数量庞大的专家库。作为"圆梦助残"项目的智库，专家们能够在团队需要帮助时提供及时的咨询服务或其他支持。专家库中的专家主要是由创始人熊红霞、核心团队成员和专家库中的专家邀请加入的。专家库中的专家类型也十分多样化，包括高校教授、政府官员、企业家、公益行业从业者等，他们利用自身的知识、经验能够为"圆梦助残"项目提供多元化的帮助。

在志愿者方面，"圆梦助残"项目在最开始的几次旅行中，采取招募志愿者的形式，后来开始专注长期发展后，建立了圆梦志愿者队伍，目前已有几百人的规模，志愿者来自全国多个省份。由于残疾人的生理特征，每次旅游出行时，都需要大量的志愿者提供服务。另外，在开展无障碍环境建设现状调研等工作时，"圆梦助残"项目也会邀请志愿者共同参与。志愿者队伍为"圆梦助残"项目团队提供了人力补充，同时也促进了无障碍旅游及残疾人事业的传播和推广。

2. 资金和资源的可持续性

"圆梦助残"项目一直以来非常重视自身的造血功能和可持续发展，目前已实现项目资金和资源的可持续性。项目在起步初期，主要通过提供无障碍旅游服务获取利润，但由于项目服务对象的特殊性和项目本身带有的公益性，因此较难仅依靠提供服务的利润实现可持续发展。在孵化出较成熟的无障碍旅游产品后，"圆梦助残"项目制作课件，为其他旅行社提供培训，以此获得收入。在2015年底，"圆梦助残"项目已实现收支平衡。"圆梦助残"项目坚持公益和商业相结合的运营方式，在体现助残事业公益性的同时，通过商业运营实现可持续发展。发展至今，"圆梦助残"项目不断拓展资金和资源获取渠道，除了前期为残疾人提供无障碍旅游服务、为旅行社提供无障碍旅游培训获得的收入，目前，"圆梦助残"有25%的资金来源于政府购买服务，还通过销售无障碍手册、为残疾人提供就业创业服务、为企业提供残疾人用工培训、企业会展活动等获取多元化的收入和资源。

3. 项目传播影响力

在"圆梦助残"项目主要工作板块中，项目的传播影响力主要通过三个方式实现。第一，向其他旅行社推广无障碍旅游产品，"圆梦助残"项目根据自身经验孵化出的成熟的无障碍旅游产品，通过交流或培训的方式，在更多旅行社进行复制。第二，通过出版并销售《成都无障碍手册》，在为残疾人出行出游提供便利的同时，让更多人知道"圆梦助残"项目，提升了项目知名度和影响力。第三，制定无障碍旅游相关标准，这是"圆梦助残"项目影响范围更广、影响力度更大的一种方式，一方面让政府对"圆梦助残"项目有更多了解，另一方面提升"圆梦助残"项目在无障碍行业领域内的专业地位和影响力。

除了通过"圆梦助残"项目主要工作板块进行传播，创始人熊红霞凭借其积累的经验，在行业内具备一定知名度，时常会受邀参与一些大型会议，如 2022 年 7 月举行的"第十届两岸公益论坛"。参会时，熊红霞积极交流与分享项目状况和经验，以提升项目的传播影响力。

另外，"圆梦助残"项目近期还充分利用微信公众号、抖音短视频等新媒体平台，发布项目信息，同时采取更多创新的项目传播形式进行宣传。例如：2022 年 7 月，"圆梦助残"项目在微信公众号发起"无障碍公益大使"招募活动，经过两周时间，评选出 36 位第一批公益大使，公益大使作为"圆梦助残"项目团队的延伸，也对提升项目传播影响力提供助力。

四 案例总结

（一）案例社会创新因素总结

通过上述分析，借助"三A三力"评估指标体系，能够总结出"圆梦助残"项目具备的社会创新因素。在社会目标驱动力方面，"圆梦助残"项目聚焦无障碍旅游与无障碍环境发展滞后难以满足残疾人需求的问题；以"让每一位残疾人都有出行机会"为愿景，并坚守初心，围绕愿景开展各项工作；"圆梦助残"项目创始人和团队丰富的旅游业资源和经验，以及搭建的全方位资源布局都助力"圆梦助残"项目实现推广和发展无障碍旅游的目标。在解决方案创新力方面，"圆梦助残"项目在创新无障碍旅游产品的基础上进行了服务方式的创新，当前阶段以制定标准为推动无障碍旅游发展的重要方式；通过搭建"政、社、企、校+媒体"布局结构，开拓创新了无障碍旅游推广与发展的路径；对内形成了一整套开展工作的标准化方法，对外推动了标准文件的制定。在行动效果转化力方面，"圆梦助残"项目创始人具备丰富的旅游业工作经验和极强的资源整合能力；组建了由核心专职团队、专家库和志愿者共同组成的项目团队；拓展业务板块，从多元化渠道获取资金和资源，实现项目的可持续性；通过推广无障碍旅游产品、销售无障碍手册、制定无障碍旅游标准，创始人参会宣传，利用新媒体平台创新传播形式，提升项目传播影响力。

表1 "圆梦助残"项目三A三力体现

三A三力		"圆梦助残"项目的体现
Aim： 社会目标驱动力	社会使命	帮助残疾人走出家门、融入社会、推动无障碍环境建设的发展
	组织愿景	让每一位残疾人都有出行机会
	资源禀赋	"圆梦助残"前身为四川依然旅行社，具有丰富旅游业资源；寻求所需资源，与各个资源方形成互惠互利关系
Approach： 解决方案创新力	产品服务创新	以制定标准为推动无障碍旅游发展的重要方式
	路径创新	搭建"政、社、企、校+媒体"全方位资源布局结构
	制度创新	对内形成向下逐级分解目标地开展工作的标准化方法，对外推动了《残障人士旅游服务规范》、《无障碍旅游从业人员培训指南》和《无障碍旅游线路设计指南》等相关政策的发展
Action： 行动效果转化力	项目团队行动力	核心专职团队+专家库+志愿者
	资金和资源的可持续性	多元化渠道获取资金和资源
	项目传播影响力	推广无障碍旅游产品、销售无障碍手册、制定无障碍旅游标准；创始人参会宣传；利用新媒体平台创新传播形式

（二）案例模式分析与提炼

残疾人是受到社会政策关注的一类弱势群体，目前，无障碍旅游产品缺少、无障碍环境建设滞后和无障碍旅游标准缺失导致的出游出行困难是残疾人面临的重要问题，这些问题也对社会公平和社会和谐发展产生了负面影响。"圆梦助残"项目则形成了一种"行业精英"发起的可持续公益模式（见图1），为这些问题提供了有效的解决办法。

"圆梦助残"项目形成的由"行业精英"发起的可持续公益模式，其创新特点主要体现在"专业性"和"可持续性"两个方面。第一，"行业精英+专家团队"保证了"圆梦助残"项目的专业性和基础资源。创始人熊红霞及其团队在旅游行业具备丰富的经验和较高的专业性，并掌握大量旅游基础资源，已属于旅游业"行业精英"，同时联合无障碍领域专家团

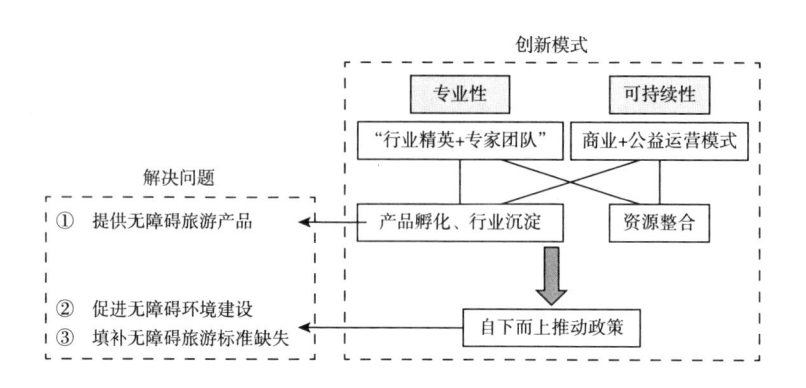

图 1　"圆梦助残"项目模式

队，提升无障碍领域专业能力，为"圆梦助残"的诞生和发展奠定了坚实、良好的基础。第二，商业+公益的运营模式保证了"圆梦助残"项目的可持续发展。"圆梦助残"项目具备多种组织形态，拓展残疾人相关的多个业务板块，通过商业运营获取利润，同时以公益形式实现自身社会价值，从而让自身具备"造血"功能，以实现可持续发展。

在"专业性"和"可持续性"两大创新特点之下，从更具体的层面看"圆梦助残"项目的行动，其依托"行业精英"身份和商业+公益运营模式，"圆梦助残"项目对内进行产品孵化，对外不断进行资源整合。一方面，"圆梦助残"项目注重无障碍旅游产品的孵化和自身在行业中的沉淀，从2013年发展至今，"圆梦助残"项目已经沉淀了近10年，最初也遇到了很多问题，走过很多弯路，但团队不断地在错误中成长，不断找出旅游产品中的问题和欠缺并进行完善，发展至今无障碍旅游产品已经很成熟。通过多年的产品孵化和行业沉淀，"圆梦助残"项目已成为行业内的标杆，得到了行业的认可，"圆梦助残"项目的这一行动也有效解决了旅游市场中无障碍旅游产品缺失的问题。另一方面，"圆梦助残"项目重视资源整合，在发展过程中不断开拓更多渠道的资源，并积极运用已有的各项资源。各项外部力量和资源也是"圆梦助残"项目持续发展、专业性不断提升、影响力逐步扩大的重要支持。

在对内进行产品孵化和行业沉淀、对外进行资源整合两大行动的基础之上，"圆梦助残"项目得以推动无障碍标准的制定和相关政策的出台，这也有效地促进了无障碍环境的建设,以及解决了无障碍旅游标准缺失的问题。

在"行业精英"发起的可持续公益模式之下,"圆梦助残"项目充分发挥了专业性和可持续性,有效地解决了无障碍旅游面临的部分问题,以满足残疾人需求。

县域企业：返乡创业中赋能女性就业

谭子琦[*]

一 引言

随着经济进程的加快，农村劳动力呈现非农转移的趋势，大量农村中的青年男性劳动力离土又离乡加入庞大的打工大军，而农村妇女主要受到来自自身、家庭、社会等方面因素的制约，不得不留守在家。中国社会的发展离不开妇女的参与和推动，中国农村的发展更是如此。妇女在农村地区的人口中占有很大比重，在农村家庭和社会中扮演着不可或缺的角色，和男性一样在农村经济生活中有着举足轻重的地位。

然而，现实中农村妇女由于受教育程度普遍偏低、劳动技能短缺，加之大部分农村妇女的农业劳动负担和精神负担重，在农业劳动之余还承担照顾老人、抚育子女的义务，使她们可选择的就业范围狭窄，正成为社会边缘化群体。因此，面对这种现状，帮助农村妇女摆脱困境，探索适合她们的就业途径非常必要。

在以往的企业社会责任行为中，通常我们只会关注大型的民营企业、国有企业或者社会企业。大型民营企业通常会通过设立社会责任部门、企业基金会的方式，落实社会责任，除此之外，企业的资金更为充足、资源也更加丰富，理应是乡村扶贫建设的主力军。而社会企业在创立之初便将市场与公益相结合，拥有较完善的运作模式与机制，致力于社会责任与社会创新的落实与发展。

---

[*] 谭子琦，中国人民大学社会与人口学院 2021 级社会政策专业硕士（MSP）研究生。

而在本文中，我们聚焦的重点——县域企业，既不属于上述提到的资源丰富的大型民营企业，也不属于单纯的社会企业。在过往的研究与实践中，我们通常将这批企业视作一个经济主体，而忽视了其社会性的一面。县域企业的经营规模小，发展水平不高，多数由当地人创建，所以，我们通常将这批企业视作一个范围较小区域内的经济主体，默认了其不具备社会创新意识，也没有社会责任落实的可能性。因此，长期以来，人们忽视了县域企业作为一个特殊主体，其在社会创新方面的优势与潜力。

县域企业是企业社会责任发展领域中的全新力量。尤其是在当前许多大型民营企业经营不堪重负的现状下，县域企业规模小、经营成本低、扎根乡村的同时反哺乡村，更具有灵活性与本土性，弥补了大企业在乡村扶贫开发过程中项目落地慢、周期长、资金周转压力大等劣势；这些企业同样能够通过提供就业岗位、赋能留守妇女与贫困群体、促进职工福利、提升自身核心竞争力等方式带动乡民致富，进而促进县域经济发展。在这一过程中，县域企业很好地将"社会"与"市场"融合在一起，在实现经济效益的同时，无形中推动了社会责任的落实。本文将目光聚焦这批扎根于乡村的企业与企业家，通过挖掘县域企业在吸纳农村剩余劳动力方面的潜力与优势，探索提升农村女性可行能力的创新路径，从而有效激发农村女性的主动性、积极性、创造性，使农村女性不仅成为乡村振兴的受益者，更能成为乡村振兴的参与者、建设者，为实现乡村全面振兴发挥"半边天"作用。

二 案例简介

（一）案例背景

我国有约 14 亿人口，其中有 5 亿多人在农村。农村剩余劳动力转移是我国实现工业化和现代化的必然趋势，对于农民增收、农村经济发展、农民生活改善具有十分重要的意义。目前，农村剩余劳动力有两种方式：一是发展农村非农产业，其中以乡镇企业为主，实现农村劳动力的就地转移；二是推进城市化战略，实现农村劳动力的跨地区转移。农民转移到大城市给自身和城市发展都带来了很多问题，可见剩余劳动力转移到大城市并不是一个双赢的行为。同时，新冠疫情等又给沿海城市和经济比较发达的城市造成了严重影响，导致农民工的返乡回流，给农民、农村以及社会都带来了很多消极影响。因此，为农村剩余劳动力转移开辟新途径的意义十分重大。

贵州是经济欠发达地区，经济增速缓慢。农村女性群体更难以获得就业机会，容易成为边缘群体，大部分的农村女性在就业市场上多为被动选择，受教育程度低和技能培训缺乏是制约其就业的重要因素。

截至2021年8月，湄潭县辖137个村（社区），户籍人口51.8万人，其中女性25万人，妇女（18周岁以上）20.3万人，其中大多为留守妇女，就业主要以农业种植业为主，普遍受教育程度不高，没有经济来源。

贵州省湄潭县鑫湄纳米科技有限公司（以下简称"鑫湄科技"）的创始人唐书辉自高中毕业后便离家外出务工，在浙江打工30余年。2014年，在政府"凤还巢"政策——进入园区的企业前3年免租，后2年只需付一半租金（25万/年）——的号召下，唐书辉在2014年9月返乡创业，投资500万元创立了鑫湄科技，决定将在外地学到的技术、本领带回家乡，带领乡民一同致富。

2014～2022年，公司实力不断壮大，先后取得了21项实用新型发明专利技术，并以每年4项实用新型发明专利的进度快速发展，公司目前的年产值为2000万元左右。

（二）案例描述

鑫湄科技成立于2014年，创办者唐书辉曾经有过30多年在外从事磁芯生产工作的经历。在获知县里的相关支持政策后，唐书辉于2014年返乡创办工厂，将厂子设置在湄潭县的工业园区内。唐书辉注意到，县里留下的大多数是女性。这些留守女性大多文化水平较低，加上年龄较大，并不受就业市场的青睐，她们多数选择务农或者照顾家庭，没有工作，缺少独立的经济来源。在挨家走访了解情况后，唐书辉决定，要把这些留下来的女性集结起来，通过来厂里就业，帮助她们实现增收。

除此之外，在就业培训方面，唐书辉建立了技能培训帮扶机制，帮助留守妇女掌握基本的就业技能；在员工福利方面，除了免费食宿外，还为女性员工提供弹性工作时间制度，方便其兼顾照料孩子与老人，更好地平衡家庭与工作的关系。

自 2020 年以来，公司发展受到大的影响，现金流中断，公司发展举步维艰。但唐书辉坚定地表示，只要公司在，只要公司还能运转下去，就不会让乡民们失业，即使贷款也要"养"起来这批工人，这是他创办企业的初心。

鑫湄科技的创立与发展为当地解决了大批留守妇女与贫困家庭人员的就业问题，切实为留守妇女们带来了经济收入，改善了生活水平，拉动了当地经济发展，并先后获得了"老区巾帼创业就业扶贫示范基地""遵义市就业扶贫示范企业"等称号。目前除研发与管理人员外，公司共有女性工人 110 人，占员工总数的九成之多，其中贫困户 12 人。工资计算采取计件制，每名工人每月工资可达 4000 元至 5000 元，熟练工人的工资每月可达 7000 元。目前 12 名贫困妇女家庭已全部达到了脱贫标准，摘掉了贫困户的"帽子"。

然而，上述公司社会责任的实现并未以公司的亏损经营为代价，相反，自 2014 年成立以来的八年间，鑫湄科技公司飞速发展，年产值稳定在 2000 万元左右，并以每年 4 项实用新型发明专利的进度快速发展。鑫湄科技在实现公司稳定发展、保障经济效益的同时，也能够带动县域内部就业、履行自身社会责任，在"市场"与"社会"的平衡之间，实现了一种可持续的发展。

三 社会创新性分析

（一）社会目标驱动力（Aim）

1. 社会使命：推动县域产业发展，促进农村女性就业

中国社会的发展离不开妇女的参与和推动，中国农村的发展更是如此。就业作为农村妇女参与农村社会经济发展最重要的方式，是她们获得自由和独立的基础，更是自我发展的重要前提，但是，在以"市场效率"为追求的今天，她们的就业毋庸置疑受到限制，严重影响其发展自身能力。

县域企业作为县域经济发展的主体，与农村紧密相连，在思想观念和风俗文化、语言等方面都是趋于一致的，农村劳动力在县域经济中就业能更容易地与外界交流接触。县域企业利用县域的劳动力市场、原材料市场以及便利的交通环境，有效地降低生产成本，扩大生产规模，提供更多的就业岗位。同时，县域企业对于劳动力的要求相对较低，更适合农村剩余劳动力，尤其是留守妇女的就业选择。女性工人能够以较低的交通与时间成本参与县域企业的工作，同时，高度灵活的工作形式使得务工者可以选择在固定的厂房或是生产区工作，也可以选择将原材料和加工器具带回家中进行加工和制作，这为女性务工带来了更多的空间便利，能够同时兼顾家庭的日常照料，从而减轻了其参与工作的心理顾虑。

鑫湄纳米科技有限公司以当地为立足点，辐射周边乡村和城镇，跨越县域城乡，将工厂设在县城的工业园区，在全自动化生产与人工生产之间，选择将一部分特定生产环节留在人工生产线上，以为县域内的居民，尤其是留守妇女提供就业岗位。这些岗位对从业人员的知识水平、专业技能等方面的要求不高，具有工作灵活度高、对从业女性包容性强等特点，较好地匹配了当地农村女性自身的特质，因此，为其寻求就业机会提供了途径，满足了留守妇女对于工作和家庭照料的双重需要，同时为她们解决了就业难题，增加收入，改善家庭生活，在农村脱贫工作和优化劳动力资源配置等方面有重要的推动作用。

2. 组织愿景：回报家乡，带动致富

羁鸟恋旧林，池鱼思故渊。当企业成长发展起来之后，企业家在满足基本的经济需求之后，"光宗耀祖"大多成了履行企业社会责任的内在动力。在产业快速发展、企业利润迅速增长的情况下，回报社会、为家乡建设做贡献的心理便会油然而生。

鑫湄科技创始人唐书辉自小在湄潭长大，高中毕业后离乡在外打工多年。在访谈中，唐书辉提到，最初返乡创业的想法并不被人看好，贵州工业基础薄弱，经济欠发达，交通不便利，一旦选择回去，就要做好亏本的打算。尽管如此，萦绕在心间的那份乡愁却始终未变，他希望能将这份技术和资源带回家乡，以一己之力拉动当地乡民的就业，带动家乡致富，这份初心和使命始终激励着他，也是鑫湄科技成功创办乃至发展壮大的核心企业精神。

湄潭县的男性劳动力流失严重，县域内的留守妇女和贫困户数量较多，加之政府对于贫困人口就业予以岗位补贴和培训补助，既实现了鑫湄科技带动家乡致富的社会公益目标，也有效地保护了企业参与市场竞争的营利性目标，较好地处理了短期收益与企业长期发展的矛盾。

3. 资源禀赋：兼具内部优势与外部机遇

第一，拥有扎实的企业发展基础。1991 年，唐书辉来到浙江温州永光磁环厂打工。初进工厂的唐书辉被安排在车间热处理工序工作。打工期间，唐书辉勤学好问，刻苦钻研生产工艺、操作技能，很快就熟悉了整个工序的流程。后因为他主动发现了生产环节中的误差并提出了优化的方案，而被提升为车间技术员。此后，他只要一有空闲时间，就沉下心来学习知识。几年时间内，他通过自学完成了高中课程和大学物理、化学、电子工程设计、制图设计等专业课程。在不断提升专业知识、丰富实操经验的过程中，唐书辉很快成长为这一专业领域的优秀人才，在技术、资源、信息、劳动力、关系往来、上下游产业链等方面具备一定的前期积累与发展优势。

第二，政府政策吸引与资金扶持。近年来，中央及各地政府纷纷出台一系列政策鼓励能人返乡创业、在地创业，返乡经济促进了人才回乡、项目回迁、资金回流，为稳定和扩大就近就地就业、促进县域经济发展、助力乡村振兴注入了新动能。当地政府在创业前期提供资金的补贴奖励、税费的优惠减免、土地的优化盘活、产业基础设施的完善以及创业孵化园的设立等，都为创业者提供了较为有力的政策保障。

2014 年，湄潭县委县政府正大力推动"凤还巢"项目，在外漂泊已久的唐书辉觉得这是一个回乡创业、回报社会的好机会，于是他决定回乡创办公司，生产的就是自己非常熟悉的纳米晶磁芯产品。"凤还巢"项目为像唐书辉一样的希望返乡创业的人群提供小额担保贷款、土地便利、创业前期补贴和创业培训等服务，并为其打造创业平台和提供政策支撑。这一系列的资金与资源倾斜，在很大程度上帮助鑫湄科技渡过了前期经营的动荡阶段，为企业兼顾良性运转与社会效益，奠定了坚固的基础。

（二）解决方案创新力（Approach）

1. 产品与服务创新：发展女性友好型企业

（1）降低自动化程度，增加人工生产岗位

作为一家正在发展势头上的高新技术企业，鑫湄科技主动选择仅保留50%的全自动化机器生产线，采用"半自动化设备+人工流水线"的方式进行生产，将一部分简单的工作留在了流水线上，以此保障能够实现更多乡民就业。招募来的女工人主要从事零件的生产与加工工作，如绕铜线、接引线、装配等。唐书辉在访谈中提到："今年有不少全自动化的机器商家想要进入我们公司，跟我谈合作，我这边都没有通过。现在采用半自动化生产，替换掉一部分机器，大概可以再提供五十个岗位。当然，全自动化的生产效率固然更高，一条全自动化生产线上，我只需要投入1~2个人力负责实时监测就可以了，但如果这样的话，这五十几个人就又要面临失业了，我没有办法眼睁睁看着她们被迫离开。所以，我现在重点关注的并不是如何取代掉这些人力，而是如何在使用大量人工的前提下，保障生产的品质，做到和全自动化一样高质量，这就需要我和我的工人们一同努力了。"

（2）关注员工需求，切实解决难题

鑫湄科技十分注重保障员工福利，切实解决员工难题，尤其是针对留守妇女的生活特点与困难，为其量身制定了福利政策。除了为离家较远的女性员工与其孩子提供免费食宿外，公司还为女性员工推出了灵活的弹性工作制度。考虑到公司中的绝大多数女性员工家中有孩子和老人，因此公司规定有照料需求的员工，早上可以送完孩子上学再来上班，周五可允许提前下班，周末无须加班，也不安排额外的工作任务，以保证工人可以兼顾照料家庭生活。

在访谈过程中，唐书辉提到了对下一代教育的重视与肯定，成长中的孩子需要家人的陪伴和支持，他不希望自己的员工因为工作而忽视了孩子的教育和发展，只有下一代走出去，家乡才会更强大。鑫湄科技的这一做法，使得公司内的女性工人能够满足家庭与工作双重角色的期望，减缓甚至消除了工作家庭冲突，减轻外出就业所带来的心理负担与障碍，从而也能够更专注地投入工作。

（3）加强培训支持，赋能留守妇女

扶贫不仅仅在于为贫困者"输血"，而是在于帮助贫困者恢复和提高其自身的"造血"能力，只有恢复和提高贫困者自身摆脱贫困的能力才能够使留守妇女最终从贫困中解脱出来。阿玛蒂亚·森曾指出，就业并获得独立收入不仅会改善妇女在家庭内部分配中的相对地位与社会地位，还能使她们拥有其他领域的自由，如接受教育等。所以"妇女的经济参与，本身就是一种报酬，同时也是一般性社会变化的一支重要影响力量"。

目前，鑫湄科技共雇佣当地留守妇女110人，其中，女员工的年龄基本都处于35岁至45岁之间，在来鑫湄科技工作前，她们大多在家照顾孩子或老人，普遍缺乏技术技能，只能在家干家务或从事农业生产等工作。唐书辉深知即使是简单的"绕线"工作，对于从未参与过流水线作业的农村女性来说，也是一项不小的挑战。

为了更好地帮助她们适应新工作，提升技能水平，唐书辉专门打造了就业技能培训帮扶机制。由老员工作为班组长，采取一对二或一对三的形式，手把手教学，带领新员工参与日常的工作。除此之外，唐书辉还定期开展培训讲座，通过观看录像、观摩实践操作等形式，分享前沿技术，让新老员工在讲座中交流近期所学所感，这不仅增强了员工对新知识和新技能的理解，同时，也使更多女性认识到了掌握一门技术在工作中的重要性。在访谈中，一位女员工提到："在鑫湄科技参与培训和工作不长，但目前已经熟练地掌握了绕铜线、接引线这些流水线上的工作。虽然仅仅是一项小技能，不是大本事，但我十分有成就感。过去自己的眼中只有孩子和家务，一无是处，什么也做不了，但是现在，透过这一项小工作，我看到了自己身上更多的可能性，眼界也开拓了。就算之后跟孩子他爸去城里务工，也更有底气更有自信了，至少我有真本事能挣钱了。"

唐书辉也在访谈中表示，要想帮助当地女性脱贫，光是提供就业岗位是远远不够的，关键在于要让她们学到一项能养活自己的本领。为当地留守妇女提供就业和培训机会，首先使她们直观地在物质层面上获得了独立收入并依靠经济赋权提升了个人在家庭中的地位。同时，非农就业带来的技能提升与竞争意识，使长期处于农村的女性觉醒了，对教育的重视以及对人力资本进行投资的观念,有效提高了贫困人口劳动技能水平与自生能力,激活了脱贫内生动力,并在言传身教中将这种现代化的观念向家庭成员,尤其是向子女后代传播,这就在潜移默化中阻断了思想贫困代际传递的可能。

此外,在县域里就近就业为留守妇女提供了参与社会的重要机会。在农村,大多数女性的社会关系仅局限于亲戚和邻里,在工厂工作能够认识很多新朋友,她们多来自周边村镇,从而进一步扩大了女性的社会关系网络。在鑫湄科技,女员工常用"姊妹"指代自己的同事,在厂里就业使她们有了更多可以依靠和倾诉的对象,工作中结交的朋友是她们情感上的依托,可以一同分享生活中的经历,给予了留守妇女极大的心理支撑,不仅提升了女性员工的归属感与成就感,同时也增强了其在情感和社交领域的独立性和自信心。

2. 路径创新——打造"能人+乡村+政府"协作发展模式,实现共创共赢

(1)能人:撬动人力资本,协调内外资源

在人力资本方面,乡村能人因自身具有一定特质而区别于一般的普通人,这一特质就是人力资本,包括知识、技能、资历、经验和熟练程度等,对于乡村经济发展具有稀缺性与独特性。乡村能人普遍具有能力强、视野开阔、阅历丰富以及创新精神与冒险精神的特质,并且大多数乡村经济精英还具有农村地区普遍较少的高学历,这些个人特质在农村地区是极为稀缺且为普通农户所崇拜的,也正是这些特有的人力资本才使他们在农村社会分层中处于优势地位,也为带动乡村经济发展奠定了坚实基础。

人力资本不仅可以帮助乡村能人获取更多的社会资本、经济资本和政治资本等,还能促使各类资本循环与再生产。县域企业主作为乡村能人,具备极强的"乡土性","根"在农村,对家乡有一种天然的亲近和热爱,他们对家乡了解得非常透彻,能够掌握家乡的风土人情、供需结构、发展趋势等,而且其多半人际关系网络都在家乡,为自主创业带来了便利条件,具有主场地缘优势,能较快地融入农村生活环境,将家乡优势转化为自身优势和社会资本优势。同时,乡村能人极强的"外源性"可以为企业发展带来其所需要的社会信息和外部资源支持,突破了原先较为封闭的乡村社会网络，有利于实现与外界信息、资源的接触与交流。各类资本及其转化构建了乡村能人在乡村发展中的作用发挥机制，强化了乡村能人对村庄发展的影响。

在返乡创业前的十五年中，唐书辉一直在浙江乐清市正大软磁公司担任总工程师，该公司是一家专业生产纳米晶带材、磁芯磁环的高科技公司。身为总工程师的唐书辉，帮助公司改进了多项工艺配方，极大地提升了产品质量，扩大了公司生产规模和提升了生产效益。多年来，唐书辉一直深耕磁性产业，不仅熟悉生产的技术流程，还参与多项技术研发，拥有丰富的专业知识与过硬研发技术。经过三十多年的努力，唐书辉积累了稳定的市场资源和资金，为返乡创业奠定了基础，唐书辉不仅掌握了磁芯生产技术，也积攒了不少的销售客户资源，在一定程度上了缓解了原材料获取、核心技术引进、产品销路开拓等难题。

（2）乡村：扎根乡土社会，盘活乡土资源

中国的乡村社会长期是一个成熟稳定的社会，长期以来农民之间有稳固的关系，也在这个关系的基础之上发展出了一套伦理性很强的社会关系网络，这个关系网络为县域企业在当地发展起到了重要的作用，比如说资金拆借、信息沟通等。中国人生活于基于血缘、地缘、业缘而形成的关系网络当中，整个社会成员都在各种关系网络中互动、依存。

在地成长起来的县域企业更容易与本地人建立密切的利益链接，形成水乳交融的经济社会纽带。县域企业扎根乡土社会，乡镇或县作为一个利益共同体，其内聚力与号召力远远高于城市。在这一基础上，县域企业在发展过程中能够获得诸多非正式制度因素的支持，如村里的道德准则、人际关系、社会资源，以及长久以来建立的信任与默契等，这些因素对企业发展的支持是无形的，同时也是非常强大的。本地人对于来自本土、扎根本土的企业具有更强的信赖和肯定，在情感上也更偏重于此类企业。相较于县域企业，处于城市中的民营企业等则不具备这一优势，随着范围的扩大，乡村的内部交易转变为了费用高昂的市场交易，由此，处于乡村之外的企业交易成本将会迅速上升，给企业发展带来了一定负担。县域企业在发展过程中的内部交易成本较低，乡土资源丰厚，无形中便利了企业的快速发展。

县域企业主的能人身份优势显著，社会关系网络发达，本土信誉度高。中国人是生活在由人情、亲情、乡情、友情链接而成的圈子之中的，在我国广大农村社会，人情、亲情、乡情、友情有着特别的意义，因而成为维系农村差序格局和社会有序发展的纽带。在社会生活中形成的复杂的圈子中，由这些血缘、姻缘等之间构筑起来的关系网络在农村社会有着极大的能量，乡村精英与能人往往处在这些网络的核心地位，不仅信誉、人缘好，而且调动网络的能量大，与外界的网络有着乡村中其他人所没有的联系，在乡村社会占据着较好的结构位置，从小在本地长大的唐书辉，得益于本地人身份，周边村庄的村民对他非常熟悉，知道他在这里办了一个大公司，也愿意来他这里工作。即使在湄潭县采茶的高峰期，其他工厂中都有许多工人离职选择去采茶，但唐书辉却能保证其公司有80%的员工固定上下班，从而确保了用工的顺利进行。诸如此类的例子还有很多，这些便利无形中降低了企业的交易成本，在很大程度上提升了经营效益，也使得公司能够拥有更充裕的精力和资金来吸纳留守妇女就业。

（3）政府：多措并举共助，扶持企业"还巢"

政府在乡村发展的过程中也是一个不可或缺的角色。在创业前期，政府为创业者提供资金的补贴奖励、税费的优惠减免、人才的引进指导、土地的优化盘活、产业基础设施的完善以及创业孵化园的设立等，为在地化创业者提供了较为有力的政策保障。

自2014年以来，按照省委"黔归人才"计划的总体部署，遵义市委组织部围绕全市"人才创业和科技创新优选地"这一定位，实施了"凤还巢计划"，精准引导遵义籍在外优秀人才返乡创业创新。为落实该计划，一方面，各地、各部门广泛发动各级党员干部和广大群众，确切掌握各在外优秀人才基本情况；安排专门人员组建"引凤还巢"队伍，与在外优秀人才保持密切联系，激发他们"反哺"家乡、建设家乡的热情。另一方面，遵义市将各类返乡人才的创新创业项目编制成册，安排牵头领导和相关部门进行全程服务，跟踪掌握项目实施进度，重点协调解决审批、资金、土地等问题，确保创新创业项目的落地。

对于唐书辉来说，尽管他掌握着纳米磁性材料的关键技术，但要回到湄潭办企业，仍然面临着土地、厂房建设和物流运输成本增加等诸多困难。仅凭着他一腔回报家乡的热血显然难以解决这些实际问题。因此，在引导优秀人才返乡后，当地政府在土地、厂房、资金、物流等方面提供的政策保障则尤为重要。

首先，为了解决土地和厂房问题，唐书辉的项目落地到经济开发区，通过"凤还巢计划"的"三免两减半"政策，获得了租金优惠的支持。湄潭经济开发区，是首批省级经济开发区，始建于 2004 年，首期规划面积 2.24 平方公里。经过十余年发展，经济开发区成为贵州省特色食品工业示范园区，形成以特色食品加工为主导、高新技术产业、装备制造、医药大健康、新能源汽车配套、现代服务业融合发展的产业格局。唐书辉开办的公司可以使用开发区的标准厂房，厂房租金是每年 25 万。为更好地扶持初创公司发展，政府为其公司的厂房租用提供了"三免两减半"的优惠政策，即前 3 年免租、后 2 年只需付一半租金。这极大地降低了创业企业初期的生产成本。此外，在创业企业受疫情影响严重时，政府根据具体情况，还为这类创业公司减免 3 个月厂房租金。

其次，当地政府不断完善基础设施与物流设施，为创业企业降低运输成本。磁性材料的原料端和销售端都分布在沿海一带。创业地点选在湄潭，意味着唐书辉还面临较高物流成本的问题。公司生产的原材料需要从外地配送过来，生产好的产品也需要再运输出去。不过，政府在园区内先后投入了近 70 亿元，对电、路、供水、排水、污水处理、通信、绿化等基础设施进行建设，初步形成设施完善、功能齐全、管理规范、政策优惠、集约化水平高的加工集聚区。工业园区周边的道路、物流等基础设施也在不断完善，已能满足鑫湄纳米科技公司原材料和产品的运输需求。

除此之外，当地政府大力呼吁、鼓励女性走出家庭，离开农田，进入企业工作，学习知识技能，并在当地妇联的配合下，出台了农村妇女群体的就业扶助政策，从而进一步提升了农村妇女劳动就业水准。在访谈过程中，湄潭县统战部经济工作负责人说道："我们这个地方劳动力流失很严重，绝大多数男性都去外地打工了，家里面只剩下女人和老人们。但县里的经济想要发展，还是得发动这些人出来工作。老话说，妇女能顶半边天，我们湄潭县的妇女们也是这样的，能种得一手好茶，也一定能进得了厂，因此，关键就在于怎么能让她们知道有这样一个增加收入的渠道，不仅能在家附近挣到钱，还能学会一门养活自己的技术。鑫湄科技刚创办的时候，名气不大，很多留在县里的女性并不知道这家公司的存在，也没想过要主动学门技术，为自己谋生路。于是，我就和妇联的同志们挨个给这些乡亲们做思想工作，告诉他们出来打工的好处，给他们讲解政府的政策，还带他们参观了公司，尽我们所能地缓解他们的顾虑。"

（三）行动效果转化力（Action）——资金和资源的可持续性

首先，中小企业参与精准扶贫符合我国保民生、保稳定的国家政策导向，推动县域企业是巩固脱贫成果和接续全面推进乡村振兴的重要抓手。

在乡村振兴过程中，激发农村内部内生发展动力极为重要。县域企业是激活乡村振兴动能的重要抓手，能够充分开发农村优势资源，带动农村劳动力就业，提升农业全产业链、培育农村新业态，巩固脱贫成果，以形成农村产业兴旺的格局。近年来，国家及地方政府陆续指定了一系列政策文件，助力县域企业发展，鼓励中小企业参与扶贫，如《关于创新机制扎实推进农村扶贫开发工作的意见》《关于进一步动员社会各方面力量参与扶贫开发的意见》《贫困地区发展特色产业促进精准脱贫指导意见》等。2022年，国家出台了《中共中央 国务院关于做好2022年全面推进乡村振兴重点工作的意见》对聚焦产业促进乡村发展做了具体部署，提出"持续推动农村一二三产业融合发展""加强县域商业体系建设""促进农民就地就近就业创业"等。

其次，鑫湄科技作为高新技术企业，拥有多项技术专利，具有推动产业发展等政策扶持的优势。近年来，湄潭县政府对高新技术企业实施奖励政策，鼓励创业创新。鑫湄科技在2016年、2019年连续获评为"高新技术企业"称号，连续两次获得了30万元的奖励资金。为了提升政策补贴与奖励资金的使用效率，唐书辉将各类政策补贴资金中的七成用于技术投资与开发，最大化提升政策补贴与奖励资金的使用效率，以增强企业的核心竞争力，从而更好地实现企业经济效益的增长，同时，也为工厂继续保持半自动化生产、保障妇女就业奠定了坚实的经济基础。目前，公司拥有12名高学历技术人员，拥有独立研发实验室，先后取得了多项发明专利。因此，公司技术与研发实力的雄厚，也有赖于政府各项政策的支持与激励。鑫湄科技将政策补贴资金中的七成用于技术投资与开发，以增强企业的核心竞争力，从而更好地实现企业经济效益的增长，也为进一步实现半自动化生产、保障妇女就业奠定了基础。

鑫湄科技在吸纳留守妇女就业的过程中，一方面能够帮助贫困户实现增收脱贫，另一方面，能促进企业自身的成长与发展，实现社会口碑与经济效益的双赢，以及可持续化的企业"反哺"社会。具体而言，鑫湄科技在发展的同时，带动农村贫困女性群体稳定增收和脱贫，不仅增强了企业市场影响力、获得良好的社会声誉、形象和口碑，而且实现了企业经济效益的提升。

四 案例总结

（一）案例社会创新因素总结

本文是一个乡村精英返乡创业，助力乡村振兴的案例。在以往的类似案例中，我们可能只是看到企业通过日常经营自发带动就业，从而帮助当地的劳动力脱贫致富。但是我们同时也应该注意到，即使贫困地区的劳动力也并非同质，而农村留守妇女既是最需要就业的群体，同时也是最主要的农村人力资源。本文的案例回应了这一乡村振兴的重要问题，通过支持留守妇女就业，实现了自身的经济价值和社会价值。

其针对性的创新手段，包括在产品与服务创新上，主动发展女性友好型企业——降低自动化程度，增加人工生产岗位；关注员工需求，切实解决难题；以及加强培训支持，赋能留守妇女。在路径创新上，企业撬动了多种资源，利用"能人+乡村+政府"协作发展模式，实现共创共赢。由于企业发展符合政策导向，因此有效利用了政策支持，社会口碑与经济效益双赢，形成企业反哺社会的良性循环。

因此通过这个案例我们可以看到，对于返乡创业企业的可持续社会价值来说，针对性的政策支持是企业反哺社会的外部条件；而企业家的自我实现需求，尤其是在家乡的社会声誉是其内在动力。两者共同促成了返乡创业精英的主动的社会责任创新行为。

表 1 "县域企业赋能农村女性"项目的三 A 三力分析

三 A 三力		"县域企业赋能农村女性"项目的体现
Aim： 社会目标驱动力	社会使命	推动县域产业发展，促进农村女性就业
	组织愿景	回报家乡，带动致富
	资源禀赋	兼具内部优势与外部机遇
Approach： 解决方案创新力	产品与服务创新： 发展女性友好型 企业	降低自动化程度，增加人工生产岗位
		关注员工需求，切实解决难题
		加强培训支持，赋能留守妇女
	路径创新：打造 "能人+乡村+政府" 协作发展模式， 实现共创共赢	能人：撬动人力资本，协调内外资源
		乡村：扎根乡土社会，盘活乡土资源
		政府：多措并举共助，扶持企业"还巢"
Action： 行动效果转化力	资金和资源的 可持续性	企业发展符合政策导向，具备资金优势，有效缓解后顾之忧
		实现社会口碑与经济效益双赢，形成企业反哺社会良性循环

（二）案例模式分析与提炼

根据相关数据，截至 2018 年底我国脱贫人口中约一半为女性，我国农村多为留守妇女，或返乡后待业女性，她们面临着生活问题、肩负着照顾三代人的重任。近年来，随着精准扶贫战略的纵深推进，扶贫实践中出现发展瓶颈与困境，单一的政府力量难以按时完成扶贫任务，农村剩余劳动力问题的解决仍然棘手，亟须整合社会精英力量。

在此背景下，乡村能人回乡创业的作用逐渐凸显，县域企业日益成为精准扶贫过程中的重要角色。在乡土社会的独特情境中，乡村能人通过撬动自己多元资本，协调内外部资源，发挥社会网络优势，形成水乳交融的经济社会纽带。与此同时，当地政府通过政策补贴、资金扶持、资源倾斜等方式，帮助企业专注自身成长，为企业发展缓解后顾之忧，推动企业增收，从而带动更多农村留守妇女就业。"能人+乡村+政府"三方写作，共创效益，为解决农村留守妇女就业问题提供了创新方案，在很大程度上提升了农村女性的自我发展能力，从而有助于形成贫困群体的长效脱贫致富机制，阻挡了贫困代际传递，增强了乡村发展活力。

（三）案例可持续性分析

1. 风险与局限性

第一，我们调研过程中发现，对于县域企业来说，资金是企业运转的重要支撑，鑫湄科技得以顺利保障几十名员工的日常开销与工资的关键之一在于企业经营效益良好，保留人工流水线并不会对公司的效益产生较大影响。同时，鑫湄科技作为高新技术企业，拥有多项发明专利，享有政府在资金、土地、设备等方面的优惠政策，这一部分的扶持也在很大程度上缓解了公司用工所带来的运营压力。但在广阔的县域内，像鑫湄科技这样拥有核心技术同时又有政策扶持的企业仍是极少数，对于其他企业来说，保证正常经营仍是企业的关键所在，即使企业有心做公益，也会因为资金链的不稳定和外界环境的不确定等诸多因素，而随时选择"结束初心"。尤其是在新冠疫情发生的大背景下，我国小微企业退出率出现了大幅上升，从2019年的6.65%提高到2020年同期的18.46%，增加了11.81个百分点。很多小规模的创业项目由于当地人口流动的减少，面临劳动力短缺、营业额不足、土地租金高等问题，这些创业项目整体入不敷出，有关停的风险，需进一步提高抗风险能力。因此，如何平衡公司效益与乡土情怀，实现企业社会责任的可持续发展，对县域企业来说仍是一个巨大挑战。

第二，对于企业来说，尤其是高新技术企业，随着技术的革新迭代，全自动化将是企业扩张发展的必然结果，人力必将被机器取代。短期内，人和机器的差异尚未拉大，但随着企业规模的扩大，人工的劣势必将逐渐凸显，在这样的客观形势下，鑫湄科技如何处理全自动化与保留人工之间的矛盾，如何更好地安置被取代员工，将是其未来必须面对的现实问题。

第三，县域企业员工的社会保障不健全。目前有些企业对女性员工的劳动保护措施十分有限，为节约生产成本，甚至会有未给劳动者缴纳社会保险的情况，随时间推移这会引发次生贫困问题。

2. 可持续性展望

在生产过程中，劳动密集型的环节技术含量不高，女性员工经过一定培训即可上岗，工作性质和文化水平决定了女性员工无法接受技术含量高或技能水平要求高的任务。

因此，首先应着力补齐企业在辐射带动技能培训等方面的短板，围绕就业环节的具体需求，采取有效的可持续职业技能培训，更好地赋能农村女性。其次要加强宣传力度，转变留守妇女的传统观念，逐步提升贫困农户的劳动力综合素质。最后地方政府可以加大投入力度，强化培训资金管理；建设信息化平台，加强转移培训信息传递；明确各部门职责，合理配备管理服务人员；完善多元化培训管理模式，推动农村劳动力转移就业，加强农村女性的职业技能培训与再教育。

后记：念念不忘，必有回响

2017年前后，我还在中国社会科学院社会学研究所工作，与吕鹏是同事。当时，零慧（友成企业家乡村发展基金会秘书长）在做"义利99"，吕鹏在做政商关系，我在做传统社会政策研究。当时吕鹏和我很偶然地了解到友成企业家乡村发展基金会开发的"三A三力"社会创新评估模型，友成支持的"社会价值投资联盟"将这一模型操作化为评估上市公司社会价值的指数工具，即"义利99"。友成在当时提出"企业社会价值"的概念，这已经超越了社会责任，即企业不再是被动服从社会对它的要求，而是在经营的过程中，开始主动去回应一些社会问题。这让我们隐隐约约感觉到，企业的社会价值创新，无论对社会学的企业研究还是对社会政策研究来说，都是一个值得去做的选题，"三A三力"模型更是一个有价值的方法论工具。这可以说是为这本案例集埋下的第一粒种子。

后来以吕鹏的团队为核心，我们通过课题的形式出版了《寻找"座头鲸"：中国企业是如何进行社会创新的？》。这本书以大型企业的社会价值项目为研究对象，里面有一个定量分析报告和8个案例报告，这可以说是国内最早的对于企业从社会责任向社会价值转型的案例报告集。这些定性的案例研究报告尽管深度刻画了不同项目的创新特点，但是似乎很难将它们放在一起进行多维度的比较和分析。因为如果做不到规范化的分析和比较，那么就难以大规模的提炼经验，也没有办法开发为企业社会创新的指导工具；而过于强调规范化，走向了定量研究的一面，则又会牺牲掉案例深处的因果逻辑。这是我当时在写案例报告的时候深感困惑的问题。

2021年初，我到中国人民大学工作，正逢2021级第一届社会政策专业硕士（MSP）入学，我的主要精力即投入其中。思考最多的是培养方案怎么做、学生实习怎么安排、怎么推进产学研结合、怎么提升学科影响力……在我的一门课上，邀请零慧来办了一场讲座，结束后我和零慧从教学楼一路慢慢溜达到人大东门，我们从"三A三力"，聊到社会创新，聊到学生实习，聊到社会政策学科建设，忽然发现，我们可以开发"社会创新案例库"，我们想做的事都可以通过这个案例库实现。零慧说"这就是念念不忘，必有回响"，这个案例集就这么启动了。

我们以"三A三力"模型为基础，带着2021级MSP的部分实习学生边做调研、边讨论案例报告的写作框架。这本案例集在一定程度上是吕鹏的寻找"座头鲸"的延续和发展。延续的是关注"社会价值创新"，以项目而非机构为研究对象，仍以定性的案例报告的形式呈现；发展的地方在于，一是我们的项目主体从企业扩展到了多元的市场和社会主体，二是我们引入了"三A三力"分析框架，力求在定性研究中也实现一定程度的标准化。

这个过程远比想象的要艰难，因为要在不知道怎么写的情况下，在4个月的学生实习期内完成所有案例报告的调研和初稿撰写，但是非常幸运的是，我们的整个团队是给力的。首先是我的合作伙伴高雯雯。雯雯是友成基金会战略研发部副主任，也是"三A三力"开发的核心主力。她性格直爽、敬业、无私，又对社会创新研究充满了热爱。案例写作框架在我们对学生的一次次指导、带着学生的一次次讨论中逐渐清晰起来，跟雯雯的合作，使这个辛苦的过程变得非常愉悦。其次是我可爱的学生们，8个报告中的6个作者是2021级MSP研究生，另外2个作者是我院社会学博士生。他们的思考和发现，他们每一稿的修改，总是能给我带来惊喜。案例报告的写作框架、每个案例的特色提炼及研究结论等，在很大程度上是他们自己的创造性发展。可以说他们的努力和进步，是我坚持的最大动力。

这本案例集的开发还要特别感谢友成企业家乡村发展基金会的王平理事长、汪亦兵老师、零慧秘书长，他们作为"三A三力"的创始元老，给了我们非常专业的指导。尤其感谢零慧，除了专业指导，她总是用积极乐观的精神鼓励我们。感谢我的前同事吕鹏研究员在各个方面的建议和支持，尽管我们在做着不同的事情，但是我们在建设着共同的事业，一路走来从未走散。感谢腾讯可持续社会价值事业部的傅剑锋、刘小杰帮助我们做的大量协调工作。感谢中国人民大学社会与人口学院诸位同事的帮助。

当然，最要感谢的还是 8 个案例的访谈对象。

当年在社科院的念念不忘，是今天由中国人民大学的 MSP 学生们创作出来这本案例集的回响。本案例集是我们在这个领域的粗浅尝试，期待各位同行的批评指正。希望这颗小小的鹅卵石，也能在广阔的社会创新领域激起一点点回响。

房莉杰

2023 年 4 月 26 日

图书在版编目(CIP)数据

何以为善：可持续社会创新案例集. 第一辑 / 房莉杰等著. -- 北京：社会科学文献出版社，2023.9
（社会创新方法与案例论丛）
ISBN 978-7-5228-2319-5

Ⅰ.①何… Ⅱ.①房… Ⅲ.①社会管理-创新管理-案例-中国 Ⅳ.①D63

中国国家版本馆 CIP 数据核字（2023）第 152432 号

社会创新方法与案例论丛
何以为善：可持续社会创新案例集（第一辑）

著　　者 / 房莉杰　高雯雯 等

出 版 人 / 冀祥德
责任编辑 / 孙海龙　胡庆英
责任印制 / 王京美

出　　版 / 社会科学文献出版社·群学出版分社（010）59367002
　　　　　 地址：北京市北三环中路甲 29 号院华龙大厦　邮编：100029
　　　　　 网址：www.ssap.com.cn
发　　行 / 社会科学文献出版社（010）59367028
印　　装 / 三河市尚艺印装有限公司
规　　格 / 开　本：787mm×1092mm　1/16
　　　　　 印　张：13.5　字　数：212 千字
版　　次 / 2023 年 9 月第 1 版　2023 年 9 月第 1 次印刷
书　　号 / ISBN 978-7-5228-2319-5
定　　价 / 89.00 元

读者服务电话：4008918866

版权所有 翻印必究